Marbach im Felde
Sperkental
Eisengraben
Großmotten
Jaidhof
Naturpark Kamptal
Waldhausen
-grünbach
Lichtenau im Waldviertel
Pallweis
Reittern
Gföhl (579)
Kronsegg
Schiltern
Mollands
Kamles
Allentsgschwendt
Loiwein
Grainbrunn
Großnondorf
Großreinprechts
Ober-Meisling
Lengenfeld
Langenlois
Sallingberg
Stratzing
Gobelsburg
Gneixendf.
Purk
Ottenschlag
Kottes
Rohrendf.
Krems/D.
Krems Nord
Krems Mitte
Krems Süd
Kl. Krems
Kirchschlag
Elsenreith
Palt
Hollenburg
Oberranna
Spitz a.d.D.
Mühldorf
Elsarn am J.
Furth bei Göttw.
Stift Göttweig
Krustetten
Trandorf
Zeining
Hinterhaus
Mt.-arnsdorf
Hof-
Weinstraße
-bergern
Ut.-
Ob.-
Paudorf
Schenkenbrunn
Höbenbach
Meidling
Raxendorf
Jauerling
960
Schwallenb.
Willendorf
Ma. Langegg
Ammering
598
Ober-wölbling
Unter-
Inzersdorf ob d. Traisen
Naturpark Jauerling
Pöggstall
Maria Laach am Jauerling
Aggsbach Mkt.
Aggstein
Gansbach
Statzendorf
Weitenbach
Mollenburg
Kartause
Aggsbach Dorf
Herzogenburg
Weiten
Weyersdorf
Großrust
Schwarzau
Fritzelsdf.
Wachau
Dunkelsteiner Wald
Gerolding
Großhain
Karlstetten
Pöbring
Nibelungengau
Gossam
Emmersdorf
Schönbühel an der Donau
Goldegg
Neidling
Radlberg
Leiben
Hohenegg
Weitenegg
Luberegg
Melk (213)
Mauer bei Melk
Hafnerbach
Waitzendf.
Klein-Pöchlarn
Pielach
Albrechtsbg.
Wimpassing
Prinzersdorf
ST. PÖLTEN
Dom
(271)
Pöchlarn
Matzleinsdf.
Roggendf.
Loosdorf
Gerersdorf
Stattersdorf
Orndig
Anzendf.
Gr.-schollach
Markersdorf a. d. Pielach
Hiesberg
558
Schallaburg
Inning
Spratzern
Harland
Zelking
Sichtenberg
Ma. Steinparz
Sooß
St. Margarethen
Ebersdorf
Melk
Hürm
Fridau
St. Georgen am Steinfelde
Ochsenburg
St. Leonhard am Forst
Hainberg
Ober-Grafendorf
Ruprechtshofen
Bischofstetten
Weinburg
Traisen
Mank
Sierning
Wilhelmsburg (321)
Grünbichl
Kilb
-Grünau
Hofstetten-Göblasbruck
Kreisbach
Kettenreith
Pielach
Schwarzenbach an der Gölsen
Oberndorf an der Melk
Kirnberg an der Mank
Rabenstein an der Pielach
Kaiserkogel 716
Rotheau
Wiesenfeld
Texing
Texingtal
Eschenau
St. Gotthard
Kirchberg an der Pielach
Traisen Marktl
St. Veit an der Gölsen
Bichlberg
Tradigist
St. Georgen
Plankenstein
Lilienfeld

Die Wachau
mit Strudengau und Nibelungengau

Wilhelm Barren

Hannes Gans

Die Wachau
mit Strudengau und Nibelungengau

Kultur, Natur, Ausflüge,
Wanderungen und kulinarische Ziele
von Ardagger, dem Tor zum Strudengau,
über die Nibelungenstadt Pöchlarn
und die berühmten Weinorte der Wachau
bis nach Krems

Fotos
Eva Wrazdil und Hannes Gans

Falter Verlag

Falters ***Feine Reiseführer*** ist eine Buchreihe des Falter Verlags. Sie widmet sich mit Sorgfalt und Liebe speziell ausgewählten, überschaubaren Kulturlandschaften und informiert über deren Kunst, Geschichte und Naturschönheiten, über Sport, interessante Menschen und kulinarische Genüsse.

ISBN 10: 3-85439-364-4
ISBN 13: 978-3-85439-364-1

1011 Wien, Marc-Aurel-Straße 9
Telefon +43/1/536 60-0, Fax +43/1/536 60-935
E-Mail/Verlag: bv@falter.at
E-Mail/Bestellungen: service@falter.at
Homepage/Bookshop: www.falter.at

Autor: Hannes Gans
Fotos: Eva Wrazdil, Hannes Gans
Karten: arbeitsgemeinschaft kartographie
Lektorat: Helmut Gutbrunner, Ulrike Hirhager
Grafik und Layout: Reinhard Hackl
Satz: Barbara Blaha, Falter Satz
Produktion: Susanne Schwameis
Printed in EU

Inhalt

Vorwort

Warnung an alle Leser: Die Wachau kann süchtig machen! Wo man hinschaut, wird das Auge gefesselt; von der einzigartigen Landschaft des Donautals, von den altehrwürdigen Lesehöfen und den mediterran anmutenden Gärten. Dazu kommt die Gastlichkeit und Aufgeschlossenheit der Bewohner, die es noch verstehen, ihre eigenen Feste zu feiern. Solche Anlässe, bei denen man gern gesehener Gast ist, sind günstig, um auf genussvolle Weise mit dem „Wachauer" an sich Freundschaft zu schließen – gemeint ist der Wein, der auf den felsigen Terrassen gedeiht und mit seinem erfrischenden Geschmack das Lebensgefühl dieser gesegneten Gegend ins Glas überträgt.

Jedes dieser Details trägt dazu bei, den Besucher vergessen zu lassen, dass es außerhalb der Wachau eine Welt und einen Alltag gibt. Die Nachfrage seitens des Fremdenverkehrs ist dementsprechend groß. Trotzdem schafft man es in der Wachau, einen sanften Tourismus durchzuziehen und die eigene Identität zu bewahren. Schöner kann das Resümee in einem Reiseführer nicht ausfallen.

Die reiche Bebilderung wurde gemeinsam mit der Fotografin Eva Wrazdil geschaffen. Wir haben auf den vielen Fotos versucht, die wundervolle Stimmung festzuhalten, die schon die Wachaumaler bezauberte. Das Faszinierende daran: Viele der Motive, die diese Meister mit dem Pinsel auf der Leinwand fixierten, konnten wir mehr als hundert Jahre später in kaum veränderter Form mit der Kamera einfangen.

Mein Dank gilt all den Menschen in der Wachau, die ihre Zeit für ein Interview geopfert haben, die uns ihre Haus- und Kellertüren bereitwillig geöffnet und mit Hinweisen auf interessante Geschichten zur Reichhaltigkeit dieses Buches beigetragen haben.

Wien, Mai 2006

Hannes Gans

Donaureisen im Dreivierteltakt

Dieses Buch ist eine Einladung zu einer wundersamen Entdeckungsreise entlang der Donau von Ardagger im Westen bis nach Krems im Osten. Bevor man aber die einzelnen Sehenswürdigkeiten ansteuert, ob mit dem Rad, zu Fuß, mit der Bahn oder schlicht mit dem Auto, sollte man die Gegend als solche in ihrer Vielfalt auf sich wirken lassen.

Die Faszination dieses Donauabschnitts beruht in erster Linie auf seiner „schrecklichen Schönheit", einer Polarität zwischen den beängstigenden Naturgewalten des mächtigen Stromes und den gleich großen romantischen Reizen, die dadurch geschaffen werden.

Einen wesentlichen Anteil daran haben die steil aufragenden Ufer des engen Donautals. Sie sind das Ergebnis besonderer geologischer Gegebenheiten. Von der Donau wurden Ecken und Enden des Granitplateaus der Böhmischen Masse abgeschnitten und ein pittoresker Canyon ausgeschliffen, beginnend im Strudengau mit dem Granitstock der Neustadtler Platte im Süden des Stromverlaufes. Ihm folgt der Nibelungengau, wo der Fluss exakt die Felsen im Norden vom sanft hügeligen Alpenvorland im Süden trennt, um zuletzt in die Wachau zwischen Waldviertel und Dunkelsteinerwald zu strömen.

Deswegen wird dieser Flussabschnitt üblicherweise in Strudengau, Nibelungengau und Wachau eingeteilt. Daneben prägt aber noch eine weitere Dreiheit dieses Stück Donau, die auch unter den für den Fremdenverkehr Verantwortlichen kaum Beachtung findet, für das jeweilige Erscheinungsbild der einzelnen Teilstücke aber nicht unbedeutend ist. Sie bewegt sich im Ländlertakt von Mühlviertel, Mostviertel, Waldviertel, eins, zwei, drei, eins, zwei, drei, eins, zwei, ..., drei Viertel, die nicht ohne Grund jedes für sich Anspruch auf ihren Anteil an der Donau erheben.

Das Mühlviertel ist ein Teil des Bundeslandes Oberösterreich. Als südliche Fortsetzung des Böhmerwaldes hat man sich in diesem Landesviertel auch entsprechend auf die Stärken dieser herben Landschaft als Wanderregion und Wintersportgebiet besonnen und sie entsprechend hervorgestrichen. Auf die Region an der Donau hätte man dabei fast vergessen. Deshalb ist man dort von sich aus aktiv geworden und präsentiert sich seit dem Jahr 2000 als Museumsland Donauland Strudengau. Mittlerweile sind 17 Museen beziehungsweise touristische Angebote unter dieser Marke zusammengefasst, von Ried in der Riedmark im Westen, wo Schüler ein virtuelles Museum entwickelt haben, das einen Überblick über die im Museumsland Donauland Strudengau bestehenden Museen geben will, über St. Thomas am Blasenstein im Norden, einem Wallfahrtsort, der durch die geheimnisvolle Mumie des „luftgselchten Pfarrers“ bekannt geworden ist, bis zu den Sehenswürdigkeiten in den Orten Mitterkirchen, Baumgartenberg, Klam, Saxen, Bad Kreuzen und Waldhausen, die in diesem Buch vorgestellt werden.

Mittelpunkt und Sitz des Museumslandes ist die Stadt Grein. Dort wird einerseits Museumskultur par excellence geboten, mit dem reizenden kleinen Stadttheater, das nachweislich seit 1793 bespielt wird, und mit der Greinburg, die feudales Adelsleben für unsere Zeit konserviert hat. Andererseits ist Grein der Ausgangspunkt für Wanderungen in eine ohne Übertreibung als wildromantisch zu bezeichnende Natur. Die Bäche aus dem Mühlviertel fließen dort nicht zur Donau, sie stürzen sich herab. Man braucht nur nach einem sommerlichen Gewitter den Einstieg in eine Klamm zu wagen, um sich von den Folgen dieser ungestümen Kraft entfesselter Gewalten zu überzeugen: Das durchschießende Wasser hat dann wahrscheinlich lediglich einige Reste der an und für sich solid gezimmerten Stege übrig gelassen und ohne Rücksicht auf das Gemeindebudget die Zufahrtsstraße verwüstet. Zwei Tage nach dieser Verheerung gibt sich derselbe Bach unter Umständen als harmlos plätscherndes Wässerchen in malerischer Felsenkulisse.

Der Strudengau, also das eigentliche Donauufer, ist mehr als nur der südliche Rand des Mühlviertels. Zu groß war seine

Landschaftliche Vielfalt an der Donau: Die Stillensteinklamm nach einem Gewitter

Bedeutung im Laufe der Geschichte. Nach seiner Zähmung, die im 19. Jahrhundert mit der Sprengung etlicher Felsen im Fahrwasser der Donau eingeleitet und im 20. Jahrhundert mit dem Bau des Kraftwerks Ybbs-Persenbeug abgeschlossen wurde, werden bis heute genussvoll Geschichten aus seiner wilden Zeit erzählt.

Damals war eine Schiffsreise alles andere als ein lauteres Vergnügen. Abgesehen vom Personal, den derben Schiffleuten, denen man auf einem Donauschiff auf Gedeih und Verderb ausgeliefert war, sorgte die Natur für eine ganze Reihe von Abenteuern, die erst überstanden werden mussten, bevor man in einem der Donauhäfen das Reiseziel erreicht hatte. Noch vor 150 Jahren wurden die Schiffe im Strudengau von der Strö-

Bauernhäuser in Dimbach bei Waldhausen (ganz oben)
Die Teufelsmauer bei Spitz

Aussicht vom Braunsdorfer Berg
über das Mauterner Feld (links)

mung mitgerissen und auf Felsbrocken geschmettert, während die Schiffsinsassen alle Heiligen anriefen und, sofern sie erhört wurden und die Passage überlebt hatten, St. Nikolaus, dem Patron der Schiffsreisenden, bereitwillig spendeten.

Zu den Unbilden der Natur gesellten sich unfreundliche Begegnungen mit wenig zimperlichen Herrschaften entlang der Donau. Die bizarren Felswände, die den Fluss auf beiden Seiten begleiten, wurden schon im frühen Mittelalter mit trutzigen Burgen bestückt. Deren Herren hatten unter anderem auch die Aufgabe, die Schifffahrt zu sichern, und durften dafür mit gutem Recht Maut kassieren. Dabei kam es wie bei allen menschlichen Unternehmungen zu Missständen. Einige dieser Herrschaften bedienten sich in unfeiner Manier bei den Händlern, die auf dem Wasser unterwegs waren, indem sie diese ausraubten. Daraus sind Sagen entstanden, wie die Schauergeschichten vom schwarzen Mönch auf Werfenstein im Strudengau und den „erschröcklichen" Rittern auf der Burg Aggstein in der Wachau, wo sich die Kuenringer als mächtige Ministerialien der Landesherren mit diesen anlegten und bis heute deswegen zumindest in Österreich den Ruch des Raubrittertums nicht losgeworden sind, oder die romantische Mär vom Sänger Blondel in der Wachaustadt Dürnstein, wo die Babenberger, die Herzöge des damaligen Österreich, keinen Geringeren als Richard Löwenherz gefangen hielten, so lange, bis eine unverschämt hohe Lösegeldsumme für den englischen König zugesagt worden war.

Eine derart bewegte Vergangenheit verbindet. Deswegen akzeptiert, ja begrüßt man es im Strudengau sogar, als Tor zur Wachau angesehen zu werden. Damit kann man in Struden, St. Nikola und Sarmingstein, den drei Märkten des Strudengaus, recht gut leben.

Es gibt noch andere Gemeinsamkeiten mit der Wachau, beispielsweise die Häuser, die durchwegs eine bedeutende Geschichte aufweisen, deren Bausubstanz historisch ist und die von den Bausünden des 20. Jahrhunderts kaum beeinträchtigt

Eine Reise durch die Jahreszeiten: Mandelblüte am Philosophenstein bei Stein

wurden. Im Strudengau sieht man den Gebäuden die Wohlhabenheit ihrer einstigen Bewohner an. Das Schifffahrtswesen ließ Handel und Handwerk blühen. Wer Europa in Ostwestrichtung auf dem Wasserweg durchquerte, kam hier vorbei. Er hatte sich den Regeln der Schifffahrtsbeamten zu fügen und war dazu angehalten, die entsprechenden Abgaben zu leisten, die für diverse Dienste wie die Verkehrsregelung auf dem Wasser, die Stellung eines Lotsen und die Bereitstellung von Pferden für die Fahrt flussaufwärts eingehoben wurden.

Mit dem Aufkommen der Dampfschiffe Mitte des 19. Jahrhunderts verloren die herkömmlichen Gewerbe an Bedeutung. Sie wurden durch den Fremdenverkehr ersetzt. Von Westen und von Osten kamen die Sommerfrischler, die anstelle der

Sommergetreide im Spitzer Graben (ganz oben)
Winterruhe an der Donau bei Spitz

Herbstfarben im Garten der
Pfarrkirche Weißenkirchen (links)

Schiffleute die Stuben der alten Einkehrgasthäuser bezogen. In einer Zeit gewaltiger gesellschaftlicher Umbrüche war es für die aus Linz, Wien oder Budapest angereisten Herrschaften eine Wohltat, sich in einer Umgebung erholen zu können, die Kontinuität ausstrahlte. Dass für diese nicht geschehene Veränderung schlicht eine wirtschaftliche Krise, eben das Ende einer jahrhundertelangen Schifffahrtstradition, verantwortlich war, spielte keine Rolle. Im Strudengau – und das Gleiche gilt für den Nibelungengau und die Wachau – war man klug genug, dieses Erbe zu schätzen und zu erhalten.

Das zweite Viertel, das diese Reise auf der Donau begleitet, ist das Mostviertel. Von Ardagger über Stift Melk bis Stift Göttweig ist das Hinterland des südlichen Ufers vom Birnbaum geprägt. Er liefert die säuerlich herbe Frucht für den Most. Vielfach wird dieser vergorene Birnensaft als österreichisches Nationalgetränk bezeichnet, er hat aber seine Bedeutung im Alltag längst verloren. Man muss ein Kenner sein, um beides, den Most und sein Viertel, entsprechend zu schätzen und zu würdigen. Die Mostgalerie in Ardagger Stift, gleich am Beginn der Reise, verhilft zum Gelingen des Einstiegs in diese Gegend mit den für viele doch unbekannten Reizen.

Um die landschaftliche Vielfalt des Mostviertels zu entdecken, empfiehlt sich einer der unzähligen Aussichtspunkte entlang des Donauufers. Ein Tipp: Von Neustadtl aus überblickt man die gesamte Breite dieses Viertels, beginnend mit dem flachen Machland, das in eine sanft gewellte Ebene übergeht. Ihr folgen die nach und nach höher aufsteigenden Hügel des Alpenvorlandes, die sich in der Ferne zu hintereinander liegenden Schichten von immer tieferem Blau verdichten und deren südlicher Rand schließlich von den markanten Gipfeln der Alpen begrenzt wird.

In der Wachau tritt das Mostviertel hinter den Dunkelsteinerwald zurück. Dieses dicht bewaldete Felsmassiv leitet seinen Namen vom Amphibolit her, einem plattigen, grau- bis dunkelgrünen Gestein. Es wurde in der Wachau als Dachziegel ver-

Arbeiten und Feiern in der Wachau: Blasmusik in Loiben

wendet und hat damit das Ortsbild geprägt, wie es uns von den Wachaumalern des 19. Jahrhunderts überliefert wurde, auf deren Bildern das dunkle Dach zum typischen Merkmal der Wachauer Häuser geworden ist.

Der Dunkelsteinerwald erstreckt sich zwischen Melk und Göttweig und wird organisatorisch zwischen Wachau und Mostviertel aufgeteilt. Die Ortschaften direkt am Südufer der Donau weisen alle Eigenschaften auf, die einen Wachauort auszeichnen. Man betreibt auf Felsterrassen Weinbau, züchtet saftig-süße Marillen und pflegt ein großes kulturelles Erbe, das sich auf dieser Donauseite über Karl den Großen hinaus bis zum Imperium Romanum zurückverfolgen lässt, dessen Nordgrenze hier an der Donau verlief.

Weinlese in der Riede Heudürr bei Dürnstein (ganz oben)
Altes Handwerk lebt in der Wachau: Schmied in Emmersdorf

Bau einer Terrassenmauer in der Ried
Achleiten bei Weißenkirchen (links)

Diejenigen Gemeinden des Dunkelsteinerwaldes, die nicht an die Donau grenzen, haben sich in touristischen Belangen dem Mostviertel angeschlossen. Sie haben die Mystik und die Sagen als Anziehungspunkt entdeckt. Das Einhorn wurde zum Symbol dieser geheimnisvollen Region. Im Dunkelsteinerwald braucht man sich über nichts zu wundern, weder über den Klang von Urtontrommeln, die in Besenbuch, einem Weiler beim Markt Gansbach, gebaut werden, noch über den keltisch-megalithischen Steinkreis auf einem Anwesen in der Rotte Geyersberg nahe dem Wallfahrtsort Maria Langegg und auch nicht über die tiefen Spurrillen in einem Felsen mitten im Wald. Es handelt sich dabei um ein Teilstück einer der römischen Fahrstraßen, die im Dunkelsteinerwald angelegt worden waren, um damit die große Limesstraße, deren Verlauf zu einem guten Teil dem der heutigen Bundesstraße 1 entspricht, mit der Donau zu verbinden. Die Römer waren großartige Straßenbauer. Ihre Verkehrsbauten haben sich teilweise bis heute erhalten, sogar die Brücken, wie diejenige bei Lanzing (Gem. Dunkelsteinerwald), deren Steinbogen für die Ewigkeit gebaut zu sein scheint.

Das Donauufer selbst ist auf dieser Seite des Stromes erst seit 1835 durchgehend befahrbar. Vorher waren die einzelnen Wachauorte am Südufer nur über den Dunkelsteinerwald oder über eine der Überfuhren auf der Donau erreichbar. Dieses Handikap wurde längst ausgeglichen und sowohl das südliche Donauufer wie der Dunkelsteinerwald wurden zum Geheimtipp für Wachaureisende.

Das dritte Viertel, das den Takt dieser Reise bestimmt, ist das Waldviertel. Es beginnt im Westen mit dem Yspertal und verliert sich bei Krems im Hügelland des unteren Kamptals. Der erfolglose Schauspieler und „überzählige" (mit keiner bestimmten Aufgabe versehene) Kammerdiener Anton Friedrich Reil beschrieb als einer der Ersten Land und Leute in seinem Buch „Das Donauländchen der kaiserköniglichen Patrimonialherrschaft im Viertel Obermannhartsberg", das im Todesjahr

Faszinierender Zeuge der Baukunst: der blaue Kirchturm von Stift Dürnstein

von Kaiser Franz I. (1835) erschienen ist. Seit damals hat sich in dieser Gegend, dem südlichen Waldviertel, nicht allzu viel verändert. Was soll sich auch an den mächtigen Granitformationen, die diese Hochebene beherrschen, viel ändern?! Noch immer gibt es den Waldreichtum, der auch durch energisches Abstocken seitens der Forstwirte kaum Schaden gelitten hat, und dazwischen die kleinen Ortschaften, deren Bewohner von kargen Landwirtschaften leben.

Entlang des Nibelungengaus, also von Persenbeug bis Weitenegg, ist der jähe Abbruch der Böhmischen Masse, des geologischen Untergrunds des Waldviertels, deutlich zu sehen. Wie ein Vogelnest sitzt zum Beispiel der Wallfahrtsort Maria Taferl über der Donau und ist von dieser aus nur über steile Straßen

Gotisches Zellengewölbe auf Schloss Greinburg (ganz oben)
Das rot bemalte Haus in Wösendorf

Krems, spätgotischer Bau am Pfarrplatz (links)

erreichbar. Mit dem mystischen Tafelstein, der eine vorchristliche Kultstätte vermuten lässt, ist man intensiv mit dem Waldviertel verbunden. Die Siedlungen unmittelbar an der Donau, wie Marbach oder Klein-Pöchlarn, lassen hingegen kaum das Waldviertel erahnen, obwohl sie an dessen Rand liegen. Sie präsentieren sich als Wachaugemeinden und unterscheiden sich zumindest äußerlich kaum von den Orten, die offiziell zur Wachau gerechnet werden. Sie sind unmittelbar in das touristische Geschehen am Strom eingebunden, in erster Linie mit den Scharen von Radfahrern, die, zumeist von Passau kommend, zuerst im Nibelungengau Rast machen, bevor sie sich in die eigentliche Wachau nach Osten aufmachen.

Für die Wachau selbst, speziell für die dort reifenden Weintrauben und Marillen, bietet das Waldviertel ein besonderes Service. Es versorgt das Donautal mit kalter Nachtluft. Warum sich ausgerechnet kalte Luft positiv auf diese die Wärme liebenden Früchte auswirkt, ist auf das Mikroklima der Wachau zurückzuführen. Vom Osten her wird die Wachau vom pannonischen Klima mit warmen Tagen verwöhnt, die Mandeln und an den Hauswänden sogar Feigen reifen lassen. Dazu kommen die Steinterrassen, auf denen der Wachauer Wein gedeiht und aus denen er seine ausgeprägte Mineralik bezieht. Sie wurden dem Waldviertler Urgestein (bunte Gneise, Amphibolite und Schiefer) abgerungen. Die Terrassen speichern die Tageswärme aus direkter Sonneneinstrahlung und aus der Reflexion des Lichts durch die große Wasserfläche der Donau. In der Nacht strömt von den bewaldeten Bergkuppen des hoch gelegenen Waldviertels kühle Luft ins Tal. Diese täglich auftretenden Temperaturextreme sind für die hohe Luftfeuchtigkeit und damit auch für die Bildung feiner Aromastoffe in den Häuten der Weinbeeren und auch, so wird einem versichert, der Marillen verantwortlich. Je länger und langsamer die Frucht reift, desto köstlicher und aromatischer wird sie, sagen die Fachleute, und die Laien können sich leicht davon überzeugen, bei jedem Heurigenbesuch in einem der Wachauorte. Damit den Trauben und Marillen nicht zu kalt wird, sorgt die rasch fließende Donau verlässlich für den prompten Abtransport der nächtlichen Kälte und schafft damit Platz für die neuerliche Tageserwärmung.

Die steilen Terrassen, die wie überdimensionale Freitreppen ins Waldviertel hinaufführen, bestimmen seit mehr als einem Jahrtausend das Erscheinungsbild der Wachau. Sie werden, so hofft man, auch den Wandel in unserer Zeit überleben. Es ist nicht zu übersehen, dass mehr und mehr der hoch gelegenen Weingärten nicht mehr bewirtschaftet werden, die Mauern von wilder Natur überwuchert sind. Erstaunlicherweise finden sich aber immer wieder junge Winzer, die sich der Mühe unterziehen, auch ohne Maschinen dort oben zu roden, die Steinmauern wieder aufzuschichten und Weinstöcke auszupflanzen – und Weinkenner, die bereit sind, die Anstrengungen zu honorieren und für den dieser exponierten Lage abgerungenen Wein den entsprechenden Preis zu bezahlen.

Ohne Weinterrassen gäbe es keine Wachau! Im Winter ist das geometrisch anmutende Linienspiel der Weinhänge eine Augenweide, im Frühjahr sind es die weiß blühenden Wälder aus Marillenbäumen, an denen man sich nicht sattsehen kann. Ein Reiz ganz besonderer Art bereichert die Landschaft entlang der Donau zur Sommersonnenwende: Bei Einbruch der Dunkelheit lodern auf den Hügeln und herunten am Wasser Sonnwendfeuer auf, werden auf den alten Burgen Feuerwerke abgeschossen und ziehen sich entlang der Weinterrassen Lichtbänder aus brennenden Fackeln hin. Die Hänge präsentieren sich im Sommer in sattem Grün, das sich im Herbst in einen wunderbaren Farbenrausch aus Gold und Rot verwandelt. Und immer ist es dieselbe Wachau, jene, die nicht umsonst im Jahr 2000 von der Unesco zum Weltkulturerbe erklärt wurde.

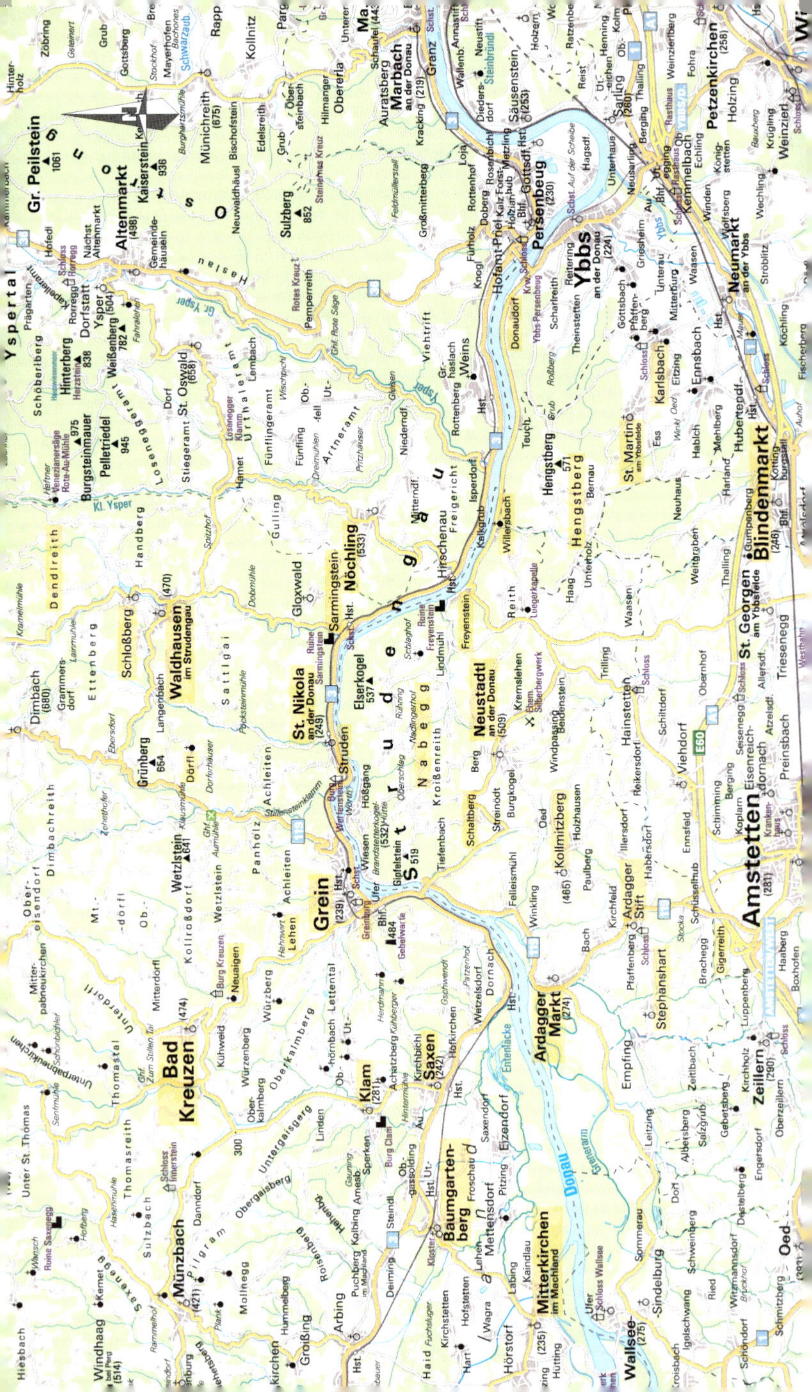

Gr. Peilstein 1061
Altenmarkt (498)
Ysper
Yspertal
Dorfstatt
Weißenberg 782
Hinterberg 838
Burgsteinmauer
Pelletriedel 945
St. Oswald (658)
Münichreith (675)
Sulzberg 852
Marbach an der Donau
Persenbeug (230)
Ybbs an der Donau (224)
Säusenstein (253)
Neumarkt an der Ybbs
Kemmelbach
Petzenkirchen (258)
Karlsbach
Ennsbach
St. Martin am Ybbsfelde
Hengstberg 571
Blindenmarkt (246)
Hubertendorf
Nöchling (533)
Sarmingstein
Waldhausen im Strudengau (470)
St. Nikola an der Donau (249)
Struden
Elserkogel 537
Neustadtl an der Donau (509)
Freyenstein
Hirschenau
Willersbach
Isperdorf
Weins
Donaudorf
Kollmitzberg (485)
Grein (239)
Gipfelstein 519
Wetzlstein 641
Grünberg 654
Schloßberg
Dimbach (680)
Dendlreith
Bad Kreuzen (474)
Neuaigen
Klam (281)
Saxen (242)
Ardagger Markt (274)
Ardagger Stift
Stephanshart
Amstetten (281)
St. Georgen am Ybbsfelde
Viehdorf
Zeillern (290)
Baumgartenberg
Mitterkirchen im Machland (235)
Münzbach (421)
Windhaag bei Perg (514)
Wallsee (275)
Sindelburg
Oed
Arbing
Donau
Strudengau
Nabegg

Strudengau

Schifffahrt zwischen Scylla und Charybdis – Ardagger, das Tor zum Strudengau – Aussichtsreiche Landpartie nach Stephanshart und Ardagger Stift – Der Most und sein Viertel – Gigerreith und Kollmitzberg, Treffpunkte der Kulturen – Das schwimmende Kreuz von Neustadtl an der Donau – St. Martin und die Glocke im Wappen – Dialog mit dem Stein – Grein, das goldene Städtchen – Die Greinburg mit dem Oberösterreichischen Schifffahrtsmuseum – Das Keltendorf Mitterkirchen – Die Zisterze von Baumgartenberg – Saxen, das Storchenparadies – Clam: Zu Besuch in gräflichen Gemächern – Eiskalte Güsse in Bad Kreuzen – Die Chorherren von Waldhausen – Das Herz des Strudengaus: Struden, St. Nikola, Sarmingstein – Nöchling: Das endlose Panorama – Josef Hader

SCHIFFFAHRT ZWISCHEN SCYLLA UND CHARYBDIS

Durch das Machland an der Grenze zwischen Ober- und Niederösterreich wälzt sich eine eher gemächliche Donau bis Ardagger, wendet sich dort nach Norden, biegt vor der Stadt Grein um fast neunzig Grad nach Osten und wird bis Persenbeug in den Strudengau hineingezwängt. Für die Schifffahrt war dieser Stromabschnitt seinerzeit das meistgefürchtete Hindernis entlang der oberen Donau. Der Strom hatte sich im Granit der Böhmischen Masse und damit in einem viel zu engen Bett, im sogenannten Greiner Durchbruch, gefangen. Der harte Untergrund hielt den Wassermassen stand, die sich zwischen Steinkugeln und Steilufern ihren Weg suchten. Sie kamen dadurch kräftig in Wallung, wurden im Kreis gewirbelt und verfingen sich in Strudeln (daher der Name Strudengau).

Kurz nach Grein teilt die Insel Wörth den Strom. Der Hößgang, eine schmale Wasserrinne, führt rechts daran vorbei, war aber für die Schifffahrt wegen der geringen Tiefe nur selten passierbar. Auf der anderen Seite war der Teufel los. Dort

Abendstimmung im Strudengau

ging's laut alten Schilderungen hinab, nicht gerade in die Hölle, aber doch in die Bodenlosigkeit. Ernsthaft wurde angenommen, dass dort das Donauwasser in die Tiefe gerissen und unterirdisch in einen ungarischen See geleitet werde.

Der Realität um einiges näher beschreibt der Italiener Richard Bartholinus 1515 seine Fahrt durch den Struden. „Unter ungeheurem Tosen" wird zuerst das Wasser durch die zahlreichen Felsenspitzen und Riffe „gerissen". Er meint damit den Struden oder Strum bei der Mündung des Gießenbaches. Das Flussbett war von Riffen, den Gehäkelt oder Kachlets, durchsetzt, die den Lauf wieder in drei Gerinne teilten, in das Waldwasser, die Wildriss und das Strumwasser, das wiederum von gefährlichen felsigen Untiefen, den Kugeln, durchsetzt war. Betrachtet man die Darstellung eines Strudels, erscheint es fast unmöglich, dass Flöße und Schiffe an all den Hindernissen unbeschadet vorbeikamen. Es gelang dennoch – sofern man, wie ein Reisender 1716 bemerkte, erfahrene und nicht betrunkene Schiffleute hatte, was sich aber keiner aussuchen konnte.

„Und wenn du nun diese brüllende Scylla überwunden hast", schreibt Bartholinus weiter, „gerätst du notwendigerweise in die Charybdis, wo keine geringere Gefahr sich dir entgegenstellt, denn das Wasser, ja vielmehr der ganze Fluss, dreht sich im Kreis herum und scheint in die ungeheure Tiefe versenkt zu werden." Wo die beiden Donauarme wieder zueinander kommen, befand sich dieser Wirbel. Die Strömung prallte gegen eine Felsinsel, den Hausstein (der Name rührt von dem festen Turm auf diesem Felsen her). Die kreisende Bewegung des Wassers stieß an das linke Ufer und bildete dort den Freithof, wo die Ertrunkenen angeschwemmt wurden.

Wegen der Gefährlichkeit der Durchfahrt und der Gefahr, dass nauwärts (stromabwärts) fahrende Schiffe mit Hohenauen (Gegenzügen, die stromaufwärts fuhren) kollidierten, wurde ein Verkehrsleitsystem eingerichtet. Es war, so heißt es in einem Bericht von 1789, der schärfste Befehl ergangen, dass sich ein Gegenzug, wenn er am Hausstein ankam, beim Mautamt Struden geziemend zu melden hätte. Es wurden Boten ausgeschickt, die oberhalb von Grein, am sogenannten Saurießel (Saurüssel), und unterhalb, beim Greinerschwall, eine weithin sichtbare Fahne ausstecken ließen. „Jede Naufuhr solle sich", so

Einst gefürchtetes Schifffahrtshindernis: die Insel Wörth

heißt es in dieser Verordnung, „enthalten, eher in den Strudel einzufahren, bevor nicht die Hohenau über den Raabensteig wird hinauf gekommen sein.“ Die Strafen für Zuwiderhandeln waren geschmalzen.

Die Fahnen wurden durch den Funk ersetzt, das Leitsystem funktioniert noch immer.

Der unvorstellbare Aufwand, mit dem die Schifffahrt zur damaligen Zeit betrieben wurde, lässt sich in den Schifffahrtsmuseen in Grein (siehe S. 75) und Spitz (siehe S. 274) nachvollziehen. Dort wird ausführlich beschrieben, wie es den Menschen ergangen ist, die mit diesem riskanten Gewerbe ihr Brot verdienten.

Schon im 18. Jahrhundert gab es Überlegungen, den Struden zu entschärfen. 1777 war im Ort Struden eine „Commission versammelt, um über die zu treffenden Maßnahmen zu berathschlagen“. Der Zeitpunkt war günstig. Eine Naufuhr mit leeren Fässern saß bereits drei Tage auf der „Wolfskugel“ fest, eine Gegenfuhr mit Wein war auf die „Meisenkugel“ aufgefahren. Diverse Sprengungen wurden durchgeführt. Der Haussteinfelsen, das größte Hindernis, wurde erst in den Jahren

Der Ötscher beherrscht die Aussicht bei Ardagger

Kapitän Walter Klinger am Steuer der Donaunixe

1853 bis 1866 beseitigt. Anlass dafür sei die Havarie des Dampfers „Franz Joseph“ gewesen, der die kaiserliche Braut Elisabeth nach Wien bringen sollte.

Dieser Sprengungen wird mit einer Gedenktafel an der *Haussteinkapelle* im Markt Struden gedacht, vor der am 6. Dezember alljährlich zu Ehren von St. Nikolaus ein Festgottesdienst und der Schiffermarkt abgehalten werden.

Angesichts etlicher Reiseberichte war die Fahrt durch den Strudengau auch ein Abenteuer, das man einfach erlebt (und überlebt) haben musste. Der Reisende Friedrich Nikolai bringt es auf den Punkt: „Wir hatten die fürchterlich schöne Szene ohne die geringste Furcht, vielmehr mit Bewunderung gesehen und mit Vergnügen die Geschicklichkeit des Schiffmeisters.“

Mit dieser Form des Abenteuerurlaubs ist es vorbei. Der Rückstau des Kraftwerks Ybbs-Persenbeug sorgt für gleichmäßigen Wasserstand und ruhiges Fahrwasser. Geblieben ist die romantische Schönheit dieses Donauabschnitts, der am besten mit einer Fahrt auf einem Ausflugsschiff, zum Beispiel auf der Donaunixe von Ardagger aus, entdeckt werden kann.

ARDAGGER, DAS TOR ZUM STRUDENGAU

Nach ein paar Regentagen steht auf den Feldern in der Ebene westlich von Ardagger Markt das Hochwasser. Die flache Gegend heißt *Machland* und wird ihrem Namen vollends gerecht: „im Achland“ soll vom Lateinischen *aqua,* Wasser, herrühren, das schon die Siedlungen der Römer an der Donaugrenze überflutet hat. Ihren *burgus,* den Wachturm, haben sie deswegen auf sicherer Höhe erbaut, vermutlich an der Stelle der heutigen Kirche von Ardagger.

Ardagger Markt (Artacker, laut „Bayerischem Wörterbuch“ das Gelände, auf dem Ackerbau betrieben wird) selbst ist seit 1979 durch einen Damm einigermaßen geschützt. Vorher waren alle paar Jahrzehnte die Häuser gerade noch auf dem Wasser, etwa mit Zillen, kleineren Booten, erreichbar. Aus 1723 ist der Beschluss des Banntaidings, der Versammlung aller hausbesitzenden Ortsbewohner, überliefert, „die Zillen nit in den Gassen anzuhenken“, um die Durchfahrt für andere Wasserfahrzeuge frei zu halten.

Die „Allerheiligengieß“ des Jahres 1787 war die verheerendste aller Hochwasserkatastrophen. Eine Scheune samt Wagen und Pflug soll weggerissen und bei Säusenstein an Land gespült worden sein. Dabei hätten die Fluten das Gebäude so schnell mit sich gerissen, dass die Drescher samt ihren Dreschflegeln noch ganz verdutzt auf der Tenne standen, als die Scheune selbst bereits in Säusenstein angeschwemmt worden war.

Heutzutage wäre dieses Ereignis mit der Kamera dokumentiert worden; in jedem Haus entlang der Donau, von Ardagger bis Krems, hat man Fotos von den jüngsten Überschwemmungen griffbereit, um sie dem Gast unter die Nase zu halten, nicht ohne gleichzeitig mit Stolz darauf hinzuweisen, wie energisch und rasch der Wiederaufbau zum Teil uralter Bausubstanz vonstatten gegangen ist.

Am 28. Juni 823 hat Ludwig der Fromme in einer Urkunde dem Bistum Passau den Besitz zweier Kirchen *ad artagrum* („be-

Hochwasser bei Ardagger

baubarer Acker“) bestätigt. 1049 gibt es eine urkundliche Erwähnung als Vikariat des Stiftes Ardagger. 1356 wurde auf marktgerichtlichen Befehl ein eigener Seelsorger zugeteilt, und nach Aufhebung der Propstei 1784 wurde Ardagger selbstständige Pfarre. Die *Pfarrkirche*, umgeben vom Friedhof, ist romanisch mit gotischer Erweiterung. Reste von Wandmalereien aus vermutlich der Zeit um 1300 finden sich an der linken Triumphbogenwand, über dem rechten Seitenaltar eine Madonna aus dem Ende des 15. und am Hochaltar ein qualitätsvoller Drehtabernakel aus der Mitte des 18. Jahrhunderts.

Das Altarblatt zeigt den Kirchenpatron, den hl. Nikolaus. Wie in jeder Kirche findet sich auch hier ein Opferstock, und man sollte eine Münze einwerfen, als kleine Gabe für den Heiligen, dessen Schutzes sich Reisende versichern sollten, um heil durch den hier beginnenden Strudengau zu kommen. Die Schifffahrt war in diesem Teil ohne die Hilfe von oben kaum denkbar, und ohne die Schifffahrt wäre Ardagger nicht zu seiner Bedeutung gelangt.

Marktwappen und Siegel zeigen das charakteristische Werkzeug der Donauschiffer: Haken, Ruder und Storz, einen gegabelten Baumstamm im Schnabel einer Zille zum Auflegen der Seile. Als einträgliches Geschäft erwies sich seit früher Zeit die Querschifffahrt, das Urfahr. Inhaber eines Urfahrs, einer *Überfuhr*, war der Ferge. Er durfte gegen Entgelt Leute an das jenseitige Ufer bringen, also von Ardagger nach Dornach. Zurück musste er mit leerem Fahrzeug fahren. Diese Richtung war dem Fergen von drüben vorbehalten. Wie bedeutend dieses Recht im Mittelalter war, zeigen die Besitzverhältnisse. Es lag in der Hand des Landesfürsten, das Urfahr als Lehen an Adelsgeschlechter zu vergeben. Um 1220 befand sich das „urvar ze Ardagger" im Besitz der Babenberger, die ihrerseits herzogliche Lehensträger damit betrauten. Eingestellt wurde die Fähre erst 1960.

Das wichtigste wirtschaftliche Standbein, oder besser die Existenzgrundlage, war die Schifffahrt entlang der Donau. Ardagger war ein idealer Markt- und Umschlagplatz am Ende der Eisenwurzenstraße, auf der „Sengsen und andere Kauffmannswahr und Gmundner Küfelsalz" angeliefert wurden. Weiters bot Ardagger für die donauabwärts fahrenden Kaufleute den letzten sicheren Umlade- und Stapelplatz vor dem schwer passierbaren Struden. Wein kam den Strom herauf, Holzstecken wurden hinabgeliefert. Bis ins späte Mittelalter verließ man als Passagier in Ardagger das Schiff und umging den Strudel auf dem Landweg. Auch gekrönte Häupter wie Kaiser Konrad III., der auf dem Weg zum Zweiten Kreuzzug dem Ort drei Tage die Ehre gab, waren davon nicht ausgenommen.

Die Schifffahrt sorgte für vielfältiges Handwerksleben im Ort. Schopper, Seiler, Riemer, Schmied, Zimmermann und Wagner waren direkt in die Reparatur und in den Bau von Schiffen eingebunden. Die *Schopper*, so hieß man die Schiffbauer, fertigten einen eigenen Zillentyp, den „Ardagger", ein bauchiges Fahrzeug für den

Sauschädel oder Drachenkopf? Die Prangerfahne von Ardagger

Schnelltransport von Obst, Gemüse, Schweinen und Kälbern nach Wien.

Die besondere Lage hat seit jeher für regen Fremdenverkehr gesorgt. Durchziehende Händler, Schiffleute, Soldaten und andere Reisende sorgten bei Fleischhauern, Bäckern und vor allem in den Gastwirtschaften im „goldenen Marktl" für volle Kassen.

Ardagger: Brunnensäule auf dem Marktplatz

Unter den Marktbewohnern waren die Schiffmeister (mehr zu diesem bedeutenden Stand im Kapitel über das Schifffahrtswesen auf der Donau, S. 75 ff.) die angesehensten. Sie waren nebenbei Weinhändler und Gastwirte, nicht selten auch Marktrichter und damit erste Gerichtsinstanz. Das sichtbare Symbol der Rechtsgewalt war der Pranger mit Steinkugel und grimmigem Drachenkopf oder Sauschädel als Windfahne auf dem *Marktplatz*.

Nur ein paar Schritte vom Marktplatz entfernt steht das ehemalige Wohnhaus der Schiffmeister, ein stattlicher Bau aus dem 16. Jahrhundert mit überdachter Außentreppe. Der heutige Besitzer, Bernhard Toferer, ist kein Reeder mehr, aber auch als Gastwirt hält er einen Teil der großen Tradition am Leben. Das *Alte Schiffsmeisterhaus* ist Hotel und Restaurant und beherbergt übers Jahr an die 3000 Radfahrer in dreißig Betten. Statt der Pferde von den Schiffszügen werden die Fahrräder der Gäste in die ehemaligen Stallungen eingestellt. Gespeist wird in der Gaststube unter dem Balken mit der Jahreszahl 1586.

Seine junge Köchin Daniela Sturm hat am Arlberg und in Bad Gastein, in Neuseeland und Australien Erfahrungen gesammelt. Trotzdem hält sie sich gern an Althergebrachtes. Zum Schweinsbraten, der bei ihr gut und gern fünf Stunden garen darf, empfiehlt sie die patzerten Erdäpfelknödel und das *Stöcklkraut.* „Ein uraltes Rezept aus der Gegend“, sagt die Köchin und lässt zu, dass man Block und Kugelschreiber zückt, „einen Krautkopf sechzehnteln, auf ein befettetes Blech auflegen. Zwiebel, Speck, Salz, Pfeffer, Kümmel und Knoblauch draufgeben, mit Bratensaft übergießen und circa zwei Stunden bei mittlerer Hitze im Rohr dünsten.“

Ardagger: Deckenbalken von 1594 im Alten Schiffsmeisterhaus

Ganz regionalbewusst als Draufgabe ist die Nachspeis im Alten Schiffsmeisterhaus. Toferer behauptet zwar, vom Kochen nichts zu verstehen, er sei ja nur der Wirt, lässt mit dem folgenden Rezept aber Fachkenntnis aufblitzen:

Für den Mostpudding rühre sieben ganze Eier und sieben Esslöffel Kristallzucker schaumig, rühre sieben Esslöffel Brösel und einen Esslöffel Mehl ein. Die Masse wird dreißig Minuten gebacken. Währenddessen wird ein Liter Most mit Zucker, Nelken, Zimt, Vanille und Rum aufgekocht und zuletzt über das Biskuit gegossen.

Voilà, wenn das kein stimmungsvoller Abend im Alten Schiffsmeisterhaus wird …

Ein weiterer Nachfahre der Schiffmeister ist Max Damböck. Er selbst sieht sich eher als Hausknecht auf seinem Schiff, der *MS Donaunixe.* 160 Personen können auf ihr regelmäßig an den Wochenenden durch den Strudengau gefahren werden. Walter Klinger, pensionierter DDSG-Kapitän, steuert die Donaunixe sicher durch die ehemals gefürchteten Strudel und Wirbel: „Als Passagier merken Sie nichts davon, wie schwierig es bei Hochwasser nach wie vor ist. Das Schiff wankt hin und her, ich muss mit dem Ruder ausgleichen. Trotz der Regulierung passieren immer wieder Havarien." Während er spricht, bringt er das Schiff zum Stehen. Ein stromaufwärts fahrender Schubverband muss abgewartet werden – wie in alten Zeiten, als der Einbahnverkehr im Strudengau per Fahnensignal geregelt wurde. Max Damböck ist selbstverständlich an Bord, als verantwortlicher Eigner, als Kellner und als Fremdenführer. Er erzählt über die Gründung des Fremdenverkehrsvereins „Tor zum Strudengau" und über die Renaissance der Donauschifffahrt in Ardagger. Mit fünf Holzzillen wurden ab 1970 Gäste in alter Tradition auf der Donau gefahren. Im Jahr darauf gab es bereits eine Steckerlfischhütte, um die Zillenpassagiere verköstigen zu können. Am rechten Ufer des Teufenbaches wurde eine Lände bewilligt, um dem aufkommenden Sportboottourismus gerecht zu werden. Ab 1986 ersetzte sein Donaubus Maria die Linienschiffe der DDSG, 1993 wurde die MS Donaunixe an-

Winterliche Landschaft bei Ardagger Markt

geschafft. Max Damböck: „Wir waren die ersten privaten Schifffahrtstreibenden auf der Donau."

INFO Gemeindeamt Ardagger Markt, 3321 Ardagger Markt 58, Tel. 07479/73 12, www.ardagger.gv.at **ESSEN UND TRINKEN** Gasthof Altes Schiffsmeisterhaus, Bernhard Toferer, 3321 Ardagger Markt 16, Tel. 07479/63 18, www.schiffsmeisterhaus.at; Gasthof zur Donaubrücke, 3321 Ardagger, Tiefenbach 49, Tel. 07479/61 19, www.gasthof-froschauer.at **DONAUSCHIFFFAHRT ARDAGGER** 3321 Ardagger 155, Tel. 07479/64 64, E-Mail: dsa@pgv.at, www.tiscover.com/donauschiffahrt, Ostern bis 26. Oktober, Sa, So, Fei, ab Ardagger: 14.30–15.30, ab Grein: 14.45–16.15 Uhr

AUSSICHTSREICHE LANDPARTIE NACH STEPHANSHART UND ARDAGGER STIFT

Ski fahren auf dem Wasser, Tennis auf dem Trockenen und Wandern unter Mostbirnbäumen, damit lockt man in Ardagger den Gast zum Bleiben. Sportlich Ambitionierte nehmen sich beim örtlichen Fahrradverleih ein Fahrzeug und treten eine Erkundungsfahrt in die Umgebung an. Die Ziele sind meist schon von weitem auszumachen. Sie liegen durchwegs auf den Höhen dieser eigentümlich anmutenden Landschaft voller Kegel, und sie alle bieten eine überwältigende Aussicht in jede Himmelsrichtung.

Erstes Ziel ist *Stephanshart.* Kommod flach fährt man bis zur Riesenbirne beim *Mostbirnladen.* Sie ist nach einem der jüngsten Hochwasser einfach eine Etage höher gesetzt worden, mitsamt dem Wirtshaus, dem „Parlament", in dem dieser Bauernladen eingerichtet ist. Neben der namensgebenden Tratscherei über Neuigkeiten aus der Gegend gibt's dort Most in diversen Geschmacksrichtungen und Qualitätsstufen, Geselchtes, Käse, Bauernbrot und Kunsthandwerk. Geliefert wird von zwölf Bauern, betreut wird der Laden vom Wirtshauspersonal.

Der Machlanddom in Stephanshart

Man befindet sich bereits mitten im Mostviertel, mit seinen Bauernhöfen, die einzeln oder in kleinen Weilern inmitten ihrer Felder thronen und über schmale, mit Birnbäumen gesäumte Straßen erreichbar sind.

Orgel und Emporenfenster im Machlanddom

Eine dieser Straßen führt zur Ortschaft Stephanshart, einer Katastralgemeinde von Ardagger Markt. Ein mächtiger Vierkanter trägt die Hausnummer 1, das *Wirtshaus Kremslehner,* ein im Kern spätmittelalterlicher Bau mit einer durchaus passenden Fassade aus 1924. An den Häusern des Ortes fällt allgemein der reiche Blumenschmuck auf, der Stephanshart 1980 den Titel Europasieger im Blumenschmuckwettbewerb eingebracht hat.

An der Stelle des heutigen Sportplatzes stand eine 1497 erbaute spätgotische Kirche, diese wurde wegen einer Terrainrutschung 1957 gesperrt und abgetragen. Auf festem Grund gebaut wurde dagegen das neue Gotteshaus, der *Machlanddom,* wie man den monumentalen Stahlbetonbau wenig bescheiden nennt. Man hat ihn auf die höchste Erhebung des Ortes gesetzt, damit er weithin sichtbar sei – Stephanshart, die biblische Stadt auf dem Berge … Geweiht ist die Pfarrkirche dem hl. Stephanus. Sein Bild ist am Hochaltar zu sehen, auf einem Sgraffito von Robert Herfert (1959). Für die Einrichtung wurden Altes aus der ehemaligen Kirche und Neues zueinander gestellt, wie die Seitenaltarbilder aus dem Umkreis des Kremser Schmidt (1718–1801) und der Emailtabernakel mit dem Bronzekruzifix aus 1970.

Das Machland bei Ardagger

Die Straße von Stephanshart nach Osten gleicht einer überdimensionalen Hochschaubahn. Die Fluren Pfaffenberg und Klosterwald liegen auf dem Weg zur nächsten Station, *Stift Ardagger.*

Die Geschichtsbücher wissen wenig über das Stift. Vielleicht deshalb, weil Stift Ardagger nie ein richtiges Kloster war, sondern ein sogenanntes Kollegiatsstift – ein geistiger Stützpunkt für Weltpriester, die sich um die Seelsorge in der Umgebung kümmerten. Sie kamen lediglich zum Chorgebet zusammen und feierten zu bestimmten Anlässen gemeinsam die Liturgie. Den übrigen Teil ihres Lebens verbrachten sie in ihren Pfarren oder in ihren Herrenhäusern. Im Zuge seiner Säkularisierungspolitik machte Kaiser Joseph II. Schluss mit dieser Konstruktion, die Besitzungen des Stiftes wurden veräußert, die bisherige Stiftskirche wurde zur Pfarrkirche erklärt.

Die Gründungssage überliefert, dass Agnes von Poitou, die hochschwangere Frau Heinrichs III., sich in dieser Gegend verirrt hatte und an dieser Stelle ihr Kind bekam. Da Mutter und Kind wohlauf waren, gründete ihr Mann zum Dank das Stift. Tatsächlich aber beruhte die Gründung darauf, dass der König auf seinen Reisen Wert auf standesgemäße Quartiere legte und für diesen Zweck das Stift erbauen ließ.

1049 scheint als Gründungsjahr für Stift Ardagger auf. Wie die erste Kirche ausgesehen hat, weiß man nicht mehr. Der erste große Umbau fand im 13. Jahrhundert statt, als sich die Mode vom Romanischen ins Gotische wandelte. In Ardagger hielt man sich in manchen Teilen noch an die bestehende Romanik, vor allem im Unterbau der Kirche, im dichten Säulenwald der *Krypta.* Ursprünglich stand dort ein Altar des hl. Korbinian; der Raum hat gewaltig viel Stimmung und lässt, wenn man so will, Schwingungen spüren. Ausdrucksstarke Installationen junger Künstler verstärken den Eindruck.

Im gedämpften Licht des gotischen *Kreuzgangs* werden das Reden und die Schritte leise. Seltsame Gestalten, bizarre Köpfe und Symbole sitzen an den Konsolen der Strebepfeiler. Das Programm hinter dieser scheinbar unsystematischen Anordnung ist schwer zu lesen, im Gegensatz zur klaren Verkündigung des Apostolischen Glaubensbekenntnisses. Satz für Satz wird das Credo auf zwei Fresken aus dem 15. Jahrhundert szenisch aufbereitet. Die Trinität wurde dabei in einer seltenen Weise auf einen durchaus verständlichen Nenner gebracht. Alle drei, Vater, Sohn und Heiliger Geist, erfüllen ihre Rolle in Dreieinigkeit als drei gleichgestaltige Männer, die über ihrer Schöpfung thronen und das Heilsgeschehen bestimmen.

Chorgestühl in der Stiftskirche Ardagger

In der Apsis der Kirche, zu der man über eine majestätisch breite Treppe hinauf-

schreitet, weist sich Dompropst Heinrich von Passau selbst als Stifter aus. Er war im 13. Jahrhundert Auftraggeber des Neubaus der Stiftskirche und ließ sich dafür im Margaretenfenster auf der sogenannten Stifterscheibe kniend, das Modell der Kirche in Händen, abbilden. Es ist eines der ältesten Glasgemälde in Europa. Seit 1237 hat es alles überstanden, was je über Stift Ardagger gekommen ist, von den Türkeneinfällen bis zum Zweiten Weltkrieg.

Am Sonntag trifft man sich seit eh und je nach der Messe in der *Stiftstaverne* zum Frühschoppen. Das Restaurant hat sich dem Most verschrieben und demonstriert mit einer auf Mostbratl und Co abgestimmten Speise- und Getränkekarte die kulinarische Feinheit dieses ehemals verrufenen Haustrunks.

Im ehemaligen Pferdestall unterhalb der Stiftstaverne dokumentiert ein *Oldtimermuseum* die Entwicklung des Motorradbaus im 20. Jahrhundert beinahe lückenlos, von der NSU aus den 1920er-Jahren bis herauf zur Rallyemaschine, mit der 1998 im Rennen Paris–Dakar der vierte Preis eingefahren wurde. Angesichts der rassigen Zweiräder, bekommt man Lust auf eine flotte Schussfahrt von Ardagger Stift hinunter nach Ardagger Markt, mit der die Radtour durch das Mostviertel auf vergnügliche Weise beschlossen wird.

INFO www.museumsland.at **STIFTSBESICHTIGUNG** 3300 Ardagger Stift 3, Tel. 07479/64 00 oder Regionalbüro Strudengau, 4360 Grein, Stadtplatz 7, Tel. 07268/268 57, www.museumsland.at **ESSEN UND TRINKEN** Stiftstaverne, 3300 Ardagger Stift 3, Tel. 07479/65 65, www.stiftstaverne.at, Ausgangspunkt für zahlreiche Wanderungen; Gasthaus Kremslehner, 3321 Ardagger, Stephanshart 1, Tel. 07479/72 40, www.stefanshart.at; Landgasthaus Parlament, 3321 Ardagger, Stephanshart-Leitzing 81, Tel. 07479/63 51, www.parlamentwirt.at; Mostbirnladen, wie Gasthaus Parlament, tägl. außer Mi 9–12 und 14–18, So, Fei 8–11 Uhr **OLDTIMERMUSEUM** Ferdinand Jandl, 3300 Ardagger Stift 3, Tel. 07479/74 33, E-Mail: oldtimermuseum@mostgalerie.at **MACHLANDDOM** Pfarramt, 3321 Stephanshart 3, Tel. 07479/72 46 **FAHRRADVERLEIH** Gasthaus Schatzkastl, 3321 Ardagger Markt 120, Tel. 07479/75 00

Stiftskirche Ardagger: Chor mit Margaretenfenster

DER MOST UND SEIN VIERTEL

Im Keller der Stiftstaverne in Ardagger Stift wurde dem Most ein eleganter Laden eingerichtet, die Mostgalerie. Nicht nur schön zum Anschauen sind die erlesenen Flaschen im eigens für sie kreierten Design, geordnet nach dem Grad der Herbheit, mild, halbmild, kräftig und resch – liegen sie dort, versehen mit dem Namen des Erzeugers, den Alkoholgraden und der Restzuckermenge. Drin ist Most, der vergorene Saft von Birnen und fallweise Äpfeln. Mit einem Seitenblick zum Wein hat man die Sorten rein gemostet. Mit etwas Übung lassen sich Dorschbirne, Speckbirne, Schweizer Wasserbirne und Pichlbirne auseinander schmecken. Für jeden Feinspitz, er muss sich nur trauen, tut sich in diesem Mostgewölbe eine neue Welt der Geschmackserfahrung auf. Erstes Mostwissen sammelt man im Zuge einer kommentierten Verkostung, für Fortgeschrittene werden Käse und Most kulinarisch miteinander in Einklang gebracht.

Ein Prost mit Most auf der Schallaburg

Dem guten Göd'n, dem Tauf- oder Firmpaten, gebührt nach altem Brauch der beste Most eines Jahrgangs, der Göd'n-Most. Der Namensgeber Most wäre dem Landesviertel ober dem Wienerwald beinahe abhanden gekommen: Der Bestand an Mostobstbäumen wurde stark reduziert, denn sie standen den Mähdreschern im Weg. Der Trend hat sich gottlob gewendet. Mit einiger Schulung wurden Grundübel wie Sauersein, graue Farbe und fauliger Geruch ausgemerzt. Längst ist man dabei, in eigenen Obstmostkostkommissionen den Besten seines Jahrganges zu ermitteln.

Frühling im Mostviertel: Blühende Obstbäume

Toni Distelberger, Bauer, Musikant und Initiator der Mostgalerie, glaubt fest an den Most: „Drin steckt gleich viel Erfahrung wie neues Wissen“, sagt er, „die Rohstofflieferanten für unsere Produktion, die Obstbäume, sind zum Teil an die 200 Jahre alt. Die Vielfalt, die unsere Vorfahren dabei gezüchtet haben, ist unglaublich. Nicht einmal ich kann alle Birnensorten aufzählen. An uns liegt es jetzt, daraus unter den besten Voraussetzungen höchste Qualität zu erzeugen.“

DIE MOSTGALERIE 3300 Ardagger Stift 3, Tel. 07479/64 00, www.mostgalerie.at

GIGERREITH UND KOLLMITZBERG, TREFFPUNKTE DER KULTUREN

Dass ein Bauernhof im Mostviertel nicht nur aus dem Keller besteht, zeigt Anton Distelberger senior in seinem *Mostviertler Bauernmuseum* in Gigerreith nächst Ardagger Stift. Mit 17.000 Exponaten gilt es nicht nur als die größte derartige Privatsammlung, sondern darf in seiner systematischen Vollständigkeit ohne Übertreibung als Realienarchiv der bäuerlichen Kultur vom ausgehenden 19. bis zur Mitte des 20. Jahrhun-

Ländlicher Hausrat im Mostviertler Bauernmuseum

derts bezeichnet werden. Einzelne Themenbereiche wie Haushalt, Werkzeug, Religiosität, Alltag und Feiern sind vollständig dokumentiert. Das mit dem Bauernstand verbundene Handwerk und Gewerbe ist in kompletten Ensembles bis ins kleinste Detail erhalten. Herr Distelberger hat den Greißlerladen mit dem ganzen Sortiment der 1950er-Jahre bestückt, darunter die damals gängigen Zigarren, die typischen Zuckerln im Glas und sogar Schuhpasta aus dieser Zeit.

Zu jedem der Ausstellungsstücke gibt es eine kleine amüsante Geschichte, ohne die der Museumsbesuch nur eine halbe Sache wäre. Ob es der Ochszem ist, die Tabernakelwanze oder der Suppen-Brunzer, jeder noch so alte, heute längst vergessene Mundartausdruck erfährt seine Erklärung – ob in launiger Art direkt von Anton Distelberger oder durchs Nachlesen in seinem Buch „Mei Sammlerlebn“, erschienen im Eigenverlag.

Es bleibt zünftig. In der *Vogelsteighütte,* einem gastronomischen Außenposten in der Einschicht von Ardagger Stift, treffen sich jeden zweiten Sonntag im Monat Musikanten, um einfach frisch drauflloszuspielen. Wer selber grad kein Instrument dabei hat, dem steht eine der vielen im winzigen Gastzimmer ausgestellten Ziehharmonikas zur Verfügung.

Aufgspielt wird auch beim Kirtag am *Kollmitzberg*. 1582 wurde der Jahrmarkt von Ardagger Markt herauf auf den pestfreien Kollmitzberg verlegt, und seitdem strömen am dritten Septemberwochenende die Leute aus der ganzen Umgebung auf diesen Gnadenberg mit der Kirche zur hl. Ottilie. Hinter der Erstnennung der Ortschaft Kollmitzberg 881 steht ein Fragezeichen, gesichert ist 1267. Im Spätmittelalter nutzte man die exponierte Lage als Kreidfeuerstelle und konnte so weite Landstriche vor herannahenden Gefahren warnen. Auch fühlte man sich von diesem Ort angezogen – hier heroben zu stehen, vermittelt einem ein erhebendes Gefühl, man dünkt sich dem Himmel näher. Seit dem Spätmittelalter pilgern Wallfahrer herauf. Ab 1691 sind Wallfahrten zur hl. Ottilie urkundlich belegt. Ihre Statue stammt aus der Zeit um 1500, sie hält ein Augenpaar in den Händen. Wie die Heilige zu ihrem Attribut gekommen ist, zeigen die Deckenmalereien im Langhaus mit Szenen aus ihrem Leben (Franz Pitza, 1955) – die Legende berichtet, dass der Vater die blind geborene Ottilie (Odilia) töten lassen wollte, die Mutter sie aber retten konnte. Das Kind wurde in ein Kloster in

Die Wallfahrtskirche Kollmitzberg

Wallfahrtskirche Kollmitzberg: die Augen der hl. Ottilie

Sicherheit gebracht, wo ihr bei der Taufe auf wundersame Weise das Augenlicht geschenkt wurde. Der Hass des Vaters besänftigte sich erst knapp vor seinem Tod, er schenkte ihr einen Platz für die Gründung eines Klosters südlich von Straßburg, den heutigen Odilienberg, den „heiligen Berg des Elsass". Die hl. Ottilie (660–720) wird als Fürsprecherin bei Augen-, Ohren- und Kopfleiden angerufen.

Die ursprünglich romanische Kirche wurde um 1300 errichtet, am Ende des 15. Jahrhunderts und schließlich 1787/88 im Barockstil gründlich umgebaut. Erhalten geblieben ist das spätgotische Sakramentshäuschen, datiert mit 1492.

Von diesem dem christlichen Glauben vorbehaltenen Ort nur ein paar Häuser entfernt haben Aborigines ein spirituelles Zentrum errichtet. Es handelt sich tatsächlich um einen Zeremonienkreis australischer Ureinwohner. Angelegt wurde er auf dem Dach der *Kunststation Kollmitzberg*. „Alle Aborigines, die nach Österreich kommen, kommen hierher", sagt Theresa Fischer, die in einem ehemaligen Wirts- und Bauernhaus eine Galerie betreibt. Durch familiäre Beziehungen – zwei ihrer Töchter haben Australier geheiratet – wurde sie mit Australien und der Kunst der Aborigines vertraut. Im Jahr 2000 war sie die Erste, die deren Arbeiten und die Künstler selbst nach Österreich brachte.

Von Anfang an war es ihr Ziel, regionale Kunst in Bezug zu anderen Kulturen zu setzen. Im Sommer gibt es Spezialausstellungen in Anwesenheit der ausländischen Künstler; Künstler aus Österreich werden zur Zusammenarbeit eingeladen.

Dass die Schwellenangst der Leute in der Umgebung groß ist, weiß die mutige Galeristin: „Es mangelt gegenüber dieser Kunst an Akzeptanz. Die Leute tun sich mit Abstraktem doch recht schwer." Und nicht nur damit, Künstler aus Afrika oder Australien sind im Mostviertel nichts Alltägliches. Seit aber ganze Schulklassen mit den Künstlern Didgeridoo blasen und Bumerang werfen, verschwinden diese Probleme zusehends.

Mit der donauARTE (siehe S. 59) erhielt die Kunststation Kollmitzberg direkt an der Donau, am Hößgang bei der Insel Wörth, einen zweiten Ort und ein Gästehaus. Auf der oberösterreichischen Seite der Donau wurde 2005 die dritte Station eröffnet, ein kleiner Kunstladen am Hauptplatz von Grein mit Antiquitäten und zeitgenössischer Kunst.

Kunststation Kollmitzberg: Theresa und Bernhard Fischer vor dem Zeremonienkreis der Aborigines

MOSTVIERTLER BAUERNMUSEUM Fam. Distelberger, 3300 Amstetten, Gigerreith 39, Tel. 07479/73 34, www.distelberger.at **ESSEN UND TRINKEN** Vogelsteighütte, 3321 Ardagger Stift 133a, Tel. 07479/67 81; Gasthof Alpenblick, 3321 Ardagger, Kollmitzberg 3, Tel. 07479/75 15, E-Mail: gasthof-alpenblick@aon.at, www.gasthof-alpenblick.cc **KUNSTSTATION KOLLMITZBERG** 3321 Kollmitzberg 7–8, Tel. 07479/64 11, www.donauarte.at **OTTILIENKIRCHE KOLLMITZBERG** Pfarramt 3321 Stephanshart 3, Tel. 07479/72 46 **KOLLMITZBERGER KIRTAG** 3321 Ardagger, Tel. 07479/73 12, www.kollmitzberger-kirtag.at, jedes Jahr am Wochenende der Quatemberwoche (drittes oder viertes Septemberwochenende)

DAS SCHWIMMENDE KREUZ VON NEUSTADTL AN DER DONAU

Bei der Greiner Donaubrücke mündet vom Süden her das Tiefenbachtal; es trennt die Gemeinden Ardagger und Neustadtl. Die Straße durch das bewaldete Tal steigt rasch an und biegt bei der Straßmühle hinauf auf die freien Höhen der Neustadtler Platte.

Mitten am Friedhof, am höchsten Punkt, steht ein Wahrzeichen des Marktes Neustadtl, das *Georgi-Kreuz*. Es sei, so die Sage, einst auf wundersame Weise die Donau herauf bis nach Tiefenbach geschwommen. Die Neustadtler Bauern hätten es von dort abgeholt, auf das Hochkreuzfeld geschleppt und dort aufgestellt – eine erstaunliche Leistung angesichts der mächtigen Steinsäule. Der historische Kern: Die Säule ist tatsächlich auf dem Wasserweg stromaufwärts angekommen, allerdings per Schiff, vom Donauufer wurde sie dann nach Neustadtl geschafft. In einem Kaufbrief von 1664 wird die Säule erwähnt: „Von Herrn Hegemüller aufgericht worden, unverrückbar an seinen orth stehen."

Der Markt *Neustadtl an der Donau* ist auf Fels gebaut, auf solidem Weinsberger Granit, wie er auch im Wald- und Mühlviertel vorkommt. 340 Millionen Jahre hatte der Stein Zeit, sich zu den tollsten Formen zu entwickeln. Wissenschaftler nennen das, was in der Fantasie mancher Menschen heidnische Opfersteine und Kultplätze mit strahlender Kraft sind, trocken Wollsackverwitterung. Die Neustadtler Platte ist voll von diesen Steingebilden, und die interessantesten sind durch ein Wanderwegenetz miteinander verbunden.

Zur Mystik dieser Gegend, die sich mit dem Granit diesseits des Stromes fortsetzt, tragen Schalen- und Durchkriechsteine sowie Erdställe bei. Die geheimnisvollen Gänge und Kammern sind keine Keller, keine Fluchtgänge oder für sonstige Zwecke zu benutzen, trotzdem wurden sie in den Boden gegraben. Was davon in Neustadtl noch erhalten ist, wird von Hans Freuden-

Wahrzeichen von Neustadtl: das Georgi-Kreuz

berger, der schon mit zwölf Jahren mit dem Sammeln begonnen hat, dokumentiert. Im *Nadlingerhof,* einem Anwesen in der Einschicht von Neustadtl, das 1449 bereits als „Nädling" erwähnt wird und an dem das 20. Jahrhundert scheinbar spurlos vorübergegangen ist, richtet der Sammler sein Museum ein, mit allem, was zu solch einer Institution gehört: Kurse in bäuerlichen Handwerken soll es geben, dazu Lesungen, Vernissagen und Volkstanz. In der Bauernstube mit dem Kachelofen und dem Herrgottswinkel wird Most ausgeschenkt und eine Jause gereicht.

Hans Freudenberger verbindet das Sammeln mit intensiver Forschung, die er teilweise an Profis überträgt. In manchen Bereichen kniet er sich selbst ordentlich rein, wie beim ehemaligen Silberbergwerk, der Silberluck'n, deren Eingangsbereich an Ort und Stelle im Wald wieder aufgebaut wurde. Die Ergebnisse seiner Forschungen sind in den Heften „Damit's net vergess'n wird" nachzulesen.

Beim Eingang zur „Mentscherkammer" (Mädchenstube) hängt das Porträt des aufgrund seiner antisemitischen Haltung umstrittenen Wiener Bürgermeisters und Begründers der Christlichsozialen Partei Karl Lueger (1844–1910), Ehrenbürger von Neustadtl. 1812 zog der Vater des späteren Wiener Bürgermeisters vom Löffellehen, einem Bauernhaus in der Katastralgemeinde Berghof, nach Wien; 1938 ließ die Wiener Kaufmannschaft bei seinem Stammhaus eine Kapelle errichten.

Von all den Aussichtsbergen, die auf der Wanderkarte von Neustadtl verzeichnet sind, wird der *Panoramastein* als Einstieg empfohlen (ca. 30 Min.). Damit man einen Überblick bekommt, sind auf einem steinernen Tisch mit zwei Metern Länge alle Gipfel verzeichnet, denen man

Neustadtl an der Donau: hl. Notburga in der Luegerkapelle

Granitformation auf der Neustadtler Platte

hier auf knapp 500 Meter Seehöhe gegenübersteht. Ein anderer Wandertipp ist die *Ruine Freyenstein*, die sich von der Donau aus wie ein brüchiger Stockzahn ausnimmt. Man erreicht sie vom Ort aus auf einem vier Kilometer langen Rundweg. Besuchen sollte man die Ortschaft Hößgang mit der bereits erwähnten donauARTE, einer Kunststation mit Gästehaus herunten am Strom, direkt gegenüber der Insel Wörth, einem Naturschutzgebiet (siehe S. 33).

Ein Stück *Jakobsweg* (mehr dazu auf S. 193 ff.) sollte man in eine Wanderung einbauen, die Muschel markiert dessen Verlauf. Die Pfarrkirche St. Jakob selbst ist ganz auf das Pilgerrevival eingestellt; hier liegt ein Buch auf, in dem sich Pilger auf ihrem Weg nach Spanien eintragen.

INFO Marktgemeinde Neustadtl an der Donau, 3323 Neustadtl, Marktstraße 16, Tel. 07471/22 40, www.neustadtl.at **ESSEN UND TRINKEN** Gasthof Zur Ruine Freyenstein, 3323 Freyenstein an der Donau 8, Tel./Fax 07471/22 72; Schutzhütte am Brandstetterkogel, Pächter Hr. Nußbaumer, 3323 Neustadtl, Schaltberg 47, Tel. 07471/22 65; Gasthaus zur Rosenau, Leopoldine Gebetsberger, 3323 Neustadtl, Nabegg 62, Tel. 07471/22 82; Kirchenwirt Kürner, 3323 Neustadtl, Marktstraße 10, Tel. 07471/22 28; Gasthaus Forellenhof, Alfred Ortmüller, 3323

Neustadtl, Berghof 12, Tel. 07471/22 71 od. 0664/170 45 66, www.ortmueller.at **CAMPING** Gasthof Familie Krenn, 3323 Neustadtl, Willersbach 40, Tel./Fax 07412/526 78, E-Mail: christine.krenn@aon.at, www.campsite.at, www.niederoesterreich.at/krenn **ERLEBNISMUSEUM NADLINGERHOF** 3323 Neustadtl, Nabegg 21, Tel. 0676/486 75 34, www.nadlingerhof.at **DONAUARTE KUNSTSTATION** 3323 Neustadtl, Hößgang 15, Tel. 0676/438 19 03, www.donauarte.at **SPORT** Freizeitzentrum mit Leichtathletikanlage; Skaterstrecke zwischen Hößgang und Freyenstein; Reiten; Wandern (Wanderkarte)

ST. MARTIN UND DIE GLOCKE IM WAPPEN

Der größte Teile der Ortschaft *St. Martin-Karlsbach* liegen östlich von Neustadtl „am Ybbsfelde“, durch Bergrücken vom Strom getrennt; an der Donau selbst befindet sich ein Rastplatz für Radfahrer. Es zahlt sich aus, den Berg zu überwinden. Bei Willersbach biegt man vom Donautal rechts in den Graben hinauf ab, erklimmt den Hengstberg und liefert sich schließlich im Gewirr der schmalen Waldstraßen den Wegweisern aus. Bald ist man hoch genug droben, um sich auch über den Skilift am Hengstberg nicht zu wundern. Die zugehörige Hütte für den

Die älteste Oktavglocke unseres Landes in St. Martin

Einkehrschwung ist ganzjährig geöffnet und bietet so auch keuchenden Radfahrern Labung. Von hier heroben, von dem Platz, wo der 15. Meridian durchgeht, sieht man sehr deutlich das gewundene enge Bett, das sich die Donau in den Granit des Strudengaus geschliffen hat.

Nach Süden hin dehnt sich das Ybbsfeld aus. 788 war es Schauplatz einer Schlacht, deren Ausgang die weitere Geschichte entscheidend bestimmt hat: Das Herzogtum Bayern einschließlich der österreichischen Gebiete wurde Teil des Fränkischen Reiches unter Karl dem Großen.

Der Kirchturm von *St. Martin* ist das erste angepeilte Ziel des Abstiegs. Er wurde nach dem jüngsten Umbau des Gotteshauses 1988 in seiner ursprünglichen Form belassen, mit dem Bindenschild und mit der ältesten *Oktavglocke* des Landes. Entstanden ist die Glocke wahrscheinlich um 1200, zu einer Zeit, als hierzulande noch die Babenberger herrschten. Sie wurde damals wahrscheinlich an Ort und Stelle gegossen und stellt ein klangliches Kleinod dar, eine sogenannte Oktavglocke, bei der mit dem Grundton, der kleinen Terz und der Quinte die Oktav mitklingt. Der volle Molldreiklang ertönt jedoch selten, nur an den „heiligen Tagen", den hohen kirchlichen Feiertagen, und dann wird die Glocke sehr behutsam mit der Hand geläutet.

Während der Türkenkriege war sie sicherheitshalber am südöstlichen Hochfeld vergraben worden, um sie vor türkischen Kanonengießern zu verstecken. Die Sage berichtet, Wildschweine hätten die vergessene Glocke ausgegraben. Die Stelle ist mit auffällig prächtigen Linden bis heute gut markiert.

Der Namensgeber der Kirche ist der hl. Martin, der mit einem Bettler seinen Mantel teilte. Er wurde dafür mit einem raumhohen Bild im Chor gewürdigt. Die *Martinslegende* wurde 1948 freigelegt. Gemalt wurde das Fresko um 1330.

Das Kreuz, das die rechte Stirnseite dominiert, stammt aus der Werkstatt des Thomas Schwanthaler und ist ein Geschenk der Schlossherren von *Karlsbach*. Schloss ist beinahe zu viel ge-

Die Martinslegende, Fresko in der Pfarrkirche St. Martin

sagt, viel eher handelt es sich bei dem Ansitz um die Ruine einer ehemals mächtigen Burganlage im Norden des Ortes Karlsbach. Um 1950 wurde das sogenannte Vorschloss restauriert und für Wohnzwecke ausgebaut. Schloss und Burgruine stehen in Privatbesitz und sind nicht zu besichtigen.

An der Straßenkreuzung im Ort wurde der ehemalige öffentliche Brunnen wieder aktiviert. Man muss fleißig pumpen, bis das Wasser sprudelt, und kann sich dann laben. Das Bauernhaus daneben gehört Josef Hochenauer. Er zeigt gern das *Armeseelenfenster* in seiner Stube her. Unter dem Herrgottswinkel ist in der dicken Mauer des alten Bauernhauses tatsächlich ein viereckiges Loch eingearbeitet, mit Blick aufs Wirtshaus gegenüber. Aufgemacht wird es nur am Allerseelentag und wenn jemand im Haus stirbt, damit dessen Seele hinausfliegen kann.

Das Gasthaus vis-à-vis heißt nicht umsonst Glockenberg-Stub'n. Gab es früher den unfrommen Spruch, dass im Wirtshaus mit den Gläsern „zsammgläut" würde, dann hatte dieser in Karlsbach eine völlig andere Bedeutung. Wenn der Wirt läutete, dann hieß es: Biergläser auf den Tisch und Hände falten, er selbst bediente von der Schank aus mit einem Seilzug die Glocke des „Kreuzstöckels“, einer Kapelle auf dem sogenannten *Glockenberg*, unmittelbar neben dem Wirtshaus. Dieser Glockenberg, auch Taborberg genannt, ist nicht sonderlich hoch, aber nach allen Seiten steil abfallend. Oben drauf steht eine kleine Kapelle mit eiserner Glocke und Marienstatue.

Immer am Karfreitag spielt sich auf dem kleinen Platz rund um das Kreuzstöckel ein hochinteressanter, kaum beschriebener Brauch ab, das *Karfreitagratschen von Karlsbach.* Im Ort bestand, vermutlich seit der Grundentlastung 1848, eine Kommune, die über Gemeinschaftsbesitz verfügte. Deren jährlich wechselnder Obmann hatte das Recht, vier Ratschenbuben auszuwählen, die mit ihren Kunststücken Spenden sammeln durften. Es waren nur Söhne von Kleinhäuslern zugelassen, Bauernbuben durften nicht ratschen gehen, da sie nicht auf die Spenden der Ortsleute angewiesen waren. Nach wie vor treffen sich vier Buben in der Karwoche zum Üben, denn einfach ist die Aufgabe nicht, die sie am Karfreitagnachmittag erwartet. Drei von ihnen rennen neun mal neun Mal, insgesamt also 81 Mal, um die Kapelle, während der Vierte, der Hammerratscher, den strengen Takt angibt, wann geratscht und gerannt wird und wann nicht. In zwanzig Minuten ist die Sache meistens erledigt. Abgesammelt werden die Spenden, heute hauptsächlich Geld, am Ostersonntag.

Das Kreuzstöckel auf dem Glockenberg von Karlsbach

Die jüngste gemeinsame Errungenschaft der Ortsbewohner ist ein Dorfplatz am Fuß des Glockenbergs. Alles ist noch recht neu, er wird aber mehr und mehr zu einem kleinen Kommunikationszentrum von Karlsbach.

Am südlichen Donauufer ist hier das Ende des Strudengaus erreicht. Auf der anderen Seite wartet der oberösterreichische Teil dieses romantischen Donauabschnitts. Mit dem Auto muss man bei Ybbs die Donau übersetzen, da die Durchfahrt am südlichen Ufer ab Freyenstein gesperrt ist. Den Radlern wird damit ein ungestörter Ritt entlang des Stroms, vorbei an den steilen bewaldeten Hängen der Neustadtler Platte, bis hinauf nach Grein geboten.

INFO Gemeindeamt St. Martin-Karlsbach, 3371 Neumarkt an der Ybbs, St. Martin 79, Tel. 07412/589 02, www.stmartin-karlsbach.com **ESSEN UND TRINKEN** Gasthaus Fleischanderl, 3371 St. Martin 17, Tel. 07412/589 14, www.j-fleischanderl.at.tt; Gasthaus Kaltenbrunner, Glockenberg-Stub'n, 3370 Karlsbach 36, Tel. 07412/589 35, Musikantentreffen jeden 1. Fr im Monat; Hengstberghütte Schilift-Buffet, 3370 Donauleiten-Hengstberg, Tel. 07412/527 57 **SPORT** Schneetelefon 07412/562 80

DIALOG MIT DEM STEIN

In und rund um St. Martin sind die Arbeiten des Bildhauers Andreas Ortner (1958) und seines Vaters Josef (1931–2002) nicht zu übersehen, wie der Martinsbrunnen beim Gemeindehaus von St. Martin oder der Altar in der Pfarrkirche von Neustadtl.

Aus der Hand Andreas Ortners stammt der schlichte Volksaltar, der beim Umbau der Kirche von St. Martin 1988 dem barocken Hochaltar vorgesetzt wurde. Ortners Atelier ist leicht zu erkennen: In der Einschicht von Hengstberg stehen rund um ein altes Bauernhaus moderne Steinplastiken, zumeist bereits fertig, etliche von seiner Hand, andere von seinem Vater Josef Ortner, Schüler von Fritz Wotruba und Freund von Andreas Urteil, der wiederum Andreas' Taufpate ist. Die Bildhauerei war ihm damit in die Wiege gelegt. Nach der Fachschule für Kunsthandwerk, Ausbildungszweig Bildhauerei, in Hallein legte Andreas Ortner 1983 die Meisterprüfung ab.

„Handwerklich musst du was tun", ist sein Credo, „nicht nur was anpatzen und dann sagen, ich hab mich verwirklicht. Mir taugt es einfach, wenn ich etwas aus dem Stein herausarbeite." So wird die künstlerische Linie, die von der Suche nach einer starken realistischen Darstellensweise beherrscht wird, umrissen.

Das Einkommen für die siebenköpfige Familie wird mit Restaurierungen und dem Anfertigen von Kopien verdient. Ein Zubrot für den Künstler sind die Marmorbrunnen, für deren Wasserspiele er eine eigene Technik entwickelt hat.

Der Bildhauer Andreas Ortner

ANDREAS ORTNER Bildhauer, Restaurator, 3372 Blindenmarkt, Hengstberg 35, Tel. 07412/537 38, 0664/540 10 13

GREIN, DAS GOLDENE STÄDTCHEN

Wenn einer die Donau hinabfuhr, wurde ihm, ob er wollte oder nicht, die Gastfreundschaft der Bürger von Grein zuteil. Die Schiffleute waren gut beraten, zeitweise sogar per Verordnung dazu angehalten, dieses Angebot anzunehmen. Sofern sie nauwärts, also stromabwärts, unterwegs waren, lag vor ihnen der Strudengau. Ein Lotse war an Bord zu nehmen, denn nur Eingeweihte vermochten das Schiff durch die Gefahren dieses Donauabschnitts zu steuern, und wer wollte schon das Schicksal des Freisinger Bischofs Drakulf teilen, der 926 bei Grein im Donaustrudel umkam? Die Gegenzüge, die flussaufwärts gezogenen Schiffe, brachten allein schon durch die große Anzahl an Beschäf-

Ein Symbol für Grein: Schiff mit Mannschaft

tigten eine Menge Leute in den Ort. Die Handwerker, vor allem die Seiler, Schopper und Zimmerleute, erfreuten sich eines Mussgeschäfts, die Beherbergungsbetriebe waren ausgebucht, und der Magistrat der Stadt sorgte aufgrund diverser Privilegien für eine wohl gefüllte Stadtkasse.

Durchaus einträglich waren das Ladstattprivileg oder das Gestäderecht (Gestaderecht). Ein Befehl Herzog Albrechts von 1379 lässt darauf schließen, dass Grein, das schon 1215 in einer Urkunde als „burgensis in Grine", eine umschlossene Siedlung mit marktähnlicher Funktion, erwähnt wird, als privilegierte Ladstatt galt. Das bedeutete, dass jeder, der an einem anderen Punkt als hier Waren laden wollte, dafür ordentlich Niederlaggeld zu berappen hatte. Als Draufgabe wurde für jedes Fahrzeug das Stegrecht verrechnet.

Der Handel florierte, Salz und Holz wurden hinunter-, Getreide und Wein heraufgeliefert. An Grein war kein Vorbeikommen. Kein Wunder, dass die Stadt den ältesten *Wappenbrief* von Oberösterreich besitzt. 1468 wurden dem Ort Grein Wappen und Siegel verliehen, die ein Schiff mit einem in der Mitte stehenden Lotsen mit ausgebreiteten Armen zeigen.

Maibaum und Kirchturm auf dem Hauptplatz

1490 wurden die Privilegien im Marktbuch niedergeschrieben. 1491 erhielt man dank der Huld Kaiser Friedrichs III. endlich das längst verdiente Stadtrecht. Bürgerhäuser mit prunkvollen Erkern und Arkaden entstanden. Sie machen heute noch den Reiz des Stadtplatzes aus.

Die lebensgroße Statue auf dem Stadtbrunnen zeigt *Graf*

Epitaph aus 1643 an der Pfarrkirche von Grein

Leonhard Helfried von Meggau, der Schlossherr auf der Greinburg war und das Franziskanerkloster (bezogen 1628) und das Kapellhaus für „Unterhalt und Erziehung der lieben Jugend" (1641) gründete.

Das Franziskanerkloster wurde 1785 aufgehoben, die Klosterkirche vorübergehend zum Gefängnis. Heute ist es als Haus St. Antonius wieder ein Ort der Meditation.

Die *Stadtpfarrkirche,* ein gotischer Bau mit spätbarockem Helm, ist dem hl. Ägidius geweiht. An einer Ölberggruppe vorbei gelangt man unter dem Turm zum Haupteingang, der erst seit kurzem wieder offen ist – um 1600 war an dieser Stelle ein Mord verübt worden, aus diesem Grund wurde der Eingang damals zugemauert. Die beiden Totenköpfe, ein lachender und ein gruselig von Schlangen befallener, am südlichen Ausgang haben mit dem grausigen Ereignis nichts zu tun. Sie gehören zum Grabstein des Siegmund Prüschenk, des Erbauers der Greinburg. Gründlich ging man bei der Barockisierung der Kirche vor. Die prächtige Kanzel ist eine Stiftung der Schlossherrin Anna von Dietrichstein aus 1679, für das Hochaltarbild wurde kein Geringerer als Bartolomeo Altomonte verpflichtet.

Der Wohlstand der Stadt spiegelt sich in den Inventarverzeichnissen wider, die nach dem großen Stadtbrand von 1642 angelegt wurden: Der Verlust wertvoller Waffensammlungen mit goldenen Degen, eines Buchs von der „Goldenen Bull" und von „Rissen vom albrechten Dierern" wird hier beklagt. Ursache des Brandes, der Kirche, Kloster und Bürgerhäuser verwüstet hat, war wohl ein Herd, der nach einem großen Mahl, im Gasthaus Zum Goldenen Hirschen für (vermutlich) Kaiserin Maria Anna, die Gattin Kaiser Ferdinands III., ausgerichtet, nicht ordentlich ausgedämpft worden war.

1791 wurde der hintere Teil des Rathauses (1563 fertig gestellt), der Getreidespeicher, zum *Stadttheater* umgebaut. Örtliche Handwerker besorgten geschickt die Innenarbeiten, der Maler Andre Artner schuf die kunstvolle Ausschmückung des Zuschauerraums. Mit dem Getreidehandel war es bergab gegangen und Kaiser Joseph II. hatte 1776 eine allgemeine Schauspiel- und Spektakelfreiheit verkündet. In Grein gab es eine Laientruppe, die in diesem Speicher den passenden Ort für ihre Aufführungen fand.

Jede Stadtführung durch Grein beginnt selbstverständlich hier in diesem Theater. Bevor die Besucher in den ersten Reihen des Zuschauerraums Platz nehmen dürfen, müssen erst die Sperrsitze geöffnet werden. Die Sitzfläche kann nur heruntergeklappt werden, wenn man über den passenden Schlüssel für das Schloss in der Lehne verfügt. Die Bürger von Grein genossen mit dieser raffinierten Einrichtung bereits eine frühe Form des Abonnements.

Bis zu 200 Personen haben im sanft ansteigenden Parterre und auf der Galerie Platz. Die einzige Loge ist mit einem einfachen gestrichenen Holzverschlag gegen die Galerie hin abgetrennt und wird Napoleonloge genannt. Ob Napoleon jemals dort gesessen ist, wird angezweifelt. Aber zumindest einer seiner Generäle soll von dort eine Aufführung mitverfolgt haben.

Die Bühne verfügt über drei Prospektzüge und eine Versenkung. Der Vorhang zeigt Grein um das Jahr 1769. Die Holz-

Das Stadttheater von Grein

vertäfelung soll aus dem aufgelassenen Franziskanerkloster stammen und wäre damit an die 400 Jahre alt.

An menschliche Bedürfnisse wurde ebenfalls gedacht, hinter einem Vorhang im Parterre wird ein Plumpsklo sichtbar. Die Leute hörten von da drinnen zu, und wenn gelacht wurde, zogen sie den Vorhang zur Seite, um nichts vom Stück zu versäumen.

Gegenüber befand sich die Öffnung zum Gemeindekotter, durch die dessen Insassen die Aufführungen mitverfolgen durften. Das Loch wurde aus feuerpolizeilichen Gründen geschlossen und der Souffleurkasten abgebaut. Alles Übrige ist noch original. Man befindet sich hier nicht in einem Museum. Das Haus wird regelmäßig bespielt.

Die Sommerspiele Grein, gegründet 1964, sind längst eine Institution und nach den Festspielen Bad Ischl die zweitältesten in Oberösterreich. Ein Plakat aus 1929 zeigt Paula Wessely und Hans Jaray. Mit dem ORF kamen Größen wie Paul Hörbiger, Klaus M. Brandauer, Hans Thimig, Guido Wieland, Eberhard Wächter, Christine Ostermayer, Dolores Schmidinger und Otto Schenk.

Vom ersten Stück, das nachweislich an diesem Theater gespielt wurde, ist der Theaterzettel noch erhalten: „Sonntag, den 13. Jenner 1793 wird auf dem bürgerl. Theater der Stadt Grein zum Behuf der Armen aufgeführt werden Der Trauerschmaus oder Bäckermeister Kasperl, ein Lustspiel in drey Aufzügen. Der Anfang ist um 7 Uhr." Seit den 1990er-Jahren spielt die *Dilettanten-Gesellschaft Grein* unter ihrer Prinzipalin Christine Geyrhofer wieder solche Stücke aus dem Ende des 18. bis Anfang des 19. Jahrhunderts, jedoch in zeitgemäßer Adaptierung. Immer mehr Stücke des 20. Jahrhunderts bereichern den Spielplan. Spielzeit ist jeweils der November.

Rund um das Theater ist in etlichen Räumen des Rathauses ein *Museum* eingerichtet. In einer Sonderausstellung wird unter dem Motto „Das war einmal so Sitte …" der Sommerfrische gedacht. Mit der Regulierung des Strudengaus (1853–1866), mit dem Aufkommen der Dampfschifffahrt und dem Ausbleiben der Schiffleute war wirtschaftlich eine Flaute eingetreten. Sie wurde durch die Eisenbahn, die ab 1909 Linz und Wien verband, etwas abgefedert. Mit Sack und Pack und den Dienstboten kamen die reichen Bürger aus Wien, Budapest und

Grein: Wetterhäuschen auf dem Hauptplatz

Pressburg nach Grein. Sie brauchten auf kaum eine der Bequemlichkeiten der Großstadt zu verzichten. In einem Reiseführer aus 1910 finden sich bereits eine Bank (Sparkasse seit 1856), ein „k. k. Post-, Telegraphen- und Telephonamt" und ein „vorzüglich eingerichtetes Schwimm-, Dusch- und Wellenbad" am Kreuznerbach. Die Jugend befleißigte sich des Botanisierens, die älteren Semester unterzogen sich Trinkkuren mit Karlsbader Wasser aus der Apotheke. Die Sportlichen wagten sich in die wilde Stillensteinklamm, kletterten neben dem Wasserfall hinauf zur Steinernen Stube und zum Stillen Stein oder durchmaßen zum Zwecke der Körperpflege und Erfrischung eine der schönen Waldpromenaden, aber erst, nachdem sie das Wetterhäuschen am Kirchenplatz konsultiert hatten.

Alte Fotos zeigen eine Stadt, die sich im Grunde bis heute nur wenig verändert hat. Es gibt sie noch, die gediegenen Häuser, in denen man damals wie heute abzusteigen pflegte: das Hotel Goldenes Kreuz, das seinerzeit bereits Bäder im Hause anbot und über eine Automobilgarage sowie eine moderne Beleuchtungsanlage verfügte. Die heutigen Besitzer fühlen sich einer über 700 Jahre gewachsenen Tradition verpflichtet und bemühen sich um Bodenständigkeit und größtmöglichen Komfort.

In einem der prächtigen Bürgerhäuser aus dem 16. Jahrhundert mit sehenswertem Arkadenhof und einem runden Eckturm wurde vor 150 Jahren ein Biedermeiercafé, das „Blumensträußl", eingerichtet. Es hat sich kaum verändert. Unter der anheimelnden Lärchenholzdecke und den gemütlichen Kachelöfen ist die Versuchung zu einer Partie Billard oder einer Runde Tarock gerade so groß wie 1883, als das Haus in den Besitz der Familie Kern gelangt ist.

Wo das Museum in Grein endet und wo die Gegenwart beginnt, ist schwer auszuma-

Eindrucksvolle Leidensgestalten des Künstlers Miguel Horn

chen. Nicht einmal die Äquatorialsonnenuhr, die seit 1993 am Donauufer minutengenau die Zeit anzeigt und sogar Auskunft gibt, wo auf der Erde gerade die Sonne aufgeht, gibt so richtig Antwort auf diese Frage. Ebenso wenig wie die Faltbootstation am Kai mit Donauterrasse. Sie wurde zum Strandgasthof. Für die Inhaberin Maria Anibas ist Grein ein Teil der Wachau, und zwar ein besonders schöner. Mit einem Strahlen erinnert sie sich an den Ausspurch eines Gastes: „Im Strudengau hat der liebe Gott gezaubert."

Vom Kalvarienberg aus kann man sich davon überzeugen, mit der Aussicht auf die Donau, die breit vom Süden her gegen Grein strömt, vor der Stadt rechtzeitig abdreht und sich in das malerische Engtal des Strudengaus zwängt. Der Kalvarienberg selbst wurde 2003 mit Kunstwerken aus Granit zur Galerie umgestaltet. Mit diesen Arbeiten, sogenannten Petroglyphen, hat der Bildhauer Miguel Horn seine Sicht der Gegenwart mit Ritzungen in mächtigen Steinbrocken unverwischbar für die Nachkommenden festgehalten, und er hat damit gleichzeitig diesem wunderschönen Platz am Rande der Stadt Grein neue Anziehungskraft verliehen.

Unverwischbare Botschaften: die Petroglyphen von Miguel Horn

INFO Tourismusverband Grein, 4360 Grein, Stadtplatz 7, Tel. 07268/70 55, www.oberoesterreich.at/grein **HISTORISCHES STADTTHEATER GREIN** 4360 Grein, Stadtplatz 7, Tel. 07268/77 30, www.oberoesterreich.at/grein **SOMMERSPIELE GREIN** Kartenvorverkauf: Buchhandlung Judith Hinterecker, 4360 Grein, Stadtplatz 2, Tel. 07268/373 **ESSEN UND TRINKEN** Hotelrestaurant Goldenes Kreuz, 4360 Grein, Stadtplatz 8, Tel. 07268/316, www.hotel-in-grein.at; Landgasthof Zur Traube, Fam. E. und J. Barth, 4360 Grein, Greinburgstraße 6, Tel. 07268/312, E-Mail: hbarth@gmx.at; Strandgasthof, Maria Anibas, 4360 Grein, Donaulände 4, Tel. 07268/252-0, E-Mail: strandgasthof .anibas@aon.at; Biedermeiercafé Blumensträußl, 4360 Grein, Stadtplatz 6, Tel. 07268/212 00; Gasthof Aumühle, 4360 Grein, Panholz 17, Tel. 07268/81 30, www.aumuehle.at **CAMPINGPLATZ GREIN** 4360 Grein, Donaulände, Tel. 07268/212 30 **FREIBAD** 4360 Grein, Herdmannweg 1, Tel. 07268/255 29 **FAHRRADVERLEIH** Fa. Hermann Grell, 4360 Grein, Kreuznerstraße 1, Tel. 07268/230 **MIGUEL HORN** Bildhauer, www.miguelhorn.at

DIE GREINBURG MIT DEM OBERÖSTERREICHISCHEN SCHIFFFAHRTSMUSEUM

Über die Stadt Grein wacht seit dem Ende des 15. Jahrhunderts die *Greinburg.* 1489 erhielten die Brüder Heinrich und Siegmund Prüschenk von Kaiser Friedrich III. die Erlaubnis, zwischen Saxen und Grein ein „Gschloß“ zu errichten; es ist das älteste Wohnschloss, das als solches gebaut wurde. Die mächtigen Brüder Prüschenk erwirkten 1491 das Stadtrecht für Grein. Aus dieser Zeit stammt auch das *Zellengewölbe* in einem kleinen Raum im Parterre. Wozu der Raum gedient hat und wer diese waffelartige, modern anmutende Deckenzierde geschaffen hat, weiß man nicht. Der Ursprung dieser ungewöhnlichen Deckengestaltung wird in Sachsen vermutet, in der Albrechtsburg in Meißen gibt es Parallelen.

Nach regem Besitzerwechsel wurde 1621 die Greinburg an Graf Leonhard Helfried von Meggau verkauft. Der als großer Wohltäter der Stadt bekannte Herr verschaffte während des Dreißigjährigen Krieges seinen Untertanen beim Um- und Ausbau seines Schlosses Arbeit und damit ein bescheidenes Einkommen. Der Hof mit den Renaissancearkaden wurde renoviert und das *„Steinerne Theater“* angelegt. Tatsächlich wurde die gesamte Sala terrena Steinchen für Steinchen – aus Donauschotter – mit einem Mosaik ausgelegt. Die ärmsten Leute aus Grein wurden, so berichtet man, für das Sammeln von Kieselsteinen sehr gut bezahlt. Entstanden ist mit diesem frühen Sozialprojekt ein mehr als wundersamer Festraum oder eine riesige Grotte, wie immer man diese unglaubliche Kuriosität bezeichnen mag.

In einem finsteren Gewölbe sorgt eine Hexenwaage für Gruseln. Sie erinnert an die Hexenprozesse, in denen um 1695 auf der Greinburg mindestens 18 Menschen zum Tod verurteilt wurden. Näheres weiß man allerdings nicht.

Aus dem ungeklärten Dunkel dieser tief gelegenen Räume geht's hinauf in den *Rittersaal* mit Kapelle, den größten Renaissancesaal Österreichs, er ist 33 Meter lang, 16 Meter breit und 14 Meter hoch. Hier fände ohne weiteres ein dreigeschoßiges Gebäude Platz.

Die Ahnenporträts in diesem Saal zeigen Mitglieder des *Hauses Sachsen-Coburg und Gotha*, das seit 1823 im Besitz der

Zentrum der Greinburg: Arkadenhof aus der Renaissance

Das „Steinerne Theater" auf der Greinburg

Greinburg ist und aus dem etwa die englische Königin Victoria und ihr Cousin und Gemahl Prinz Albert stammten. Die Greinburg dient als Jagdschloss und als Schauplatz von Familienfeiern. Wenn die Fahne aufgezogen ist, dann wissen die Greiner: Hausherr Prinz Alexander ist im Lande.

Der prächtige Arkadenhof des Schlosses wird im Rahmen der Donaufestwochen alljährlich zur Opern- und Konzertbühne. Zumeist werden Kammeropern gegeben, 2005 zum Beispiel das Singspiel „Zaide" von W. A. Mozart.

Ein Teil der Räumlichkeiten der Greinburg wurde an die Schifffahrt abgetreten. Sehr sparsam, deswegen sehr übersichtlich, wird dort ihrer Geschichte an Donau, Inn, Enns, Salzach und Traun nachgegangen.

Zentrum des *Oberösterreichischen Schifffahrtsmuseums* ist wohl das 15 Meter lange Modell eines *Schiffszuges,* einer urgewaltigen Form des Transportes, auf die man im Strudengau immer wieder stößt. Flussabwärts wurde die Naufahrt betrieben; die Fahrzeuge waren nicht allzu aufwendig gebaut und wurden im Mittelalter am Ziel dem Plättenschinder als wertvolles Brennholz verkauft. Die Benutzung der Wasserstraße für den Gütertransport gegen die Flussrichtung konnte jahrhundertelang nur mit Schiffszügen erfolgen (die Treppelwege entlang der Donau sind die letzte Erinnerung an diese Unternehmungen): Mehrere große Schiffe wurden aneinander gebunden. Das erste und größte Transportschiff, aber auch der Schiffszug selbst und die Fahrt gegen den Strom, wurde Hohenau genannt. Mit zwei mächtigen Rudern wurde das Hauptschiff gesteuert. Ihm folgten zwei oder drei weitere schwere Schiffe, die sogenannten Gamsen, die auch als Nebenbei oder Schwemmer bezeichnet wurden. Zu den Lastschiffen kamen die Nebenschiffe. Der Hohenau voran fuhren zwei bis drei Einstellplätten, mit denen die Pferde an den Ausgangspunkt und später von einem zum anderen Ufer gebracht wurden. In der Mitte dieser Fahrzeuge war eine eichene Gabel aufgestellt, die Furkel, über die das Zugseil, die Buesen, lief. Ein anderes Nebenschiff war der Seilmutzen für den Seiltransport. Die angehängten Rettungs- oder Landungsboote waren Wald- oder Ausfahrzillen.

Modell eines Donauschiffs im Schifffahrtsmuseum auf der Greinburg

Gezogen wurde diese nicht unerhebliche Last von bis zu dreißig Pferdepaaren. Auf primitiven hölzernen Sätteln saßen die Schiffsreiter. An der Spitze ritt der Vorreiter oder Stanglreiter mit der Messlatte, der Marschalten. Er sondierte die Wassertiefe und veranlasste alles Notwendige, um Mensch und Tier vor Schaden zu bewahren. Dazu kamen die Stoirer oder Naufergen (Steuermänner), Rossknechte und der Afterreiter.

Eigentümer der Schiffe waren die Schiffmeister. Sie waren in den Bindwerken, eigenen Zünften organisiert. Zwischen Wien und Passau gab es insgesamt zwölf Schiffmeister, die nicht nur Großunternehmer waren, sondern auch „amtliche Gewalttra-

Grein, das „goldene Städtchen" an der Donau

ger" (Bevollmächtigte) und damit prädestiniert zum Marktrichter oder ähnlich hoher Gemeindeämter. Das stattlichste Wohngebäude eines Ortes war das Schiffmeisterhaus, es ist heute noch unter den anderen Bürgerhäusern leicht auszumachen.

Die Schiffsknechte waren das Gesinde. So angesehen die Meister waren, so übel wurde über die Knechte hergezogen. Sie seien raue, gotteslästerliche Gesellen gewesen, vor denen die Mädchen gewarnt wurden:

Dirndl heirat koan Schiffmann,
Du heiratst in d'Not.
Host im Summa koan Mann
Und im Winter koa Brot.

Sofern sie ihren Mann nicht schon überhaupt allzu bald verloren. Die Schiffsknechte hatten Nichtschwimmer zu sein, damit sie das Fahrzeug, wenn es in Wassernot geriet, nicht verlassen konnten. In seinem Reisebericht vom Beginn des 19. Jahrhunderts vermerkt J. A. Schultes, dass unter den Schiffsreitern der verderbliche Aberglaube grassiere, dass das Wasser jährlich einen von ihnen haben müsse. Deshalb gab es keine Hilfe, wenn einer ins Wasser fiel – er war das dem Flussgott geschuldete

Opfer –, die anderen griffen allenfalls nach dem Hut des Ertrinkenden. Der Zug ritt dann ohne zu zögern weiter, auch wenn, wie Schultes es selber gesehen hat, fünf Jodeln (Schiffsreiter) samt ihren Pferden ins Wasser fielen und ersoffen.

In diesem Punkte mag die Geschichte übertrieben sein, oder der Autor ist den wilden Erzählungen der Schiffsknechte aufgesessen. 1780 jedenfalls ist in einem Bericht über die im Struden vorgenommenen Arbeiten die Rede von Rettungsaktionen durch die Bewohner des Marktes Struden und des Dorfes Hößgang, die mit ihren Fischerkähnen den Verunglückten zu Hilfe eilten.

Mit der Dampfschifffahrt veränderte sich das über lange Zeit funktionierende Gefüge vollends. Am 13. März 1829 wurde die Erste k. k. privilegierte Donau-Dampfschifffahrtsgesellschaft gegründet. Das Dampfschiff Maria Anna erreichte 1837 die Stadt Grein. Die Schiffszüge wurden seltener, Mitte der 1840er-Jahre verschwanden sie ganz.

SCHLOSS GREINBURG 4360 Grein, Greinburg 1, Tel. 07268/70 07, Führungen: 0664/986 19 81, E-Mail: mail@sachsen-coburg-gotha.at, www.schloss-greinburg.at **O.Ö. SCHIFFFAHRTSMUSEUM** im Schloss Greinburg,Tel. 07268/70 07-18, geöffnet: Mai bis September tägl. außer Mo 10–18 Uhr, 1. bis 26. Oktober tägl. außer Mo 10–17 Uhr **DONAU-FESTWOCHEN** mit Opernaufführungen, Arkadenhof Schloss Greinburg, Festwochenbüro 4360 Grein, Stadtplatz 7, Tel. 07268/268 57, www-.donau-festwochen.at

DAS KELTENDORF MITTERKIRCHEN

Lange vor der ersten urkundlichen Erwähnung des Marktes Mitterkirchen (1111 als *mittrinchirchin*) war die fruchtbare Ebene entlang der Donau, das Machland, beliebtes Siedlungsgebiet. Am Rand der Naarn-Donau-Uferterrasse zwischen den Orten Mitterkirchen und Baumgartenberg (heute direkt am Donau-Radwanderweg) wurde 1980 beim Pflügen ein Begräbnisplatz der Hallstattkultur entdeckt. Mehr als siebzig Grabkammern wurden freigelegt.

In diesem Bereich steht heute das *Urgeschichtliche Machland-Freilichtmuseum*, das sogenannte *Keltendorf*. Die Wände der Häuser sind aus Lehm, Kuhmist und Weidenruten, die Dächer mit Stroh und Schilf gedeckt. Der Tisch im Winterhaus ist für das Mittagsmahl vorbereitet, und das Werkzeug liegt da, als wären die Hausleute nur kurz nach draußen gegangen. Erstaunlich kunstvoll geschnitzt war die Einrichtung im Herrenhaus. Für das Museum wurde sie nach Darstellungen auf zeitgenössischen Bildfriesen aus dem Bereich der Hallstattkultur nachgearbeitet.

Webstuhl im Keltendorf bei Mitterkirchen

Die Sensation dieser Grabungen lieferten mit ihrer ungewöhnlich reichen Ausstattung die Hügelgräber. Eine Ahnung davon gibt der rekonstruierte, begehbare Grabhügel mit einer Prunkwagenbestattung. Eine Frau aus der Herrschaftsschicht wurde hier beigesetzt. Das Pferdegeschirr ist überaus prachtvoll gearbeitet. Dazu fand sich ein eigens für die Grablegung angefertigter vielteiliger Satz von Speise- und Trinkgefäßen.

Experimentelle Archäologie zum Mitmachen ist das Motto im Keltendorf. Gegen einen Unkostenbeitrag darf jeder Besucher weben, töpfern oder Bogen und Blockhaus bauen. Die Mitarbeiter des Dorfes gehen den angehenden Kelten dabei gerne zur Hand. Beim Keltenfest Anfang September wird die Zeit vollends zurückgedreht. Druiden und Barden haben ihren großen Auftritt, und bäuerliche Direktvermarkter sorgen für die original keltische Verpflegung.

INFO Rad-Infostelle und Gemeindeamt Mitterkirchen, 4343 Mitterkirchen 50, Tel. 07269/82 55-0, www.mitterkirchen.at; Vermittlungsdrehscheibe (Radinfostelle), 4343 Mitterkirchen, Hütting 30, Tel. 07269/303 73 **ESSEN UND TRINKEN** Dorfwirt, 4343 Mitterkirchen, Hörstorf 4, Tel. 07269/83 22-0, www.der-dorfwirt.at; Gasthaus Haberl, 4343 Mitterkirchen 18, Tel. 07269/84 23, www.haberl-mitterkirchen.at **URGESCHICHTLICHES FREILICHTMUSEUM** 4343 Mitterkirchen 50, Tel. 07269/66 11, www.mitterkirchen.at, 15. April bis 31.Oktober, tägl. 9–17 Uhr **CAMPINGPLATZ** Mairhofer, 4343 Mitterkirchen, Weisching 9, Tel. 07269/82 58, meineseite.one.at/mairhofer.konrad **BADESEE** 4343 Mitterkirchen, Weisching 16, Tel. 07269/303 11

DIE ZISTERZE VON BAUMGARTENBERG

Am nördlichen Rand des Machlandes, am Beginn des Mühlviertels, liegt der Markt Baumgartenberg. Das zentrale Gebäude im Ort ist das ehemalige *Zisterzienserkloster.* Dessen außergewöhnlich reich geschmückte *Kirche* steht zur Besichtigung offen.

Im vorderen Teil des Hauptschiffes bietet sich ein im ersten Moment irritierendes Bild: Aus dem Leib eines Mannes wächst ein Baum, der eine Kanzel trägt, die Früchte an den Ästen des Baumes sind Menschen. Diese Darstellung ist nichts anderes als eine verschlüsselte Botschaft des Ordens: Die männliche Gestalt ist der hl. Bernhard, und die Früchte sind die Heiligen, die aus den Zisterziensern hervorgegangen sind.

Ab 1141 gab es in Baumgartenberg ein Zisterzienserkloster. Die Ehe des Otto von Machland und seiner Frau Jutta von Peilstein, einer Nichte Leopolds des Heiligen, war kinderlos geblieben. Deswegen sollen sie beschlossen haben, den Großteil ihres Besitzes der Kirche zu schenken. Eine Klostergründung war nahezu Pflicht für eine Herrschaft. Es bestanden Kontakte nach Morimond in Frankreich und nach Heiligenkreuz im Wienerwald, zwei Abteien, die das junge Kloster mit Mönchen beschickten. Die tüchtigen Zisterzienser begannen umgehend mit dem Kirchenbau nach den strengen Regeln ihres Ordens: eine turmlose, lange, kreuzförmige Basilika mit geradem Chor (Weihe 1243) entstand. Die gotische Vorhalle, das Paradies, wurde zwischen

Stiftskirche Baumgartenberg: reicher Deckenschmuck im Umgangschor

1301 und 1306, der mächtige Umgangschor zwischen 1436 und 1446 der Kirche angefügt.

Die Abtei erhielt das Wappen des Grundherren, das als Landeswappen von Oberösterreich zu höheren Ehren aufstieg. Eine Abbildung des Stiftswappens findet sich im auffallend prächtig geschnitzten Chorgestühl.

Kloster und Kirche brannten in der Folge eines Hussitenüberfalls ab. Dreißigjähriger Krieg und Türkengefahr mussten überstanden werden. Danach erlebte das Stift eine neue Hochblüte. Das Barock hielt Einzug in die schlichte Zisterze. Das Kircheninnere wurde üppig mit Stuck und Fresken verkleidet – solange das Geld reichte. In den Seitenschiffen sind nur die ersten Bögen damit ausgestattet. Abgesehen davon gibt es kaum ein Fleckchen ohne die Kunst des Stuckateurs Bartolomeo Carlone. Mit dem Stuck wurden 121 Rahmen für den Maler Giacomo Antonio Mazza geschaffen, der in jedes seiner Bilder eine Geschichte verpackte. Das Programm führt von der Ordensgeschichte bis zur Krönung Mariens im Altarraum.

Stiftskirche Baumgartenberg: der hl. Bernhard in der Kanzel

1784 ereilte das Kloster das Schicksal vieler anderer Klöster jener Zeit: Es wurde von Kaiser Joseph II. aufgelöst – und in eine Männerstrafanstalt umgewidmet. Heute sind etliche Schulen im Gebäude untergebracht, dazu die Schwestern vom Guten Hirten, die sich der Sozialarbeit widmen.

INFO Marktgemeindeamt, 4342 Baumgartenberg 85, Tel. 02769/255, www.baumgartenberg.at **STIFTSKIRCHE** Pfarramt, 4342 Baumgartenberg 39, Tel. 07269/257, www.baumgartenberg.at

SAXEN, DAS STORCHENPARADIES

Seit 1964 gibt es Weißstörche im Markt Saxen; sie haben bereits Eingang ins Marktwappen dieses mitten im Machland gelegenen Ortes gefunden. Der Tisch ist für diese prächtigen Vögel reich gedeckt. In der Entenlacke, einem Augebiet an der Naarnmündung, finden sie Gelbbauchunke, Springfrosch und Spitzschlammschnecke, alles Spezialitäten, die nicht nur sie, sondern auch das Herz der Mitarbeiter der *Ökostation Dornach* erfreuen. Robert Gattringer ist Naturwacheorgan im Bezirk Perg. Er stellt das Projekt vor: „Mit dieser Ökostation am Internationalen Donauradweg sollen den Besuchern die Donauauen des nördlichen Machlandes als naturschutzrelevantes Gebiet ins Bewusstsein gerufen werden."

Am Natur-Informationspunkt, der von der Regionalgruppe Machland Nord errichtet wurde und von den Mitarbeitern gepflegt wird, gibt's das notwendige Wissen um die Schätze dieses Stückes ungestörter Natur. Angepeilt wird die Anerkennung als Naturschutzgebiet. Die Voraussetzungen dafür, einschließlich der regelmäßigen Überschwemmungen, sind gegeben.

Der Storch, das Wappentier der Gemeinde Saxen

Man kommt an Saxen nicht vorbei, ohne dem Maler, Dichter und bedeutendsten schwedischen Dramatiker *August Strindberg* (1849–1912) einen Besuch abgestattet zu haben, entweder im *Schlösschen Dornach* (ursprünglich Gutshof an der Donauuferstraße zwischen Grein und Saxen, um 1900 von Maria Therese von Thurn und Taxis zu einem Schloss umgebaut, Privatbesitz, nicht zu besichtigen) oder der Einfachheit halber gleich im *Museum* im Ort Saxen selbst. Während seiner Ehe mit Frida Uhl wohnte er ein knappes Jahr in Dornach (von November 1893 bis August 1894). Der Ehe zwischen dem bereits über Vierzigjährigen und der jungen Journalistin entspross eine Tochter. Die Hintergründe, die zur raschen Auflösung dieser Verbindung geführt haben, werden beleuchtet und etliche bewegende Beispiele seines literarischen Schaffens im Museum in respektvoller Aufmachung gezeigt.

Der geheimnisvolle Mönch an der Pfarrkirche von Saxen

In der *Pfarrkirche des hl. Stephanus* haben etliche Herrschaften vom nahen Clam ihre letzte Ruhe gefunden, ihre Grabsteine sind an der Kirche angebracht. Der geheimnisvolle Mönch neben dem Nordportal hat seine Identität bis heute nicht preisgegeben. Teufelskopf und alles Mögliche wurde der ernst dreinschauende Kapuzenmann schon geheißen. Es könnte der unbekannte Bauherr sein, ein Augustinerchorherr des Stiftes Waldhausen, dem Saxen als Pfarre lange Zeit inkorporiert gewesen war.

INFO Marktgemeindeamt Saxen, 4351 Saxen 77, Tel. 07269/355, www.saxen.at **AUGUST-STRINDBERG-MUSEUM** 4351 Saxen 7, Tel. 07269/284

CLAM: ZU BESUCH IN GRÄFLICHEN GEMACHERN

Die eleganteste Art, Burg Clam zu besuchen, ist ein Fußmarsch von Grein über Saxen nach Au zum Eingang der *Klamer Schlucht.* Mit etwas Glück wird man vom Hausherrn Carl Philip Clam-Martinic persönlich empfangen. Vom ersten Moment an ist man Gast, nicht nur Tourist. Man betritt die private Welt dieser Familie, deren Geschichte eng mit der Geschichte der Burg verknüpft ist. Erbaut wurde sie 1149 von Otto von Machland, seit 1454 ist sie im Besitz der Familie Clam, wurde von dieser über etliche Krisenzeiten hinweggerettet und verlangt dem Burgherren nach wie vor beharrliches Engagement ab. Clam-Martinic: „Jedes Jahr wird ein Stück hergerichtet, fünf faule Jahre wären nicht mehr aufzuholen."

Der heutige Hausherr ist Elektrotechniker und betreibt ein E-Werk mit Verteilernetz, eine Einführung seines Urgroßvaters, der die große Zukunft der elektrischen Energie vorausgesehen hat.

Burg Clam: Renaissancehof

Über den ausnehmend reizvollen Arkadenhof betritt man die Privatgemächer, zwischen denen geschickt die Ausstellungsräume angeordnet sind. Durch eine gotische Eisentür gelangt man in die *Burgapotheke*, die seit 1603 in diesem Gewölbe untergebracht ist. Die Schränke sind noch wohl gefüllt mit Arzneien, wenn auch nur mehr zum Anschauen, und auf einem Tisch liegt neben der Apothekerwaage ein Originalrezept, das Hilfe in Liebesdingen verspricht. Vom *Ahnensaal* aus genießt man fürstliche Aussicht auf die Schlucht, und in der *Kapelle* mit eigener päpstlicher Messlizenz trifft man auf den Grabstein des Ahnherrn Christoph Perger.

Die Affenkapelle aus der Porzellansammlung auf Burg Clam

Zusammengetragen wurde die Sammlung vom Urgroßvater des jetzigen Schlossherrn. Er war mit der Lex Clam-Martinic von den Tschechen des Landes verwiesen und enteignet worden. Aus insgesamt acht Schlössern konnte er im letzten Moment Kunstschätze retten und in Clam in Sicherheit bringen.

„Die Dinge, die wir herzeigen, sind durchwegs gut erhalten“, stellt Carl Philip fest, er führt dies darauf zurück, dass vieles davon täglich in Verwendung ist. Auf dem Sessel, dessen Überzug aus der Haut des Lieblingsrosses eines der Vorfahren gegerbt wurde, wird natürlich nicht mehr gesessen. Die Porzellansammlung einschließlich der Affenkapelle aus Meißen ist in Glasvitrinen untergebracht.

Im größten Zimmer der Burg ist für Familienfeste angerichtet, mit österreichischem Porzellan und böhmischem

Kristall. Bei dieser Gelegenheit erzählt Carl Philip Clam-Martinic von einem Vorfahren, der ungewollt in die Geschichte eingegangen ist: „Jaroslav Martinic, aus böhmischem Uradel, war einer der kaiserlichen Statthalter, die beim Prager Fenstersturz im Misthaufen gelandet sind. Er hat sich lediglich den Arm gebrochen. Das Ganze dürfte eher als Erniedrigung denn als Anschlag gedacht gewesen sein. Die Schmach wurde ihm vom Kaiserhaus großzügigst entgolten."

Bekannt wurde Burg Clam in den letzten Jahren durch ihre *Open-Air-Events*. Auf den ersten Blick sind Kunstsammlung und Rockmusik ein Widerspruch, meint Clam-Martinic: „Für mich ist es aber eine gelungene Kombination aus klassischer Kunst und Pop. Legenden wie Joe Cocker oder deutsche Kultbands haben den Bekanntheitsgrad irrsinnig gehoben. Außerdem gibt es im Umkreis keinen Konzertstandplatz mit einem derartigen Fassungsvermögen."

Für durstige Besucher wird von seinem Onkel, Georg Clam-Martinic, Bier gebraut. Seit 1531 ist das Bierbrauen nachgewiesen. 1990 wurden die Gebäude nach alten Vorla-

Braumeister Georg Clam-Martiniz

gen wieder aufgebaut, und es wurde eine Kleinbrauerei eröffnet. Besuchern der Burg oder der Konzerte sei der Genuss eines Glases vom *Gräflich Clam'schen Burgbräu* empfohlen.

BURG CLAM 4352 Klam, Tel. 07269/72 17, www.burgclam.com, geöffnet von 1. Mai bis 31. Oktober, tägl. 10–17 Uhr **BURGBRAUEREI CLAM** 4352 Klam, Sperken 4, Tel. 07269/601 95, www.clam.at

EISKALTE GÜSSE IN BAD KREUZEN

In einem Film des britischen Regisseurs Ken Russell besucht Anton Bruckner einen Kurort, weil er sich dort Heilung von einem schweren Zähltick erhoffte. Mag sein, dass der Regisseur dabei an Bad Kreuzen gedacht hat. Man begegnet dem Namen Bruckner überall in dem nördlich von Klam liegenden Ort, unter anderem im wilden Tosen des Wassers in der Wolfsschlucht – hier fand der Komponist wieder zu sich, nachdem er vor einer Blaskapelle Reißaus genommen hatte.

Die Wolfsschlucht bei Bad Kreuzen

Im Film wird der fromme Mann mit Sex behandelt, in Bad Kreuzen im Mühlviertel waren es eher kalte Güsse, denen er sich 1864 und 1867 in der Badeanstalt unterzog. 1845 hatte der Arzt Dr. Maximilian Keyhl die Kneippkuren kennen gelernt und in der Wolfsschlucht bei Kreuzen Badeeinrichtungen geschaffen. Mit Infotafeln werden dem Wanderer heute die einstigen Stationen benannt: Wiener Wellenbad, Greiner Duschen oder Herzogsquelle. Die Badeanstalt übersiedelte bald in die ehemalige Hoftaverne, wo 1869 das Kurhaus gebaut wurde. Mit den Kriegen wurde daraus ein Lazarett, ein

Aussicht aufs Mühlviertel von Burg Kreuzen aus

Rückwanderungsheim für Auslandsdeutsche und ein Fürsorgeheim; heute beherbergt es die Diensthundeschule der Polizei.

Ab 1961 wurde der Kurbetrieb wieder aufgenommen, mit dem Bau eines modernen Kurhauses im Markt. Die Marienschwestern vom Karmel, die viel Erfahrung mit der klassischen Kneippkur haben, betreuen den Kurbetrieb.

Nach den erfrischenden Behandlungen begibt man sich energiegeladen ins Freizeitzentrum Bad Kreuzen mit Fitnessraum, Squashbox und Tennisplatz oder unternimmt eine Wanderung auf dem *Wanderwegenetz*. Die Einstiegsrunde mit zwei, drei Stunden Gehzeit führt zur Burg Kreuzen, in der sich ein Kulturzentrum und eine Jugendherberge befinden und von wo aus sich eine prächtige Aussicht übers Mühlviertel bietet. Von dort geht's abwärts, man genießt an heißen Sommertagen die schattige Kühle der Wolfsschlucht und kehrt über die Wallfahrtskapelle Aigner Kreuz – mit einer verdienten Rast im Gasthof Aichinger – schließlich wieder in den Ort zurück.

Die *spätgotische Pfarrkirche* ist dem hl. Vitus geweiht. An der Nordwand wurde 1960 ein Fresko (ca. 1500) entdeckt, eine ganze Bilderwand, die das Leben des Kirchenpatrons in der

Weise einer *Biblia pauperum* zeigt. Zwei Gitter mit kunstvoll getriebenen Eisenblechfiguren trennen eine Seitenkapelle vom Altarraum, der vom Linzer Künstler Jakob Kopp konsequent ausgeräumt und gemeinsam mit Margret Bilger, einer bedeutenden Glaskünstlerin, gestaltet wurde (1958). Der einfache Altar steht im weichen, gedämpften Licht, das durch das Fenster in der Apsis hereinfließt – als wortlose Einladung zu ein paar Momenten der Meditation abseits alltäglicher Gedanken.

INFO Tourismusverband Bad Kreuzen, 4362 Bad Kreuzen 20a, Tel. 07266/62 55-78, www.bad-kreuzen.at **BURG KREUZEN** Jugend- und Radlerherberge, 4362 Bad Kreuzen, Neuaigen 14, Tel. 07266/66 86, Mai–Oktober, Di, Mi, Fr, Sa 14–19, So, Fei 13–19 Uhr **KNEIPP-KURHAUS** der Marienschwestern vom Karmel, 4362 Bad Kreuzen 106, Tel. 07266/62 81-0, www.oberoesterreich.at/kneipp-kreuzen **ESSEN UND TRINKEN** Gasthof zur Zugbrücke, 4362 Bad Kreuzen 9, Tel. 07266/62 12, www.gasthof-schiefer.at; Gasthof zum Aigner Kreuz, 4362 Bad Kreuzen, Neuaigen 1, Tel. 07266/62 25, www.oberoesterreich.at/aigner-kreuz; Gasthof Zum Stillen Tal, 4362 Bad Kreuzen, Thomastal 15, Tel. 07266/63 83, www.stillestal.at; Mostschenke „Speck-Alm“, Fam. Gassner, 4362 Bad Kreuzen, Lehen 15, Tel. 07266/62 61, www.speck-alm.at **SPORT** Erlebnisfreibad, Tennishalle, Squashbox, 4362 Bad Kreuzen 163, Tel. 07266/62 98 **WANDERN** (Wanderkarte)

DIE CHORHERREN VON WALDHAUSEN

1161 gründeten Augustinerchorherren nahe der oberösterreichischen Landesgrenze einen Konvent und nannten ihn *Silva domus – Waldhausen.* 1147 hatte Otto von Machland das Kloster gestiftet, dafür aber als Standort seine Burg Säbnich auf einem unwirtlichen Felsensporn bei Sarmingstein vorgesehen. Verständlich, dass die Chorherren nach seinem Tod ein paar Meilen nach Norden in eine etwas bequemere Umgebung zogen.

Aus dem romanisch-gotischen Kloster (die Grundmauern und das Refektorium wurden bei der Renovierung gefunden) wurde im 17. Jahrhundert unter der Führung eines ehrgeizigen, prunkliebenden Propstes ein prächtiges Barockstift. Der

Grundbesitz – karge Landwirtschaften, etwas Wald und zu wenige Weingärten – reichte jedoch nicht aus, um den Klosterbetrieb aufrechtzuerhalten, das Kloster war heillos überschuldet und wurde deswegen 1792 aufgelassen. Was an Kunstschätzen in der Konkursmasse vorhanden war, wurde versilbert, der Brunnen wurde im Stift Melk wieder aufgestellt, die Mauern vom Militär abgerissen und als Material für den Bau der Franzensburg nach Laxenburg bei Wien verfrachtet.

Die Friedensrose von Waldhausen vor der ehemaligen Stiftskirche

Mit knapper Not konnte der Abriss der *Stiftskirche* verhindert werden. Zwischen 1650 und 1680 war sie vom italienischen Baumeister Carlo Canevale erbaut und von Christoph und Giovanni Battista Colomba reichlichst stuckiert worden, nicht wie üblich mit den lieben drallen Putten, sondern mit nackten Halbwüchsigen und reichem Deckenschmuck, mit vielen kleinen Feldern, die damals notwendig waren, weil man im Frühbarock an der Decke noch nicht großflächig malen konnte.

Das prächtige Gotteshaus auf luftiger Höhe über dem Ort Waldhausen ist übrigens wunderbar für Hochzeiten oder Konzerte geeignet. Neben dem Gebäude, im ehemaligen Prälatengarten, wandelt man auf dem Meditationsweg zu einem kleinen Labyrinth.

Vor der ehemaligen Stiftskirche blüht eine überdimensionale metallene Rose. Ihre drahtigen Wurzeln klammern sich an einen Granitblock. Die Friedensrose von Waldhausen, ein

Altarraum der Barackenkirche von Gloxwald

Werk des Metallkünstlers Pius Frank aus dem benachbarten Nöchling, ist das Zeichen eines Friedenspreises, der für Menschen gedacht ist, die sich für die Benachteiligten unserer Gesellschaft einsetzen und deren Friedensbemühungen besonders intensiv sind. Einer der Initiatoren dieses Friedenspreises ist Pfarrer Karl Wögerer. Am 15. Mai 2005 wurde er erstmals an drei von einer namhaften Jury ausgewählte Personen vergeben.

Zur Pfarrei gehören noch zwei weitere Kirchen: Die *Pfarrkirche* im Ort ist spätgotisch, etliches davon bereits Renaissance, wie das in Form einer riesigen Nadel aufragende Sakramentshäuschen, die Kanzel oder das Portal an der Südseite. Der Hochaltar (1679) wird mit dem Meister Thomas Schwanthaler in Zusammenhang gebracht, er ist damit der einzige seiner Art im Mühlviertel. Vor einem Besuch in Waldhausen sollte man unbedingt im Pfarrhaus anrufen, damit die Sakristei aufgesperrt wird, in der sich die Strahlenmadonna, ein sehenswertes Glasfenster aus 1500, befindet.

Der zweite Schlüssel öffnet die *Barackenkirche in Gloxwald.* Seit dem Ende des 19. Jahrhunderts wurden in diesem Weiler

Steine gebrochen und mit einer Seilbahn zur Donau hinabbefördert. Zeitweise lebten über 400 Leute dort oben, als Steinmetze, Ausmacher, Hämmerer oder Ritzer, alles Berufsbezeichnungen aus den Steinbrüchen. Da es ein Wirtshaus gab, sollte es auch eine Kirche geben. 1956 wurde die Behelfskirche aufgestellt, schmucklos zuerst, nach und nach verschönert. Mit den Glasfenstern von Sylvia Kropfreiter wurde sie Ende der 1990er-Jahre zu einem durchaus stimmungsvollen Gotteshaus.

Bemerkenswert sind auch einige Handwerksbetriebe in Waldhausen:

In der kleinen *Stoffdruckerei,* die die Malerin Tatjana und ihr Mann Werner Gamerith betreiben, kann man Unikate – vom Topflappen bis zum Wandbehang – erwerben. Sie gestaltet die Motive, er bringt sie in Siebdrucktechnik auf den Stoff.

Von den bäuerlichen Handwerkssparten Schaffelbinden, Korbflechten, Holzschuhmachen und Strohdecken, die in Waldhausen bis vor wenigen Jahren vertreten waren, hat ein einziges Kleingewerbe überlebt, das *Wachsziehen.* Beim Unterlehner, so der Hausname, beherrschen Vater Franz und Sohn Gerhard Wimmer die Kunst, aus Bienenwachs die praktischen Wachsstöckel herzustellen. Franz Wimmer wird vielfach gefragt, was denn überhaupt ein Wachsstöckel sei. „Als Beleuchtung hat man sie verwendet, auch in der Kirche, dort hat's ja keine elektrische Beleuchtung noch gegeben, und als Gewitterkerzen. Die sind dann zu Lichtmess geweiht worden." Zu diesem magischen Datum mussten die Wachsstöckel fertig sein. Die Arbeit war eine Winterarbeit, von Mitte Jänner an, das Wachs wurde von den Bauern gebracht. Ein Bienenvolk hatte fast jeder, weil Honig zum Süßen gebraucht wurde.

Weil das Wachsziehergewerbe so selten geworden ist, hat Franz Wimmer in seiner Werkstatt ein kleines Museum eingerichtet, um die Technik besser erklären zu können. Im August werden einige Waben aus dem Bienenstock genommen. Das

Wachs wird in einem Kupferhäfen mit Wasser gekocht und dann ausgepresst. Das heiße Wachs wird durch ein Stück Leinen gefiltert und in das Kupferwandl zum Ziehen geleert. Von der Haspel wird der Docht immer wieder durch das Wachs und anschließend durch das hölzerne Dochtbrettl gezogen, in dessen Löchern die circa siebzig Meter lange Kerze die gewünschte Stärke erhält. Zuletzt wird sie zum Stöckl aufgerollt, zu einem Gewicht von jeweils einem Viertelpfund. Gewogen wird wie seit jeher auf einer einfachen Balkenwaage. Das Gewicht ist ein Stein, der genau 56,5 Dekagramm, also etwa ein Pfund wiegt.

Große Wachsstöckel brennen zwanzig Stunden. Für eine Totenmesse haben ein paar Zentimeter genügt. Die Stöckl für das Kirchengehen wurden deswegen nur halb so groß gemacht. Franz Wimmer lacht: „Wenn der Pfarrer zu lange gepredigt hat, dann haben die Sparsamen ihr Lichtl ausgelöscht."

In Waldhausen werden noch Wachsstöckel hergestellt

Der *Honig-Schleuder-Weg*, ein eineinhalb Kilometer langer Natur- und Erlebnispfad, ist mit 17 Informationstafeln ausgestattet, die über Bienen, Natur und Botanik leicht verständlich informieren. Ausgangspunkt der Runde ist die Imkerwirtin (Gasthof Reutner). Honig, Met und Wachsstöckel können an Ort und Stelle erworben werden (oder, allerdings nur Anfang Mai, am *Europäischen Bauernmarkt* bei der Stiftskirche, wo Teilnehmer aus Holland, Polen, der Slowakei oder Ungarn ihre regionalen Spezialitäten anbieten).

Marterl an der Straße nach Gloxwald

Von Waldhausen führen Wanderungen zur Einsiedlerhöhle (sehr geheimnisvoll und legendenumwoben), zum schwingenden Stein (zur Erprobung der Kräfte am etliche Tonnen schweren Wackelstein) oder zum Heimkehrerkreuz (wegen der tollen Aussicht von der neuen Warte aus über das Mühlviertel und nach Süden bis zu den Alpen).

Am Abend wird auf der Nepomuk-Bühne begeistert Theater gespielt. Die engagierte Truppe, ehemals Theatergruppe Waldhausen, bietet seit 1993 als Mimusbühne beachtliches Theater im Rahmen der kleinsten Seefestspiele der Welt.

INFO Gemeindeamt Waldhausen im Strudengau, 4391 Waldhausen, Markt 14, Tel. 07260/45 05-11, www.oberoesterreich.at/waldhausen **KIRCHEN** Pfarramt, 4391 Waldhausen, Schlossberg, Tel. 07260/42 51 **ESSEN UND TRINKEN** Gasthof Herbert Ettlinger, 4391 Waldhausen, Schlossberg 27, Tel. 07260/42 06, www.ettlinger.at; Gasthaus Reutner, Imkerwirtin, 4391 Waldhausen, Schlossberg 11, Tel. 07260/42 24, www.oberoesterreich.at/reutner; Gasthof Wilhelm Schauer, 4391 Waldhausen, Markt 6, Tel. 07260/42 27, www.oberoesterreich.at /gasthof-schauer **SPORT** Angeln, Asphaltstockbahnen, Baden/ Schwimmen, Mountainbikestrecke, Tennis **WALDHAUSEN/ NEPOMUK-SEEBÜHNE** www.grenzfluss.at, www.mimusbuehne.at **STOFFDRUCKEREI** Werner und Tatjana Gamerith, Dörfl 16, Tel. 07260/41 16 (tel. Anmeldung erbeten) **WACHSZIEHER** Gerhard Wimmer, Dendlreith 15 (Unterlehner), Tel. 07260/44 54 **MALER** Prasthan Dachauer, Tel. 07260/40 37 (tel. Anmeldung erbeten) **METALLKUNST-SAKRALKUNST** Pius Frank, 3691 Nöchling 67, Haus Camino, Tel./Fax 07414/76 30, www.pius-metalldesign.at

DAS HERZ DES STRUDENGAUS: STRUDEN, ST. NIKOLA, SARMINGSTEIN

Die drei östlich von Grein im Strudengau gelegenen Märkte Struden, St. Nikola und Sarmingstein sind heute eine Gemeinde. Ums Auskommen brauchte sich jedoch keiner der drei Orte je zu sorgen. Die Donau ist eine sichere Einnahmequelle.

Im Mautamt *Struden* war qualifiziertes Hilfspersonal stationiert, Kränzler, Aufleger, Zwerchseiler und Steuermänner, also durchwegs „besondere geschworene" Schiffleute, die den Schiffen „hülfliche Handt" leisteten und diese anschließend zu Recht aufhielten, um fixe Tarife für diverse Dienstleistungen einzustreifen. Vom Mautamt aus wurde das Hissen der Signalfahnen dirigiert, um riskanten Gegenverkehr im Struden zu vermeiden, gegen Fahnenaussteckgebühr. Bei Gegenzügen wurde die Wasserpferdemaut eingehoben.

Heutzutage ist man großzügig. Radfahrer, die im Ort übernachten, werden kostenlos per Motorzille ans andere Donauufer übergesetzt.

Das Mauthaus ist heute in Privatbesitz; es beherbergt ein Ingenieursbüro und steht kulturellen Zwecken offen. Die Theatergruppe Stromauf lässt hier die alten *Sagen des Strudengaus* lebendig werden. Nirgendwo sonst wurden über Generationen hin so viele düstere Geschichten erzählt wie hier, wo sich die Donau bis in die jüngste Zeit von ihrer wildesten und grausamsten Seite gezeigt hat. Ihre Stücke erzählen von fälligen Opfern an den Flussgott, wenn Schiffsknechte abgesoffen sind, und vom Teufel, der eine Steinmauer quer durch die Donau aufgeführt hat, an der die Menschen zugrunde gehen sollten, und vom Einsiedler auf der Insel Wörth.

Über dem Markt Struden dräut die *Burg Werfenstein*. Westlich dieser Feste stand der Pein- oder Teufelsturm, an dem eine Kette befestigt war. Damit wurde die Donau abgesperrt, und die Reisenden wurden zur Kasse gebeten und bei Zahlungsunwilligkeit in das Turmverlies geworfen. In diesem Turm trieb

St. Nikola: Sammelbüchse mit dem Bild des hl. Nikolaus

der schwarze Mönch sein Unwesen, ein durchaus respektloser Geist, der 1045 einem Bischof den nahen Tod voraussagte und 1502 sogar Dero Kaiserliche Majestät Maximilian I. zu erschrecken wagte. Hinter vorgehaltener Hand wird von einem weiteren Mönch erzählt, einem ebenso düsteren Gespenst, das Jahrhunderte später in Werfenstein gehaust hat: Nach seinem Austritt aus dem Stift Heiligenkreuz im Wienerwald hatte der Zisterziensermönch Josef Lanz von Liebenfels (1874–1954) Werfenstein als Ordensburg für seine neuen Tempelritter erworben, um hinter dessen finsteren Mauern als Wegbereiter des Nationalsozialismus und des damit verbundenen Rassenwahns verhängnisvolle Schriften zu verfassen.

Die älteste Schifffahrtsabgabe, die Wassersammlung, floss dem Markt *St. Nikola* und dessen Kirche zu. Bereits 1351 erneuerte Herzog Albrecht die Bestätigung des alleinigen Rechts, ober- und unterhalb des Strudens zwischen Ardagger und Ybbs von den Donauschiffern Almosen zu sammeln. Aus den Erträgen mussten die Wege längs der Donau erhalten werden. An einer langen Stange war eine Sammelbüchse mit dem Bildnis des hl. Nikolaus angebracht. Mit einer Zille brachte man die Schiffe auf, die eben glücklich den Strudel gemeistert hatten, hielt ihnen die Sammelbüchse über Bord und rief den Spendern gewiss ein lautes Deo gratias zu. Wer wollte da knausrig auf seinen Kreuzern hocken bleiben?

In *Sarmingstein* erlaubte Rudolf IV. 1361 einen freien Wochenmarkt und einen freien Jahrmarkt am Sonntag nach St.

Kilian, dem Kirchenpatron des Ortes, was hier am Eingang zum Mühl- und Waldviertel stets für regen Andrang und gute Geschäfte sorgte.

Die elektrische Energie kommt aus dem eigenen Ort. Kein Wunder, die Bäche fließen hier nicht, sie stürzen sich in die Donau hinab. Am Sarmingbach betreibt Johann Taubinger von der Kittelmühle in Plaika bei Erlauf ein *Kleinkraftwerk*. Er nützt damit die unbändige Energie dieses Gewässers und demonstriert mit diesem Schaukraftwerk gleichzeitig den ökologischen und ökonomischen Wert solcher Alternativen. Von einer Aussichtsplattform sieht man hinein auf den Korpus der Turbinenverkleidung. Auf einem Bildschirm kann man virtuell durch das Kraftwerk wandern und erfährt am Schluss, wie viel CO_2 dieses der Welt erspart hat, seit es existiert.

Kleinkraftwerk in Sarmingstein

Julia Taubinger, die Tochter, hat die Architektur für diesen Nutzbau geschaffen und dazu ein Konzept für einen Gemeindewanderweg vom Kraftwerk zum Aussichtsturm in Sarmingstein entworfen.

Zwischen Struden und St. Nikola steht seit 1866 die Haussteinkapelle mit der Inschrift: „Kaiser Franz Joseph I. befreite die Schiffahrt von den Gefahren der Haussteinfelsinsel 1853 bis 1866."

Jedes Jahr am 6. Dezember wird ausgiebig gefeiert, mit einem Festgottesdienst und dem persönlichen Erscheinen von St. Nikolaus, der mit Geschenken die Donau nach St. Nikola herabgefahren kommt. Im Postamt der Gemeinde werden derweil in einem Sonderpostamt die Sonderstempel zu Ehren seines Namenstages ausgegeben.

INFO Gemeindeamt 4381 St. Nikola an der Donau, Marktplatz 1, Tel. 07268/81 55, E-Mail: gemeinde@st-nikola-donau.ooe.gv.at; Tourismusverband St. Nikola, 4381 St. Nikola 31, Tel. 07268/81 40 und 07268/85 01, www.oberoesterreich.at/st.nikola.donau **ESSEN UND TRINKEN** Hotel zur Post, 4381 St. Nikola 31, Tel. 07268/81 40, www.hotelpost.at; Urlaub am Bauernhof Wörthbauer, Fam. Wegerer, 4381 St. Nikola, Struden 26, Tel./Fax 07268/80 25, www.bauernhof.at/woerthbauer; Restaurant und Gästehaus Strudengauhof, Fam. Ettlinger, 4382 Sarmingstein 13, Tel. 07268/83 02, www.strudengauhof.at **CAMPING** Stellplätze im Naturschutzgebiet Sarmingstein, Fam. Mengyan, 4382 Sarmingstein, Hirschenausiedlung 38, Tel. 0664/403 76 07, E-Mail: aniko6@a1.net **SPORT** Wanderwege (Stillensteinklamm), Tennis, Minigolf **FREIBAD** 4381 St. Nikola, Tel. 07268/81 55-18 **KUNSTVEREIN STROMAUF** Felsenbühne, Galerietheater, Galerie in Mauthaus, 4381 St. Nikola, Struden 34, Tel. 07268/85 01, E-Mail: stromauf@hammerat.at **KULTURZENTRUM GIESSENBACHMÜHLE** 4381 St. Nikola, www.donau-festwochen.at

NÖCHLING: DAS ENDLOSE PANORAMA

Mit etwas Körpereinsatz lässt sich der „kleine Wackelstein“, ein Bröckerl von einigen Tonnen, tatsächlich in Schwingung versetzen. Zu finden ist das faszinierende Phänomen in Gulling, einem Ortsteil der Gemeinde Nöchling auf dem Hochplateau im Dreieck von Donau und Ysper. Dem Gast wird dort der Einfachheit halber eine Wanderkarte ausgehändigt, die neben der Empfehlung von Wanderrouten (z. B. Weg zu Galgenberg und Einsiedlerstein, Predigstuhlweg, Ölmühlenweg) einen übersichtlichen historischen Abriss aus der Gemeindehistorie enthält, vom Nochilinga 998 über die Gründung der Pfarre St. Jakob d. Ä. im 12. Jahrhundert und längst überwundene üble Begebenheiten wie die Verwüstung durch Hussiten, marodierende Türkenscharen, Brände und durchziehende raublüsterne französische Soldaten bis zur feierlichen Markterhebung 1842, Beweis dafür, was in den Nöchlingern steckt. Der tausendjährigen Geschichte wurde, wie sollte es anders sein, mit einem Stein im Ortszentrum ein Denkmal gesetzt.

Natürlich enthält diese praktische Wanderhilfe genügend Hinweise auf die Erhaltung des leiblichen Wohls, auf die Gas-

Der „kleine Wackelstein" bei Nöchling

tronomie mit ihrer Spezialität, den Waldviertler Saumaisen, und vor allem auf die gastfreundliche Geselligkeit der Nöchlinger, die für den durstigen Wanderer gern einen Krug Most aus dem Keller holen.

Was man nicht beschreiben kann, weil man es selber gesehen haben muss, ist das in Nöchling allgegenwärtige Panorama. Bei so viel Aussicht wird einem richtig schwindlig. Um sich zu orientieren, braucht man eine Österreichkarte. Vielleicht ist es Einbildung, aber die Erhebungen im Osten könnten Leithagebirge, Rax und Schneeberg sein, die Voralpen im Süden sind ohnehin klar, im Westen geht's bis zum Traunstein und, wenn sich einer mit Berggipfel auskennt, noch ein gutes Stück weiter hinein in die blauen Berge nach Süden und Westen.

INFO Marktgemeinde Nöchling, 3691 Nöchling 28, Tel. 07414/70 00, www.noechling.at, www.tiscover.at/noechling **ESSEN UND TRINKEN** Kirchenwirt Gasthof Zur Linde, 3691 Nöchling 12, Tel. 07414/73 11, www.gasthof-zur-linde.at; Nöchlingerhof, 3691 Nöchling 2, Tel. 07414/72 78, www.noechlingerhof.at; Gasthof Waldviertlerhof, 3691 Nöchling 10, Tel. 07414/73 01 **WANDERWEGE** www.wanderdoerfer.at/virtuelle-wandertouren.php **SPORT** Badeteich-Freizeitanlage

JOSEF HADER

Die Nöchlinger sind passionierte Theaterspieler und selbstredend glühende Verehrer von Josef Hader. Der mit unzähligen Preisen ausgezeichnete Kabarettist, Schauspieler und Theaterautor wurde 1962 im benachbarten Waldhausen (OÖ) geboren. Aufgewachsen ist er in Nöchling (NÖ) am Hof seiner Eltern in der Faschingleiten, an einem dieser großartigen Aussichtsplätze. „In einem Tal oder so ganz in der Ebene hab ich mich nie wohl gefühlt", müsste Josef Hader gar nicht extra erwähnen, „man ist ja doch immer geprägt von der Gegend, in der man aufgewachsen ist." Er schätzt sie als Schnittpunkt dreier verschiedener Landschaften: „Die Donau mit ihrer ganz eigenen Stimmung, das Mostviertel, weil wir dorthin einkaufen fahren, und das Wald- und Mühlviertel mit den Wackelsteinen und dem Mystischen. Fast ein bissl keltisch, wenn in der Früh die Nebel aufsteigen", die er aber selten sieht, wie er mit einem Lacher einbekennt.

In Nöchling aufgewachsen: Josef Hader

Für den Reisenden, der in Nöchling erholsame Station macht, verrät Josef Hader seinen Lieblingsplatz: „In Gloxwald bei Waldhausen, ein See im ehemaligen Granitsteinbruch, eine Miniaturausgabe vom Schatz im Silbersee. Nie ist wer dort, außer ein paar Gloxwaldern und mir. Im Sommer ein Superplatz zum Schwimmen."

Trotzdem gibt es einen Ort, wo er sich noch wohler gefühlt hat, „weil es noch viel freier ist als Nöchling, das ist die Großstadt", jetzt lacht er herzlich. „Die Großstadt war die erste Landschaft, wo ich mich wirklich frei bewegen hab können."

Dem komödiantischen Talent waren acht Internatsjahre im bischöflichen Knabenseminar in Melk sehr förderlich. „Weil ich immer bei der

Show mitgewirkt habe, als Mesner, als Orgelspieler, beim Theaterspielen." Josef Hader im streng katholischen Konvikt? „Mit der Kulturschiene haben sie mich gefangen", erinnert sich der ehemalige Ministrantenbua, „mit einem Schlagzeug in der Kirche, mit einer rhythmischen Messe und mit einem bunten Abend mit der Band, mit dem sie in Nöchling für Nachwuchs geworben haben." Im Internat hat der „lockere Geist der 1970er-Jahre" geherrscht und ihn nachhaltig beeinflusst: „Sehr sozial geprägt, fast links. Ich bin von dort nahtlos in die Friedensbewegung und diese Richtungen gegangen."

Von zu Hause war er abgeschnitten, hat erst mit 17, 18 Jahren die Leute wieder kennen gelernt. Sie sind Teil der Welt, die er in seinen Kabarettprogrammen dem Publikum als Spiegel vor Augen hält. Dass die Menschen über bittere Wahrheiten lachen können, ist die Kunst des Josef Hader. „Ich bin ein Nach-Achtundsechziger …", er denkt kurz nach, „… eigentlich interessiert mich das lustige Kabarett nicht, auch nicht das hirnlastige, das auf intellektuellen Pointen aufgebaut ist. Mich interessiert vielmehr der Mensch, seine Möglichkeiten zum Grauslichen und zum Schönen; was ja letztendlich das Thema jeder Kunst ist."

INFO Josef Hader, www.hader.at

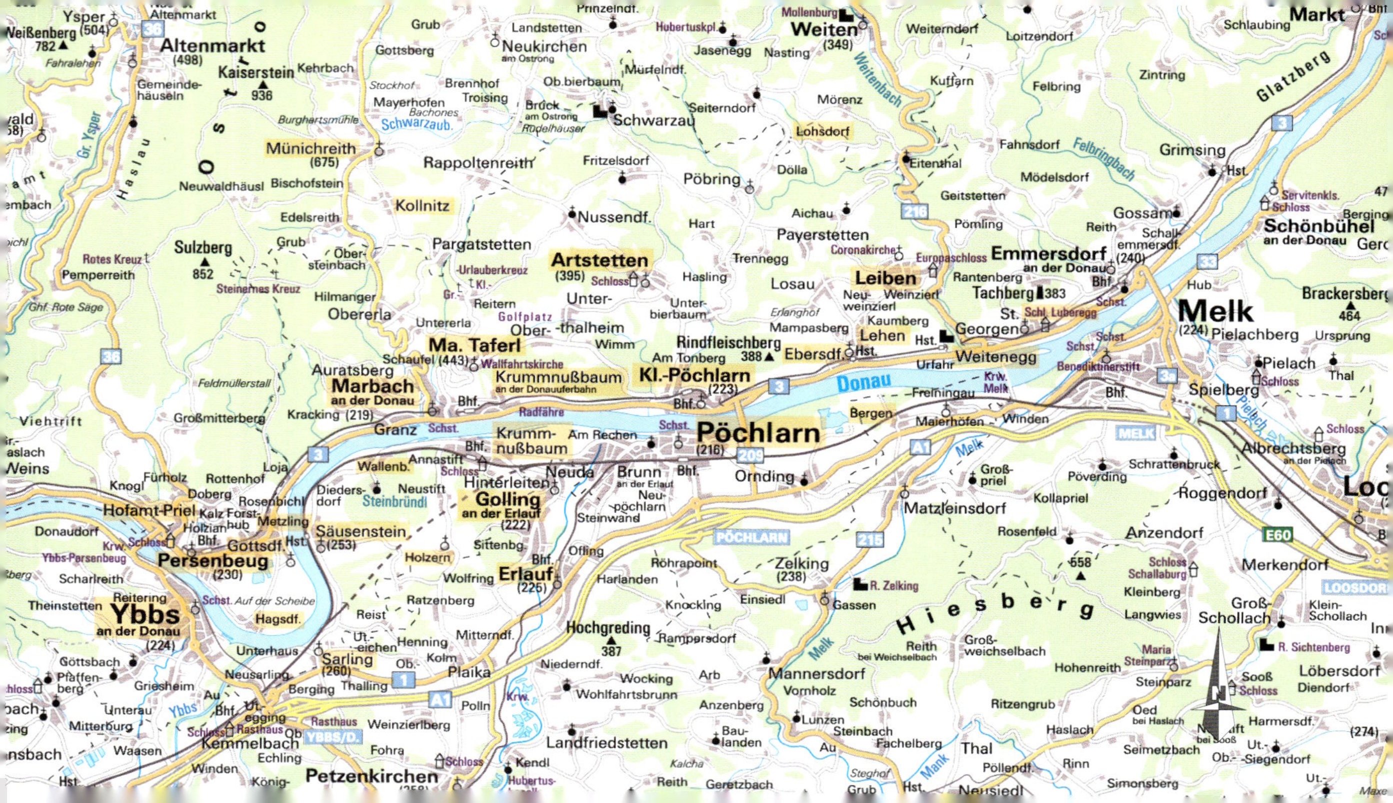
Melk
Pöchlarn
Kl.-Pöchlarn
Ybbs an der Donau
Persenbeug
Marbach an der Donau
Ma. Taferl
Artstetten
Leiben
Emmersdorf an der Donau
Weiten
Altenmarkt
Erlauf
Golling an der Erlauf
Schönbühel an der Donau
Säusenstein
Krummnußbaum
Weitenegg
Petzenkirchen
Donau
Hiesberg
Münichreith
Kollnitz
Sulzberg
Zelking
Matzleinsdorf
Hochgreding
Mannersdorf
Landfriedstetten
Lohsdorf
Schwarzau
Neukirchen
Kaiserstein
Pielach
Albrechtsberg
Roggendorf
Anzendorf
Merkendorf
Groß-Schollach

Nibelungengau

Kraftwerk Ybbs-Persenbeug, Patriotismus erlaubt – Persenbeug-Gottsdorf, Anfang und Ende der großen Schlinge – Hofamt Priel, Sportlichkeit ist gefragt – Verkehrsknotenpunkt Ybbs an der Donau – Auf Entdeckungsreise von Ybbs bis Pöchlarn – Ein Rundgang durch die Nibelungenstadt Pöchlarn – Meister und Schüler, Kokoschka und Knapp – Marbach und seine heimlichen Gärten – Stätte der Wunder: Maria Taferl – Klein-Pöchlarn: Mehr als das kleine Pöchlarn – Franz Ferdinand und sein Artstetten – Auf der alten Post nach Luberegg, Weitenegg, Ebersdorf und Leiben

KRAFTWERK YBBS-PERSENBEUG, PATRIOTISMUS ERLAUBT

Die Nibelungen dürften auf ihrem Weg ins Hunnenland den Strudengau umgangen haben und auf dem Landweg nach Bechelarn, das heutige Pöchlarn, gelangt sein. Damit waren sie wohl nie an der Stelle, wo dem Nibelungenzug mit einem pathetischen Großrelief ein Denkmal gewidmet ist, in Persenbeug an der Schleuse des Kraftwerks Ybbs-Persenbeug. Hier endet der Strudengau und beginnt der Nibelungengau, der Donauabschnitt zwischen Ybbs und Melk. Wie er zu seinem Namen gekommen ist und was ihn mit der mittelalterlichen Dichtung, dem Nibelungenlied, verbindet, das zu erklären bleibt der Nibelungenstadt Pöchlarn vorbehalten (siehe S. 133 ff.).

Unsere Reise durch den Nibelungengau beginnt mit einer Besichtigung des *Donaukraftwerks Ybbs-Persenbeug*. Da es sich um das älteste österreichische Donaukraftwerk(1959 fertig gestellt) und damit um ein Symbol für den Wiederaufbau Österreichs handelt, stört es nicht, wenn bei der Führung Patriotismus und Begeisterung für die Wasserkraft anklingen. Die Zahlen sind durchaus beeindruckend. Die Jahreserzeugung beträgt 1335,9 Millionen Kilowattstunden. Eine einzige der sechs vertikalen Turbinen könnte 80.000 Haushalte mit elektrischer Energie

Schloss Persenbeug und Schleuse des Kraftwerks Ybbs-Persenbeug

versorgen, in Niederösterreich entspricht das etwa drei Landbezirken. Der Wirkungsgrad der Kaplanturbinen mit den drehbaren 7,5 Meter langen Schaufeln beträgt 94 Prozent, es geht also kaum Energie verloren, und dann ist die Donau als zweitgrößtes Fließgewässer Europas die treibende Kraft. Auf Höhe des Kraftwerks fließen pro Sekunde rund 1,7 Millionen Liter Wasser durch.

Gebaut wurde die Anlage in sogenannter Nassbauweise. Anders wäre es kaum möglich gewesen, da das Donautal an dieser Stelle einfach zu eng ist. Andere Kraftwerksanlagen wurden zuerst im Trockenen aufgebaut, und dann erst wurde der Fluss umgeleitet.

Auch Wasserkraftwerke stehen im ökologischen Spannungsfeld zwischen notwendig benötigter Energie und einer Umwelt, die trotz aller Schonung ordentlich beeinträchtigt wird. Es gibt keinen durchgehenden Transport des Geschiebes mehr. Der Schotter muss im Stauraum ausgebaggert und auf der anderen Seite des Wehrs wieder in den Fluss gekippt werden, um einigermaßen die rasante Eintiefung dieser Strecken zu bremsen. Durch den Rückstau verarmen die Biotope an den Ufern, und das Kleinklima ändert sich durch den langsamen Wasserfluss. Andererseits ist Wasser eine nie versiegende Energiequelle, und sich lautlos drehende Turbinen verursachen keinerlei Abgase und verschmutzen die Luft nicht.

KRAFTWERK YBBS-PERSENBEUG Führungen tägl. 9–17 Uhr, Anmeldung unter Wagner-Events, 1230 Wien, Dr.-Barilits-Gasse 4/8/R1, Tel. 0699/19 24 24 70, www.wagner-events.at

PERSENBEUG-GOTTSDORF, ANFANG UND ENDE DER GROSSEN SCHLINGE

Über der Kraftwerksanlage erhebt sich auf dem Nordufer *Schloss Persenbeug*. Es ist für Touristen nicht zugänglich. Die Besitzer, die Familie Habsburg-Lothringen, leben in den Gemächern, in denen der letzte Kaiser von Österreich, der mittlerweile selig gesprochene Karl I., geboren wurde. Um 950 soll bereits eine Feste gegen die Magyaren bestanden haben. 1045 wäre das Schloss, hätte es sie damals schon gegeben, in die Schlagzeilen gekommen: Da stürzte der Boden im Festsaal ausgerechnet während des Besuchs Kaiser Heinrichs III. ein.

Kaiserliche Schützenscheibe im Museum der Gemeinde Persenbeug

Bischof Bruno von Würzburg kam dabei zu Tode. Sein Schicksal war ihm von einem Geist, dem schwarzen Mönch in Werfenstein (s. S. 97 f.), vorausgesagt worden. Ende des 11. Jahrhunderts wurde das Schloss landesfürstlich. 1593 verkaufte der Habsburger Kaiser Rudolf II. Schloss und Herrschaft an Ferdinand Albrecht Graf von Hoyos. 1800 wurde es von Kaiser Franz I. für die Familie Habsburg-Lothringen zurückerworben.

Im *Museum* im Gemeindeamt Persenbeug-Gottsdorf wird deutlich, wie sehr man sich in Persenbeug seinerzeit um dero höchste Huld bemüht hat. Gezeigt wird eine Schützenscheibe, die Kaiser Franz Joseph I. anlässlich der silbernen Hochzeit verehrt werden sollte und die von den Schützen des Ortes wacker beschossen wurde. Zu sehen ist darauf die Habsburg als uneinnehmbare Festung. Weil man über alle Begeisterung für die Habsburger auf die zweite Hälfte des kaiserlichen Paares vergessen hatte, wurde im letzten Moment Schloss Possenhofen, das Geburtshaus von Kaiserin Elisabeth, am Fuß der Habsburg dazugepinselt.

Die Straßen des alten Marktes Persenbeug strahlen bürgerliche Gediegenheit aus. Mit der Schifffahrt war gutes Geld zu machen, ein Umstand, der sich in der Bausubstanz erfreulich niederschlug. Von den Schiffmeistern (Näheres zu diesem hochangesehenen Stand auf S. 76 f.), die in Persenbeug ihren Sitz hatten, war der bekannteste Matthias Feldmüller (1770–1850), der Donauadmiral. Dessen Frau trug damals schon teure Goldhauben, und er war so reich, dass er dem Kaiser Geld borgen konnte.

Das Haus Schlossstraße Nr. 5 trägt die Jahreszahl 1518 und war das *protestantische Bethaus*. Abgesehen vom Alterungsprozess hat sich am Haus seit damals nicht viel verändert, auch nicht am *Wagnerhaus* aus 1562 mit Putti und Wappen, erkennbar an seinem übereck gestellten Erker. Ein architektonisches Schmuckstück findet sich an der Donaulände, das kleine *Schiffmeisterhaus* aus der Mitte des 16. Jahrhunderts mit Delphinen im Fries und bemerkenswerter Scheinarchitektur.

Persenbeug: das kleine Schiffmeisterhaus an der Donaulände

Die *Marktkapelle* ist nur nach Vorsprache im Pfarrhof zu besichtigen. Ursprünglich war das benachbarte Gottsdorf Sitz der Pfarre. 1493 wurde Persenbeug die bischöfliche Erlaubnis zum Bau einer Kapelle erteilt, die seit einer generösen Förderung durch Kaiser Maximilian I. zwei Heiligen, Florian und Maximilian, geweiht ist. Kaiser Joseph II., Erzmesner des Reiches, erhob Persenbeug zur eigenen Pfarre.

Das Provisorium in der Kapelle wurde 1985 durch einen Neubau im Osten des Marktes ersetzt. Hier ist ein großartiges Stück moderner Architektur gelungen. Die Betonsäule mit Kühljalousien als Turm ist ein wenig gewöhnungsbedürftig, betritt man aber die Kirche, wird man von einem Raum voll überraschender Helligkeit empfangen. Alles zieht empor, die schräge, in mehreren Ebenen aufsteigende Decke, das schlanke Motiv im Mosaik des Altarbildes, die duftigen Lampen, die wie Seifenblasen im Raum schweben. Architekt ist Joseph Patzelt, die künstlerische Ausstattung stammt von Robert Herfert.

Der Ortsname von Persenbeug könnte sich von der Burg eines (quellenmäßig nicht erfassbaren) Mannes namens Perso herleiten. Die andere, naheliegende Variante ist die böse Beuge, die Pösenpeug, die 1423 auftaucht, als Bezeichnung für die Schlinge im Verlauf des Stromes. Laut Namensforschung ist sie aber unzutreffend. Außerdem, gar so böse ist die Donau an dieser Stelle nicht.

Das Land, das durch diese enge Flussbiegung gebildet wird, ist die sogenannte *Gottsdorfer Scheibe* mit fruchtbaren Feldern und dem Weiler Hagsdorf. Hier kann man am Biobauernhof Niebler Schafkäse, täglich frische Schafmilch und, auf besondere Bestellung, Lammfleisch kaufen, Fellgerbung wird ebenfalls angeboten.

Pfarrkirche Gottsdorf: Löwenkopf an der Kanzel

An den Rändern der Scheibe, hinter dichtem Auwald, lässt es sich wunderbar auf Sandbuchten am Donaustrand in der Sonne liegen und den Schiffen zusehen, wie sie sich durch die Beuge manövrieren.

Die Runde auf der Scheibe wird in Gottsdorf beschlossen, unmittelbar bei Persenbeug. Beide Ortsteile sind längst zusammengewachsen. Grundlage ihrer Verbindung ist ein vitales Gewerbe, das die Bevölkerungszahl in der Gemeinde Persenbeug-Gottsdorf entgegen dem Trend in der Gegend wachsen lässt.

In Gottsdorf selbst ist die *Pfarrkirche* auf einer kleinen Anhöhe mitten im Ort das Ziel. Lange bevor überhaupt von Ostarrichi die Rede war, im Jahr 863, beurkundete das Kloster Niederaltaich Besitzungen in der Umgebung. Die Pfarre wurde um 1143 gegründet und in der Folge von einem Kloster an das nächste als Stiftungsgut weitergegeben. Sie steht bis heute unter dem Patronat der Besitzer des Klosters Säusenstein gegenüber an der Donau. Der Name wird auf das Dorf, das Gott geweiht ist, zurückgeführt.

Ein *Grabstein* aus 1386 an der nördlichen Chorwand ist vermutlich die älteste plastische Darstellung in der ganzen Umgebung. Im oberen Feld der kniende Christus am Ölberg mit den schlafenden Jüngern und der Stifterfigur, im unteren Feld steht Christus als Schmerzensmann zwischen Petrus und Paulus, den treuen Kirchenpatronen der Pfarre Gottsdorf.

Den beiden Apostelfürsten begegnet man wieder im Inneren der Kirche. Petrus und Paulus verabschieden sich vor ihrer Hinrichtung. Dieses seltene und doch ungemein berührende Motiv hat kein Geringerer als Paul Troger für das *Altarblatt* erwählt. Es leuchten nur die beiden Köpfe der Apostelfürsten, alles andere, auch die Gerichtsknechte, verschwindet im Dunkeln.

Man muss sich Zeit nehmen für die vielen Details in diesem gotischen Raum, wie die Sakramentsnische mit feinem Blendmaßwerk und zwei kerzentragenden Engeln vorne links im Chor, die Konsolen der Kreuzrippengewölbe mit den Halbfiguren Christus, Petrus und Paulus oder der Grabstein des Magnus Irnfried von Rothenhof von 1568. Er gibt Einblick in die Größe damaliger Familien. Unter der Kreuzigungsgruppe kniet der Stifter mit seinen drei Ehefrauen und 16 Kindern.

Das jüngste Gericht, Fresko um 1600 in der Pfarrkirche Gottsdorf

1955 wurden links und rechts im Chor wahrhaft sensationelle *Fresken* entdeckt, die in herrlich naiver Weise Glaubensgeheimnisse verkünden. Rechts ist Weihnachten dargestellt, wie man es gewohnt ist, aber links, dort lehrt man die Sünder das Grauen. So hat man sich um 1600 das Jüngste Gericht vorgestellt, wie es über die Gottsdorfer Scheibe hereinbricht. Über den deutlich erkennbaren Ortschaften der Umgebung schwebt der Engel mit der Posaune. Auf einer Seite stehen die Auserwählten, zusammengedrängt zu einem Häuflein Nackedeis, und verfolgen mit Schaudern, wie auf der anderen Seite die ebenfalls nackten Verdammten vom Teufel mit spitzer Gabel in einen riesigen Saurüssel getrieben werden.

INFO Marktgemeinde Persenbeug-Gottsdorf, 3680 Persenbeug, Rathausplatz 1, Tel. 07412/522 06, Fax 07412/535 30, www.tiscover.at /persenbeug-gottsdorf **ESSEN UND TRINKEN** Gasthof Böhm-Donauradhotel, 3680 Persenbeug, Hauptstraße 16, Tel. 07412/589 30, Fax 07412/589 30-24, www.gasthof-boehm.at; Fischwirtshaus Landmotel Die Donaurast, Fam. Nimführ-Nakowich, 3680 Persenbeug, Metzling, Wachaustraße 28, Tel. 07412/524 38, Fax 07412/524 38-2, www.donau rast.com; Radlerpension Anna und Gerhard Leeb, 3680 Persenbeug, Hagsdorf 19, Tel. 07412/547 18, Fax 07412/547 18-4, www.radler-leeb .at; Cafe s'Mariandl, 3680 Persenbeug, Rathausplatz 5, Tel. 07412/590 90; Gasthaus Zum Kirchenwirt, Franz Artner, 3680 Gottsdorf, Donaustraße 31, Tel. 07412/527 72 **PRODUKTE VOM SCHAF** vom Biobauern Franz Niebler, 3680 Persenbeug, Auf der Heide 5, Tel. 07412/564 78 **HEIMATMUSEUM PERSENBEUG** 3680 Persenbeug, Rathausplatz 1, Tel. 07412/522 06, Mo–Do 8–12 und 13–16 Uhr **BOOTSSERVICE** Rudolf Bäck, 3680 Persenbeug, Nibelungenstraße 4, Tel. 07412/585 70 **REITEN** Joe's Horse Ranch, Josef Muttenthaler, 3680 Persenbeug, Teichstraße 3, Tel. 07412/580 72 **FISCHEN** Habsburg-Lothring'sche Gutsverwaltung, 3680 Persenbeug, Schloßstraße 1, Tel. 07412/525 31 **BADESEE** Persenbeug-Gottsdorf, 3680 Gottsdorf, Hagsdorferstraße 20, Tel. 0664/877 88 44, 07412/588 90 **KIRCHEN** Pfarramt Persenbeug, 3680 Persenbeug, Hauptstraße 12, Tel. 07412/523 20

HOFAMT PRIEL, SPORTLICHKEIT IST GEFRAGT

Schloss Persenbeug war der Sitz der Herrschaft. An den steilen Hängen zum südlichen Waldviertel hin, im Hofamt, hausten die Untertanen. Man hat sich emanzipiert, die Streusiedlung Hofamt Priel ist eine eigenständige Gemeinde, die seit kurzem sogar über ein eigenes Ortszentrum verfügt, nachdem das Gemeinwesen lange Zeit von Persenbeug aus geführt wurde. Der Tourismus von Hofamt Priel setzt auf die Sportlichkeit seiner Gäste, bietet Wanderwege, Mountainbikestrecken, Asphaltstockbahnen, einen Beachvolleyballplatz und Fischerkarten.

Jede Nacht strahlt das *Friedenskreuz* ins Land. Unter dem Motto „Nie wieder!" wurde es von Heimkehrern aus dem Zweiten Weltkrieg „Am Reitern", einem Bergrücken hoch über dem Donautal, errichtet.

Hofamt Priel: Gedenkstein als Mahnung

Bescheiden und – lägen nicht bunte Steine mit den Namen rundum – leicht zu übersehen ist der *Judengedenkstein,* auf den man auf dem Weg zur Sträußlmühle trifft. Die Pfarrchronik berichtet über die „Persenbeuger Bartholomäusnacht: In der Nacht vom 2. auf den 3. Mai (1945) fielen 223 Juden den Kugeln der SS-Mörder zum Opfer". Es waren ungarische Juden – Frauen, Männer, Kinder –, die nach Mauthausen geführt werden sollten. Sie wurden in einer Mulde zusammengetrieben und starben in den Salven der Maschinengewehre. Der Haufen lebloser Leiber wurde angezündet, die Mörder verschwanden. „Wir verzeihen, aber vergessen nie" ist auf dem Stein unverwischbar eingraviert.

Die *Sträußlmühle* ist ein altes Bauernhaus; mit seinem steinernen Sockel und den hölzernen Wänden wäre es das Schmuckstück eines jeden Freilichtmuseums. In diesem Fall scheint es jedoch der Bequemlichkeit der Besitzer zu verdanken, dass dieses einzigartige Denkmal ländlicher Bauweise überhaupt noch steht. Auf einem Sockel aus Bruchsteinmauerwerk sitzt ein hölzerner Hausstock im Blockbau mit Schwalbenschwanzverzinkungen, alles zusammen aber in einem traurigen Zustand. Eine Tafel am Zaun davor erzählt von den Bauernkriegen. Der Kommandant dieser Haufen, „General“ Georg Brunner, im zivilen Leben Schneider, hatte in der Sträußlmühle sein Hauptquartier aufgeschlagen, als er am 25.1.1597 Schloss Persenbeug besetzte.

Hofamt Priel: Die Sträußlmühle

Ein weiterer, grundsätzlich bemerkenswerter Bau ist der *Graslhof* in der Einschicht nördlich der Rotten Harland und Eben. Urkundlich wird er 1499 erwähnt, er hat vieles von seiner spätgotischen Bausubstanz bewahrt.

Richtung Osten kommt man am *Rottenhof* vorbei, einem schlossähnlichen Wirtschaftshof der Herrschaft Persenbeug, der vor einigen Jahren von der Familie Habsburg-Lothringen privat weiterverkauft wurde und seitdem eine fachkundige Renovierung erfährt. Rottenhof, so meint man hier, käme vom Zusammenrotten, eventuell, um sich einem Kreuzzug anzuschließen.

Von dort geht es Richtung Teufelsgraben zum Teufelspflaster. Noch in jüngster Zeit sollen die hier ausgestoßenen Flüche, verbunden mit einem Steinwurf, Wirkung gezeigt haben, wird im Ort erzählt. Die höllische Stimmung verstärkt sich durch das Dröhnen der Bagger und die Donner der Sprengungen im Hartsteinwerk Loja, das sich über einen guten Teil des gegenüber liegenden Lojawaldes und der Galgenleiten ausgedehnt hat.

INFO Gemeindeamt Hofamt Priel, 3680 Hofamt Priel, Dorfplatz 1, Tel. 07412/524 21, Fax 07412/524 21-5, www.hofamtpriel.at **ESSEN UND**

TRINKEN Gasthof Nagl-Hof, 3680 Hofamt Priel, Knogl 7, Tel. 07412/523 73, Fax 07412/523 73-4; Donaustub'n Schmutz, 3680 Hofamt Priel, Kalkgrub 19, Tel. 07414/72 50; Gasthof Donaublick, 3680 Hofamt Priel, Ysperdorf 3, Tel. 07414/72 28, Fax 07414/72 28-88, www.gasthof-donaublick.at; Gasthof und Pension J. & R. Hinterleithner, 3680 Hofamt Priel, Weinserstraße 95, Tel./Fax 07414/72 03, www.hinterleithner.at **SPORT** Wanderkarte auf dem Gemeindeamt erhältlich; Tennisclub, Viehtrift 23, 3680 Hofamt Priel, Tel. 07414/73 21; Stockschützen USV Hofamt Priel, Viehtrift 23, 3680 Hofamt Priel, Tel. 0664/643 67 93 **FISCHEN** Habsburg-Lothring'sche Gutsverwaltung, 3680 Persenbeug, Schloßstraße 1, Tel. 07412/525 31 **KNEIPPWANDERWEG** Gehzeit 1 1/4 Stunden, Start und Ziel beim Gemeindezentrum am Dorfplatz

VERKEHRSKNOTENPUNKT YBBS AN DER DONAU

Am südlichen Ende der Donaubrücke über das Kraftwerk Ybbs-Persenbeug darf man sich durch etwaige Knallereien nicht irritieren lassen. Gegenüber dem Kraftwerk haben Ybbser Bürger ihren (bestens gesicherten) Schießstand eingerichtet. Das Schießen hat Tradition. 1604 wurde der privilegierte Schützenverein gegründet, der seit 1654 selbstbewusst das Stadtwappen führt. Selbstverständlich sind Urkunde und Insignien sowie Fahne und Medaillon im Original erhalten.

Wappen der Stadt Ybbs

Ob sich bürgerliche Treffsicherheit mit dem Militär in der *Reiterkaserne* messen konnte, ist nicht überliefert. Sehr wohl aber, dass 1742 dort der Zauber der Montur mit dem weißen Kittel des Spitalpersonals getauscht wurde. Aus der Kavalleriekaserne an der Persenbeuger Straße 1 wurde ein Lazarett, bald darauf ein Pfründnerhaus der Wiener städtischen Armenanstalt, später ein Irrenhaus. 1922 wurde der gesamte Komplex mit dem anschließenden Gebäude, einem ehemaligen Kloster, zum Psychiatrischen Krankenhaus der Stadt Wien umgewidmet.

Ybbs: Peter-Rosegger-Promenade

Auf dem Platz davor beginnt die *Peter-Rosegger-Promenade*, ein Spazierweg an der Stadthalle vorbei zum alten Ybbs. Als eine der ältesten Städte des Landes (Stadtrecht von Friedrich dem Schönen 1317 besiegelt) weiß man mit dem Wandel der Zeiten umzugehen. Die Stadthalle wurde 1965 von Leo Kammel erbaut, kompromisslos modern den historischen Fassaden gegenübergestellt. Die Aufregung war groß, die Zeit verging, und das Gebäude reifte zu einem Baudenkmal der 1960er-Jahre.

Auf dem nach ihm benannten Platz davor präsentiert der aufgeklärte Kaiser Joseph II. ein Papier mit der Aufhebung der Leibeigenschaft. An dieser Stelle betritt man das historische Ybbs. Früher hieß es für ankommende Händler, am „hochlöblichen Ob der Ennsischen Landschaft Haupt-Aufschlagsamt" (Freskomedaillon, datiert 1808) die Geldkatze öffnen und für den Kaiser Maut erlegen. Das *Mauthaus* (Kirchengasse 12/14) war eine der drei Ybbser Stadtburgen und später Weinlagerstätte. Heute werden im Ambiente gotischer Architektur Beamte des Landespolizeikommandos NÖ geschult. Die Bastion davor ist der *Schwall*, das „Schwalleck", bei dem von der Donau Wasser für den Stadtgraben abgezweigt wurde. Der Graben verläuft noch um die Stadt, allerdings trocken und liebevoll mit Gärten gestaltet.

Die alten Gassen und Plätze dieser Stadt haben unzählige Geschichten zu erzählen. Um sie alle zu erfahren, ist es ratsam, sich einem Führer anzuvertrauen. Der Obmann des Kulturvereins, Josef Zwiefelhofer, ist wohl der beste Ansprechpartner. Seine Gäste empfängt er im *Stadtmuseum* im Haus Herrengasse 23, einem spätmittelalterlichen Bau mit Eckerker, einem Haussegensbild Mariahilf und der Jahreszahl 1592. Bis Ende des 18. Jahrhunderts war es das Wirtshaus Zur goldenen Sonne, in dessen Räumen vielleicht sogar W. A. Mozart genächtigt hat. Deswegen gibt es den *Mozartsaal*, einen kleinen Konzertsaal im Museum. Ob im Kaiserzimmer je der Kaiser abgestiegen ist? Möglich wäre es, denn Ybbs sei der Verkehrsknotenpunkt schlechthin, behauptet Herr Zwiefelhofer kühn: „Nirgendwo in ganz Österreich kommen so viele Verkehrswege zusammen: die Donauuferbahn, die Donauuferstraße, die B36 ins Waldviertel hinauf, dann die Schifffahrt, das Kraftwerk, die B25 als Verbindungsstraße, die Westbahn, die B1, die Autobahn, eine Ferngasleitung. Was wollen S' mehr!?“ Von der kleinsten elektrischen Straßenbahn der Welt, sie

Ybbs: historische Fassaden in der Kirchengasse

führte von der Stadt hinaus zum drei Kilometer entfernten Bahnhof, gibt es allerdings nur mehr die Gleise entlang der Lände.

Schon die Babenberger haben die strategisch wichtige Lage dieses Fleckens erkannt und eine Burg gebaut. Reste davon sind bei der Pfarrkirche zu erkennen. Vor 900 habe hier eine karolingische Reichsburg gestanden, heißt es, und der zugehörige Ort wurde Ipspurch genannt, 1058 „ibese", ab dem 13. Jahrhundert nur noch Ips und dann Ybbs. Noch weiter zurück finden sich Spuren der ersten norischen Legion und davor solche der Kelten, denen man die sogenannten Opfersteine auf der Marienhöhe westlich der Stadt zuschreibt.

Ybbs war eine landesfürstliche Stadt mit allen damit verbundenen Privilegien, unter anderem dem Blutgericht. Erhalten ist eine hübsche Auswahl an Richtschwertern, im jeweiligen Design von der Gotik bis zur Renaissance.

Die geharnischte Figur in einer Ecke des Museums ist der originale Kilian. So nennen die Leute diese Statue aus 1617. Vermutlich ist es die Darstellung eines Scharfrichters, das sogenannte Pranger Mandl. Ganz konkret könnte es sich um den 1368 verstorbenen Ritter Hans von Ybbs handeln, der laut

Wertvolle Archivalien im Stadtmuseum Ybbs

Überlieferung ebenfalls Köpfungen vorgenommen hat. Hinter ihm lehnt ein Spiegel. Zwiefelhofer: „So wollten es die Damen, weil er einen so knackigen Hintern hat.“ Eine Kopie der Statue steht auf dem Hauptplatz als Brunnenfigur, und vollkommen respektlos wird ihr regelmäßig das Schwert entwendet.

Der Kilian auf dem Stadtbrunnen von Ybbs

Behutsam, mit weißen Handschuhen, öffnet Zwiefelhofer alte Stadtbücher mit den Ratsprotokollen, hebt Urkunden heraus, aus denen hervorgeht, dass in Ybbs die Zünfte für die gesamte Region ihren Sitz hatten, so auch die Schifffahrtsunternehmen, die dem löblichen Bindwerk der bürgerlichen Schiffmeister der Stadt Ybbs angehörten und einen nicht unbeträchtlichen Mitgliedsbeitrag in Form des Jahrschillings, einer jährlich zu entrichtenden Pauschalsumme, zu erlegen hatten.

Der Kraftwerksbau ist in einer Bildserie dokumentiert, mit Fotos der Ortschaft *Donaudorf,* die dabei geflutet wurde. Das Schlösschen, das dort gestanden war, wurde im Zuge des Baus gesprengt. Bemerkenswerte Fresken von Johann Bergl wurden zuvor abgenommen und ins Schloss Hadersdorf nach Wien gebracht.

Der anschließende Rundgang führt durch das Sandtörl zwischen Weinmaut und Salzamt zur *Donaulände.* Man hat die Stadt in ihrer ganzen Größe vor sich. Das älteste Gebäude fällt sofort auf: der *Passauerkasten* aus der Blütezeit der Babenberger. Dieser hochmittelalterliche Bau gilt als seltenes Beispiel eines erhaltenen Palas, dem Hauptgebäude einer mittelalterlichen Burganlage, aus dem 13. Jahrhundert.

Ybbs: der hochmittelalterliche Passauerkasten

Durch das Windloch gelangt man trotz heftigen Luftzugs wieder in die Stadt hinein zur *Pfarrkirche* (St. Laurenz) und auf den Kirchenplatz. Auf der Orgel dieser Kirche, so deutet man die Inschrift MAW 1767, hätte W. A. Mozart auf seiner zweiten Wienreise musiziert. Datiert mit 1748 und signiert von Martin Johann Schmidt ist das Gemälde des hl. Judas Thaddäus. Vom Kirchenplatz hinab öffnet sich der *Hauptplatz* mit dem Rathaus, einem Bau aus dem 16. Jahrhundert. Die Wiener Straße quert beim ehemaligen Sandtor, dem Hafen von Ybbs, den *Schiffmeisterplatz*, benannt zu Ehren von Matthias David Feldmüller (1770–1850), dem Admiral der Donau. Sein Haus, mit Renaissance- und Barockelementen, zählt zu den größten der Stadt.

Für jeden geübten Stadtspaziergänger überflüssig zu erwähnen: Wenn ein Haustor offen ist, geht man hinein. Die Chancen, einen stimmungsvollen Arkadenhof zu finden, stehen in Ybbs durchaus gut; ein Beispiel: Schiffmeisterplatz 6, im ehemaligen *Einkehrgasthof Goldener Ochs*.

Beim Pulverturm und dem Wiener Tor geht's entlang der Befestigungsanlagen, die etlichen Stürmen standhielten (Zwiefelhofer: „Ybbs wurde nur einmal eingenommen, in den Bauernkriegen, als man den Angreifern die Tore öffnete. Der Landesherr hat daraufhin seine holde Hand von der Stadt zurückgezogen, sie aber bald wieder ausgestreckt, weil er ohne das Geld der Ybbser nicht ausgekommen ist“) nach rechts in den Stadtgrabenweg zu einem großen Halbkreis, mit dem *Babenbergerhof* am Anfang. Die zweite der drei Ybbser Stadtburgen hat sich zum Restaurant gewandelt, mit dem Schwerpunkt regionale Küche. In der Getränkekarte findet sich neben dem Wein der Qualitätsmost als kulinarischer Tribut an den Standort am Schnittpunkt von Wachau und Mostviertel.

Beim Linzer Tor geht's wieder zurück in die Stadt, vorbei an der *landesfürstlichen Burg*, der dritten Ybbser Stadtburg, heute eine Krankenpflegeschule. Die auffälligste Gestalt auf dem Burgplatz ist der Harlekin als Brunnenfigur. Der Narr steht für die *Ybbsiade*, die seit 1989 unter der Intendanz von Peter Orthofer alljährlich im April Kabarettisten von Rang und Namen in Ybbs zum größten derartigen Festival Europas versammelt. Die Stadtgemeinde Ybbs an der Donau verleiht dazu jährlich den „Ybbser Spaßvogel“, eine Trophäe, die vom Karikaturisten Rudi Angerer entworfen wurde.

Zurück am Ausgangspunkt gegenüber dem Stadtmuseum, im alten Pfarrhof, erweist man dem Besucher mit dem Fahrradmuseum die Ehre. Die Laufmaschine des Freiherrn von Drais aus 1820, ein Jugendhochrad aus 1882 und das Rennrad von Eddy Merckx sind wahrhaftig ein Grund, sich trotz variierender Öffnungszeiten um Einlass zu bemühen.

INFO Tourismus Information Ybbs, Tourismusverband Wachau-Nibelungengau, 3370 Ybbs, Stauwerkstraße 86, Tel. 07412/552 33, Fax 07412/553 98 (Mai bis Oktober), 07412/526 12-203 (Nov. bis April), www.ybbs.at **ESSEN UND TRINKEN** Babenbergerhof, Fam Beer, 3370 Ybbs, Wiener Straße 10, Tel. 07412/543 34, E-Mail: office @babenbergerhof.at, www.babenbergerhof.at;

Harlekin auf dem Burghofbrunnen

Pneumatikreifen im Ybbser Fahrradmuseum

Zum Braunen Hirschen, Fam. Friedemann, 3370 Ybbs, Rathausgasse 9, Tel. 07412/522 45, Fax 07412/522 45-45, www.zumbraunenhirschen.at; Gasthof Mang, Fam. Gruber-Rosenberger, 3370 Ybbs, Herrengasse 8, Tel. 07412/524 98, www.gasthof-mang.at; Lindenhof, Weingalerie – Fam. Schwarz, 3370 Ybbs, Stauwerkstraße 45, Tel. 07412/530 03, Fax 07412/530 03-2, E-Mail: lindenhof.ybbs@aon.at, www.tiscover.at/lindenhof.ybbs **KURMÖGLICHKEIT** Regenerationskur nach Prof. Dr. Aslan im Regenerationscenter Ybbs/Donau, 3370 Ybbs, Trewaldstraße 6, Tel. 07412/580 00 **SPORT** Wandern, Tennis, Fischen, Schwimmen, Skilauf, Fahrradverleih, Fußball (Halle), Freizeitzentrum Ybbs, 3370 Ybbs, Sportplatzstraße 6, Tel. 07412/525 25, Mo 13–21, Di–So 9–21 Uhr **KULTUR** Stadtmuseum, 3370 Ybbs, Herrengasse 23, Tel. 07412/526 12-202, Fahrradmuseum, Galerie „Alter Pfarrhof“, 3370 Ybbs, Herrengasse 12, Voranmeldung unter Tel. 07412/526 12-203, geöffnet von 1. Mai bis 30. September; Ybbsiade 3370 Ybbs, Hauptplatz 1, Tel. 07412/526 12, E-Mail: andrea.ritter@ybbs.at, www.ybbsiade.at

AUF ENTDECKUNGSREISE VON YBBS BIS PÖCHLARN

Die Attraktionen entlang der mächtigen Biegung der Donau von Ybbs bis Pöchlarn sind unauffällig, manche sind nicht einmal als solche gekennzeichnet. Man muss suchen und sich durchfragen. *Sarling*, ein sogenannter Kirchweiler und Teil der Gemeinde Ybbs, ist ein gutes Beispiel für die Bescheidenheit, mit der man auf einen der ältesten Sakralbauten entlang der Donau hinweist. Von der Straße aus kaum zu erkennen, liegt oberhalb des Ortes die Filialkirche zum hl. Veit, erreichbar über eine zwischen zwei Bauernhäusern versteckte Stiege.

Auf einer freien Anhöhe erhebt sich ein schlichter romanischer Steinbau, im Wesentlichen aus der Wende vom 11. zum 12. Jahrhundert. An seiner Südseite heben sich vom braunen Mauerwerk helle römische Steine ab, vermutlich Altäre eines römischen Heiligtums, das seinerseits über einer Höhensiedlung der Hallstattkultur erbaut wurde.

Der Schlüssel, den man im Bauernhaus nebenan bekommt, öffnet den Blick auf einen Innenraum, der mit Altären aus der Spätrenaissance prächtig ausgestattet ist. Diese Ungereimtheiten lassen sich dadurch erklären, dass die Kirche 1385 an das Zisterzienserkloster Säusenstein gegangen ist und dann als Abstellkammer für die ausgemusterte Einrichtung der ehemaligen Stiftskirche gedient haben könnte; so sind hier unter anderem die Figuren des hl. Benedikt und Bernhards von Clairvaux zu sehen.

Theresienkapelle in Säusenstein

Einige Kilometer donauabwärts, noch immer im Gemeindegebiet von Ybbs, liegt die Ortschaft *Säusenstein*. Auffallend ist der Gebäudekomplex entlang der Uferstraße. Es sind die Reste der *Zisterzienserabtei Gottestal.* Die Pracht dieses ehemaligen Stiftes (gegr. 1336) ist noch zu erahnen, da ein Teil der Anlage nach der Aufhebung des Klosters 1789 als Schloss Verwendung fand. Hinter einem verfallenen Portal erspäht man einen wohlgepflegten Garten und die Fassaden, die, zumindest von weitem besehen, in gutem Zustand sind. Der Rest der Klosteranlage ist der Kaiserin-Elisabeth-Bahn, der heutigen Westbahn, gewichen. Jenseits der Eisenbahn führt der Radweg durch die Mauerreste des Prälatenstöckels. Davor liegen Steinbrocken in der Donau, die *Teufels- oder Klosterkugeln,* die eben der Teufel persönlich versenkt haben soll. Offenbar hat es ihm am nötigen Zielvermögen gefehlt, denn eigentlich hatte er damit vom Kirchenberg aus das Kloster bewerfen und vernichten wollen.

Die Gnadenstatue von Maria Steinbründl

Die Stiftskirche wurde nach dem verheerenden Besuch napoleonischer Soldaten nicht mehr aufgebaut. Übrig geblieben ist eine *Seitenkapelle,* geweiht der hl. Theresia von Lisieux. Der stimmungsvolle gotische Raum steht offen. Er beherbergt das Kriegerdenkmal von Säusenstein, gekennzeichnet mit einem zeitgenössischen Mosaik des Pantokrator (Christkönig).

Zur Pfarrkirche, einem beliebten Platz zum Heiraten, geht es steil bergauf. In früheren, unsichereren Zeiten stand dort oben eine Hausberganlage mit einem sogenannten Tabor, einem kreisrunden Verteidigungsplatz. Mittlerweile wurden die Spuren der Festung vom Erdboden verschluckt.

„Kleinsonntagberg“ wird die Pfarrkirche zum hl. Donatus wegen ihrer weithin sichtbaren Höhenlage genannt und wohl auch wegen der Kopie des Sonntagsberger Gnadenbildes mit der Heiligen Dreifaltigkeit im Strahlenkranzrahmen, das sich im Altarraum befindet. Die Fresken an der Decke stammen von Johann Wenzel Bergl (1718–1789), bekannt durch die Berglzimmer in Schloss Schönbrunn in Wien. Neben den Wetterheiligen Johannes und Paulus, Szenen aus der Apokalypse und dem Martyrium des hl. Donatus lässt die Scheinarchitektur, eine Kuppel über dem Hochaltar, wahrhaft himmlische Aussichten zu.

Einige Kilometer weiter auf der Donauuferstraße – man befindet sich bereits im Gemeindegebiet Krummnußbaum – verweist ein Schild auf den wundersamen Ort *Maria Steinbründl.* Das namensgebende Augenbründl, so wird in einem ausgehängten Zeitungsbericht versichert, tut bis in unsere Zeit den Menschen Gutes, wirkt geradezu Wunder, wenn es um die Heilung von Augenkrankheiten geht. Das aktuell geführte Wallfahrerbuch ist voll mit rührenden Eintragungen, in denen für Hilfe und Trost gedankt wird. Seit 1809 gibt es eine Waldkapelle mit Gnadenstatue, sie fand so viel Zuspruch, dass 1970 bis 1975 eine ansehnliche kleine Kirche erbaut werden konnte, mit einem Tor, das weit geöffnet werden kann, um großen Pilgerscharen die Teilnahme an den Gottesdiensten zu ermöglichen. Nach der obligaten Augenwäsche beim Bründl und einem kräftigenden Mittagessen im Waldgasthof Steinbründl erreicht man auf einem ausgedehnten Spaziergang über die genaue Wegansage durch den Wirt die *Bildeiche* – besser gesagt nur mehr Teile von ihr – als ansprechend geschnitzte Madonna mit Kind

„Sauf, wonnst konnst!“, Scherzkrug aus der Töpferei Brandl

in einem Bildstock, gewidmet von der Trachtenkapelle Krummnußbaum.

Die nächste Abzweigung von der Donaustraße führt nach Annastift, zur *Töpferei Brandl.* Deren Gründer Albert Brandl hatte in der nahegelegenen Firma Rath das Handwerk von der Pike auf gelernt, war noch auf die Walz gegangen, wurde Meister und gründete seine eigene Firma. Tochter Maria Luise, ebenfalls Meisterin, hat den Betrieb übernommen und führt ihn gemeinsam mit ihrer Familie.

Verkauft wird die Ware fast ausschließlich vom Marktstand weg. Der Mostkrug ist Favorit, beliebt sind tönerne Hühner als Dekorationsstücke, und ausnehmend originell ist der Nachbau eines römischen Scherzkruges mit der bodenständigen Produktbezeichnung „Sauf, wonnst konnst!" Das Gefäß ist mit einem raffinierten Röhrensystem ausgestattet und erlaubt es nur Eingeweihten, daraus zu trinken, ohne sich anzuschütten.

Das Material für ihre Ware bezog die kleine Töpferei Brandl früher aus den Tonvorkommen südlich von Krummnußbaum. Auf diese natürlichen Lagerstätten verweist auch ausdrücklich die Firmenpräsentation der Firma Rath August jun. GmbH in Krummnußbaum. 1891 hatte August Rath sen. die seit 1855 bestehende Porzellanfabrik gekauft, sein Sohn August Rath jun. gründete eine „Chamottewaaren und Thonöfenfabrik", die in den 1920er-Jahren um die Produktion von Steinzeug erweitert wurde. Die Produktpalette wurde erfolgreich der technischen Entwicklung angepasst, mit mechanisch gefertigten Schamottsteinen, Hafnerschamotten und Aluminiumsilikatwolle. In den 1980ern expandierte der Betrieb nach Deutschland, kurz darauf in die USA und sofort mit dem Fall des Eisernen Vorhangs nach Osten.

Die Straße führt weiter auf den Berg hinauf, weg von der Donau, bis sie auf einem breiten Buckel aus dem Wald herauskommt und einen weiten Rundumblick freigibt. Beherrschend steht im Zentrum dieses Rückens eine gedrungene Kirche, die Freunden solch vergessener Baujuwele das Herz höher schla-

Das Nikolauskircherl von Holzern

gen lässt. Der Schlüssel zur *Nikolauskirche* von *Holzern,* so heißt der Weiler, ist bei einem der nahen Bauernhäuser zu bekommen. Im Volksmund heißt die Kirche Rosskircherl, geweiht ist sie dem hl. Nikolaus; sie steht in direktem Zusammenhang mit der Donauschifffahrt. Der Blick zur Donau hinab ist durch den Wald verdeckt, man sieht aber deutlich den Verlauf des Strudengaus. Von der gefährlichsten Stelle in Strudel und Schwall sollen die Schiffleute weiland ihren Blick hilfesuchend auf dieses Kircherl am Berg gerichtet haben. Wenngleich sie in St. Nikola zu Wasser (siehe S. 98) schon gespendet hatten, scheuten sie dennoch nicht den Aufstieg nach Holzern, um ihren Schutzpatron mit einem kleinen Opfer zu bedenken.

Die einfachen gotischen Formen lassen auf eine Bauzeit in der ersten Hälfte des 15. Jahrhunderts schließen. Die Statue des Kirchenpatrons auf dem rechten Seitenaltar könnte Anfang des 16. Jahrhunderts entstanden sein. Als Altarplatte dient ein Grabstein mit der Jahreszahl 1395. Dem Altar der Schiffleute gegenüber befindet sich eine kleine Andachtsstätte mit Statuen der Heiligen Isidor und Notburga. Pankraz von Plankenstein, im 15. Jahrhundert Pfleger der regensburgischen Herrschaft

Pöchlarn, hat die Fenster im Chor gestiftet und sich bei dieser Gelegenheit mit einer Reihe von Heiligen in Glas malen lassen. Über einer Votivtafel aus 1622 (Nikolaus Weinberger, Dechant zu Melk) steht im Kleinformat eine weitere Statuette des hl. Nikolaus, direkt gegenüber einem Gemälde der Heiligen Familie aus dem 19. Jahrhundert.

Bauernheilige in der Kirche von Holzern

Bemerkenswert am Kirchturm, der kaum die Kirche überragt, ist der oktogonale Aufsatz, ein symbolträchtiges steinernes Achteck, das, sich verjüngend, in den Himmel übergeht.

Zurück im Tal trifft man in *Krummnußbaum* ein. Die lang gestreckte Ortschaft unmittelbar an der Donau ist seit 1935 Marktgemeinde – fast tausend Jahre vergingen bis zur Ernennung: 1073 schenkte Pfalzgraf Kuno einem bayerischen Benediktinerkloster Güter in Chrumbinuzbome. Welches der beiden Krummnußbaum war nun gemeint? Es gibt deren zwei, eines „drenter" der Donau (an der Donauuferbahn), und eines „herenter" der Donau (an der Westbahn). Die Sage fand eine einfache Erklärung für die beiden „Krumpasbam": Ein krummer Nussbaum sei einfach über die Donau herübergewachsen.

Das *Schiffmeisterhaus*, einst Sitz eines bedeutenden Unternehmens, liegt herüben, das heißt am südlichen Ufer. Dieses mächtige, allein stehende Gebäude mit dem hl. Florian in einem Stuckmedaillon, ist ein Gasthof, und erfreulicherweise finden sich immer wieder Pächter, mit denen die traditionelle Gastlichkeit solcher Häuser fortlebt. Im Gastgarten, an dessen Zaun an schönen Tagen Reihen von Fahrrädern lehnen, wacht Johannes Nepomuk (1710) über die Sicherheit der Fähre, die nach einigen Jahren Stillstand wieder vom gegenüberliegenden Marbach aus betrieben wird.

Ein Stich von M. Vischer aus dem Jahr 1672 zeigt *Schloss Krummnußbaum.* 1437 ist es als Amtshof der Herren Losenstein genannt. 1938 war es Sitz der NSDAP, kam deswegen 1945 unter die Verwaltung der russischen Besatzungstruppen und verfiel zusehends. Was davon übrig geblieben ist, ist in Privatbesitz und nicht zu besichtigen.

Über lange Jahrhunderte war Krummnußbaum der Pfarre Pöchlarn angeschlossen. Die kleine *Filialkirche* von 1803 an der Durchfahrtsstraße genügte den Ansprüchen der Gläubigen offenbar nicht, also entschloss man sich 1912 zum Bau einer neuen Kapelle im Ortszentrum. Das bisherige Kircherl wurde zum Waaghäuschen. Als man die Brückenwaage nicht mehr brauchte, wurde das Gebäude wieder zurückgewidmet. Seit 1957 ist Krummnußbaum eine eigene Pfarre. Anstelle der Kapelle im Ortszentrum steht mittlerweile eine großartige moderne *Kirche.* Großartig deswegen, weil ihre Architektur einem wesentlichen ursprünglichen Zweck dient, dem des Gemeinschaftshauses. Äußerlich ist sie ein breit gelagerter Sichtbetonbau mit frei stehendem, klobigem Turm. Einladender ist das Innere dieses polygonalen Baus. In der Ausstattung des Altarraums wurden die Zeiten geschickt ineinander verflochten, mit einer hl. Anna Selbdritt und einem barocken Kruzifix aus dem 18. Jahrhundert, einem Taufbecken aus 1948 (Hans Scheibner) und Kreuzwegreliefs aus 1979 (Josef Diethör). Der Volksraum kann durch einen Faltvorhang zum Altar hin geschlossen werden und wandelt sich so, vom sakralen Bereich abgetrennt, zum vielseitigen Veranstaltungsraum.

Die Nachbargemeinde *Golling* verdankt ihren Aufstieg der Textilindustrie. Der Ortsname selbst soll vom Goldwaschen kommen. Möglicherweise führt die Erlauf in ihrem Kiesel Spuren von Gold. Goldrausch hat, soweit bekannt, deswegen keiner eingesetzt. Der große Zuzug erfolgte um 1880 mit der Gründung einer Textilfabrik, der Seidenwarenfabrikation bei Neuda. Deren Nachfolger haben den Niedergang der österreichischen Textilindustrie überstanden und firmieren als

Neudagarn im Verband des weltweit agierenden Konzerns Europeyarn.

Die Unternehmer ließen als erste Maßnahme Arbeiterwohnungen errichten und schufen soziale Einrichtungen für die Zuwanderer; die Architektur dieser Industriebauten in ihrer modernistischen Einheitlichkeit ist ein Spiegel des frühen 20. Jahrhunderts. 1923 wurde Golling eigene Gemeinde und feierte 1968 die Erhebung zur Marktgemeinde.

Für die Arbeiter, allesamt Zuwanderer, wurde in jeder Weise gesorgt, auch auf geistlichem Gebiet mit einer *Kirche* (1962–1964). Ihr Äußeres ist der Bauweise der schlichten Umgebung angepasst, ein bescheidener verputzter Betonbau mit flachem Satteldach. Umso bewegender wurde das Innere gestaltet. Berufen war dazu *Sepp Mayrhuber* (1904–1989), ein Gollinger seit seinem zweiten Lebensjahr. Er hatte sich in den vatikanischen Museen von einer alten Maltechnik faszinieren lassen, dem Stuccolustro, das sich durch leuchtende Farben und durch eine Jahrhunderte währende Dauerhaftigkeit auszeichnet. Er schaffte die Rekonstruktion dieses Verfahrens, hat die einzelnen Schritte aufgezeichnet, die letzten Geheimnisse aber für sich behalten.

Das *Altarbild* zeigt auf einem Stuccolustro-Fresko den Kirchenpatron, den hl. Franz von Assisi, im Angesicht Christi. Weitere Arbeiten von Mayrhuber: Tabernakel, Kreuzweg und ein Mosaik auf der Außenseite. Im Gebäude der Raiffeisenkassa von Golling wurde das *Prof.-Sepp-Mayrhuber-Dokumentationszentrum* eingerichtet.

An dieser Stelle, am Unterlauf der *Erlauf*, ist es angebracht, der Donau mit einem kleinen Seitensprung untreu zu werden. So ganz aus dem Weg geht man dem Strom ohnehin nicht. An den Geländestufen des Wagrams oder Wagrains zwischen Erlauf und Pöchlarn verläuft das ehemalige Donauufer, der Strom hat sich weiter im Norden sein Bett gesucht, die Erlauf ist ihm gefolgt und hat in diesem Bereich vieles von ihrer wilden Natürlichkeit bewahren können. Der Biologielehrer Jo-

hann Radinger ist Initiator eines *Flusslehrpfades* entlang der Erlauf zwischen der Katastralgemeinde Steinwand und dem Markt Erlauf. Mit Informationstafeln, die von Schülern im Werkunterricht hergestellt wurden, wird der Artenreichtum der Flora und Fauna dieses Flussabschnittes vorgestellt. So ist die selten gewordene Schwarzpappel hier vertreten, aber, zum Leidwesen des „in Naturbelangen ziemlich engagierten" Lehrers ziehen auch immer mehr Exoten ein und machen sich dort auf Kosten angestammter Pflanzen breit, wie der ungeheuer aggressive Götterbaum, der zwei Meter (!) im Jahr treibt. Auf dem Damm, der bei Hochwasser die Erlauf und den Ort trennen soll, wachsen Büsche. Auch sie bereiten dem Biologen Kopfzerbrechen. Früher wurde der Damm abgeweidet, heute mäht niemand mehr, eine ganze Menge Wiesenblumen verschwindet. Sein Traum wäre die Einbindung der ganzen Flussbiegung in ein Projekt Natura 2000, da die Bauern damit eine Förderung hätten und die Wiese natürlich bewirtschaftet wäre.

Erlauf: üppiges Grün am Flusslehrpfad

Über die Gleise der Scheibbser Mirl, so nennen die Leut ihre Ötscherlandbahn, kommt man in den Ort zurück. Die Bundesstraße 1, die vor Zeiten für reges Leben im Markt Erlauf gesorgt hat, ist zu einer ruhigen Nebenstraße geworden. Niemand wünscht sich mehr frühere Zeiten zurück, doch zu still soll es auch nicht sein. Von einem Ereignis zehrt man noch heute: der bedingungslosen Kapitulation Deutschlands am 8. Mai 1945, als sich in Erlauf im Hause Scheichelbauer russische und amerikanische Generäle zur ersten Siegesfeier trafen. Mit einem künstlerisch gestalteten *Friedensdenkmal,* einer Gedenkstätte und dem Prädikat Friedensgemeinde hält man die Erinnerung daran am Leben.

INFO Sarling, Säusenstein: Tourismus Information Ybbs, Tourismusverband Wachau-Nibelungengau, 3370 Ybbs, Stauwerkstraße 86, Tel. 07412/552 33, Fax 07412/553 98 (Mai bis Okt.), 07412/526 12-203 (Nov. bis April), www.ybbs.at; Marktgemeinde Krummnußbaum, Gemeindeamt, 3375 Krummnußbaum, Rathausstraße 8, Tel. 02757/24 03, Fax 02757/88 24, www.krumnussbaum.at; Gemeindeamt Erlauf, Melker Straße 1, 3253 Erlauf, Tel. 02757/62 21, Fax 02757/62 21-20, www.friedensgemeinde.at **ESSEN UND TRINKEN** FC Sarlinger Donauhafen, 3370 Ybbs an der Donau, Sarling 18, Tel. 07412/525 82; Gasthaus Florianistub'n, Ingrid Schrittwieser, 3374 Sarling 10a, Tel. 07412/562 20; Gasthaus Nusserl, Fam. Dultinger, 3375 Krummnußbaum, Hauptstraße 36, Tel. 02757/23 31; Gasthaus Zum Schiffmeister, 3375 Krummnußbaum, Hauptstraße 88, Tel. 02757/571 67; Waldgasthof Steinbründl, Adolf Renner, bei der Waldkapelle Steinbründl, 3375 Wallenbach 6, Tel. 02757/32 32 **TÖPFERSTUBE BRANDL** Maria Luise Brandl, 3375 Krummnußbaum, Annastift 9, Tel. 02757/77 77 **KIRCHEN** Säusenstein, Pfarre Ybbs, 3370 Ybbs, Peter-Rosegger-Promenade 5, Tel. 07412/526 54, www.pfarre-ybbs.at; Krummnußbaum, Pfarramt, Tel. 02757/25 39 **PROF.-SEPP-MAYRHUBER-DOKUMENTATIONS-ZENTRUM** 3381 Golling, Rathausplatz 2, Voranmeldung bei Herrn Anton Mühlbacher unter Tel. 02757/34 58 oder am Gemeindeamt Golling, Tel. 02757/22 40 **FLUSSLEHRPFAD ERLAUF** Informationen auf dem Gemeindeamt

EIN RUNDGANG DURCH DIE NIBELUNGENSTADT PÖCHLARN

Der *Welserturm* ist Blickfang für die Scharen von Radfahrern, die vom Westen her über den Damm in die Stadt Pöchlarn hereinrollen. Dieses wehrhafte runde Gemäuer ist das Stadtmuseum von Arelape, Bechelaren, Pöchlarn. Jede der drei Benennungen der Stadt steht für eine wichtige Etappe in der Geschichte, die in und um dieses trutzige Gemäuer dargestellt werden.

Rundgemälde und Stadtansicht von Pöchlarn im Welserturm

Eine Dokumentation im Museum zeigt die aufschlussreichen Ergebnisse einer Notgrabung beim Umbau von Schloss Pöchlarn 2003/04 zu einer Seniorenresidenz: Gegenstände aus dem Alltagsleben der römischen Legionäre und die südliche Grundmauer des Kastells Arelape mit Hufeisenturm.

Ein eigenes Stockwerk des Welserturms ist der Schifffahrt gewidmet. Ein Schiffszug mit allen seinen Booten, Pferden und Schiffleuten ist in die Rundung der Wand gemalt (Sepp Mayrhuber, 1953). Von dort zwängt man sich eine enge Treppe hinauf ins Dachgeschoß, das seit 1999 mit einem modernen Dach bedeckt ist. Die alten Turmmauern werden durch dieses Stück Gegenwartsarchitektur vor dem Verfall bewahrt und der dadurch entstandene Raum bietet jungen Künstlern aus der Umgebung die Möglichkeit für Sonderausstellungen. Die Dachkonstruktion hat 24 Fenster und wurde zum öffentlichen Adventkalender. In der Hauptschule werden fleißig große Scherenschnitte gebastelt, diese werden in die Fenster gesetzt, und jeden Tag im Advent steigt ein Lehrer hinauf und macht ein Türchen auf.

Im Park neben dem Welserturm steht das *Nibelungendenkmal.* Mosaike mit den Wappen von 16 Städten aus fünf europäischen Ländern (Frankreich, Deutschland, Österreich, Italien, Ungarn) wurden dafür im Halbkreis auf Pfeiler montiert, mit einem Brunnenstein in der Mitte. Bei diesen Städten handelt es sich um Schauplätze aus dem Nibelungenlied, in dem die Figur des gastlichen Markgrafen Rüdiger von Bechelaren in hundert Strophen eine Rolle spielt.

Im 19. Jahrhundert wurde diese mittelalterliche Dichtung wieder in den Mittelpunkt des Interesses gerückt. Die Gründe dafür sind vielschichtig und können in diesem Rahmen auch nicht annähernd dargelegt werden. Tatsache ist, dass auch Pöchlarn sich mit dem „Nibelungenvirus" infizierte. 1913 erfolgte per Gemeinderatsbeschluss die offizielle Benennung des Abschnittes zwischen Grein und Melk mit dem Namen „Nibelungengau", wobei dieser heute bis zum Kraftwerk Ybbs-Persenbeug reicht. Zu dieser gut deutschen Bezeichnung fehlte noch das äußere Zeichen, ein Nibelungendenkmal, womöglich in Verbindung mit den entsprechenden Festspielen. An monströsen Vorschlägen war kein Mangel. Von einer heroischen Kolossalstatue des Rüdiger mit hochgestrecktem Schwert war die Rede und von einem Volksschauspiel mit Kampfgetüm-

Ein sicherer Damm trennt Pöchlarn von der Donau

mel, an dem die Bevölkerung Pöchlarns teilnehmen sollte, um die Kosten des enormen Denkmals hereinzuspielen. Nichts war erhaben und hehr genug, um diesem „Fest der Treue" zu genügen.

Jahrzehnte später, 1951, schuf der Künstler Sepp Mayrhuber in der Hauptschule das Bild „Ankunft und Auszug der Nibelungen in Bechelaren". 1965 wurde vom Gemeinderat ein Entwurf abgesegnet, der vorsah, die Straßen im östlichen Teil der Stadt nach Gestalten aus dem Nibelungenlied zu benennen. 1985 wurde schließlich die Realisierung eines Denkmals konkret ins Auge gefasst. Die Brüder Franz und Heinz Knapp stellten dem Gemeinderat ein Modell vor und klärten die Finanzierung. Am 29. Mai 1987 wurde das Nibelungendenkmal eingeweiht.

Gegenüber leuchten aus einer gläsernen Fassade zwei jedem Kunstfreund vertraute Buchstaben, OK, die Initialen des Malers Oskar Kokoschka, dem am Ende dieses Kapitels ein Exkurs gewidmet ist.

Der Stadtrundgang führt nun die Regensburger Straße stadteinwärts, zuerst in den 800 Jahre alten Gamingerhof, dem Rathaus von Pöchlarn. In dessen Keller ist ein Kulturzentrum eingerichtet. In den stimmungsvollen Gewölbe sorgen die Verantwortlichen des Vereines Kultur.Werk.Stadt für Unterhaltung der gehobenen Art, mit Jazz, Blues und Folk, mit Kabarett, Theater und Kinoabenden.

Die Regensburger Straße wird vom *Törringplatz* unterbrochen. Dessen Name mag fremd klingen, ist jedoch mit der Geschichte von Pöchlarn eng verknüpft. 832 schenkte Karl der Große das Gebiet um die „Herlungoburg" (man vermutet hinter diesem Namen die im frühen Mittelalter noch bewohnten Reste des römischen Arelape) dem Bistum Regensburg, unter dessen Herrschaft Pöchlarn bis 1803 gestanden ist. In den Wirren des Dreißigjährigen Krieges musste der Regensburger Bischof Albert

Römische Öllampe im Welserturm

IV., Freiherr von Törring (Thöring oder Thörring), unter Mitnahme des Domschatzes und seiner persönlichen Wertsachen aus seiner Regensburger Residenz fliehen. Im allzeit getreuen Pöchlarn fand er freundliche Aufnahme. Zum Dank dafür schenkte er der Stadt für den Kirchenplatz den Marienbrunnen und für den heute nach ihm benannten Platz den Wolfgangsbrunnen. Einkünfte bezogen die geistlichen Herren in Regensburg unter anderem aus Weingeschäften, da der Raum Melk-Ybbs bis ins 19. Jahrhundert ergiebiges Weinbaugebiet war.

Pöchlarn: Kirtag beim Nibelungendenkmal

Am Törringplatz liegt der *Nibelungenhof* mit Hausnummer 3, dessen heutige Gestalt auf das 16. Jahrhundert zurückgeht, der Baukern dürfte aber wesentlich älter sein. In einem Teil dieses Hauses befindet sich das *Tischlereimuseum* (mit dem Eingang in der Sandtorgasse). Hier, am Rand des historischen Stadtkerns von Pöchlarn, dürfen Lehrlinge aus der Landesberufsschule für Tischler, Zimmerer und Binder die Kunst der Altvorderen bestaunen. Für die jungen Leute, die selber zumeist aus den modernen holzverarbeitenden Betrieben Niederösterreichs kommen, hat der begeisterte Sammler Leopold Andre Werkzeuge wie alte Hobel, hölzerne Schraubzwingen oder, als technisches Wunderwerk von einst, eine Sechsfachkombination mit Transmissionen zusammengetragen. Die lernende Jugend hat ihrerseits einen respektablen Beitrag geleistet: Die mit Einlegearbeiten kunstvoll gestaltete Zunfttruhe wurde von den Schülern in jahrelanger Gemeinschaftsarbeit gefertigt.

Nur durch eine Glastür getrennt, stellen in der *Meisterschule für Tischler* angehende Holzdesigner ihre Kreationen aus. Das Aushängeschild mag die moderne Holztreppe sein, die sich im hellen Stiegenhaus nach oben schwingt.

Vom Törringplatz setzt sich nun die Regensburger Straße zum Kirchenplatz fort, parallel dazu führt die Weigelspergerstraße zur Pfarrgasse. Dazwischen liegt die *Pfarrkirche Maria Himmelfahrt.* Sie ist unter anderem wegen der sogenannten „Römersteine" im Gemäuer bemerkenswert. Die Spolien zeigen Figuren der antiken Mythologie und stammen vermutlich aus dem römischen Lager. Im Innenraum der Kirche sind neben den Stifterfenstern aus dem frühen 20. Jahrhundert und dem modernen Volksaltar aus 1994 (Josef Michael Neustifter) Altarblätter des Kremser Schmidt zu erwähnen, so das ehemalige Hochaltarbild „Maria Himmelfahrt" und auf den Seitenaltären der hl. Nepomuk und der hl. Sebastian.

Die *Johannes-Kapelle* neben der Pfarrkirche war ursprünglich der Karner des städtischen Friedhofes und der Ort, an dem für die Verstorbenen die Messe gelesen wurde.

Nach Osten hin wird im Demmerturm wieder die alte Stadtbefestigung sichtbar. Das Schloss gegenüber wurde zur eleganten Seniorenresidenz ausgebaut. Auf Schlossallee und Stadtpark folgt der *Nibelungenpark* mit Rüdigerbrunnen und dem Pfeifer- oder Bürgerturm, wo gelegentlich Ausstellungen stattfinden.

Im Osten der Stadt, in der Guntherstraße 23, deckt sich der Liebhaber biologischer Landprodukte mit gesunden Leckerbissen ein. Im *Biohofladen* von Frau Margarete Hochedlinger gibt es alles, was von ausgewählten, kontrollierten Biobauern der Region, wobei dieser Begriff nicht zu eng zu fassen ist, für den Genuss bewusster Konsumenten erzeugt wird: Ziegenkäse aus Stephanshart bei Ardagger, Apfelsaft aus dem Mostviertel, Biowein aus dem Burgenland und, ausschließlich auf Bestellung, Frischfleisch aus dem Waldviertel, der Heimat von Frau Hochedlinger.

 Altehrwürdiges Werkzeug im Pöchlarner Tischlereimuseum

Dass man sich trotz aller ökonomischen Widerwärtigkeiten mit einem Gewerbe behaupten kann, beweist die Firma *Gembinski Teppiche* aus Pöchlarn. 1924 kaufte der Seiler Franz Gembinski an der Stelle des heutigen Betriebes einen Schuppen. Die große Zeit für das Seilerhandwerk war aber längst vorbei. Die verlässlichsten Abnehmer, die Schiffmeister, gab es nicht mehr. Dessen Sohn Franz erweiterte so den Betrieb um die Weberei. Der jetzige Firmenchef, Franz III. Gembinski, ist mittlerweile der Einzige im Land, der in der Lage ist, den roten Teppich made in Austria zu liefern.

Das Firmencredo von Franz Gembinski, „Billigangeboten begegnen wir mit absoluter Handqualität", ist mehr als ernst gemeint. Man glaubt es nicht, bevor man es nicht mit eigenen Augen gesehen hat. Seine Tochter Natascha arbeitet an einem Webstuhl, der aus dem Museum stammen könnte, aus einer Zeit lange vor der industriellen Revolution. „Mit modernen Maschinen könnte dieses Material nicht gleichmäßig genug verwoben werden", rechtfertigt ihr Vater den Einsatz dieses historischen Apparates, auf dem mit Uralttechnik Fleckerlteppiche in absoluter Topqualität entstehen.

Um die Stadt Pöchlarn haben sich Industrie- und Gewerbebetriebe angesiedelt, Aufbruchstimmung macht sich bemerkbar. Mit ein Grund für die positive Stimmung ist der Damm zwischen Donau und Stadt, der, wie jeder Großbau, anfangs nicht unumstritten war; Pöchlarn drohte hinter dem Wall zu verschwinden. Im Hochwasserjahr 2002 erwies sich die Anlage jedoch als verlässlich. Die Stadt blieb von Überschwemmungen verschont, obwohl diese von zwei Seiten drohten, von der Donau selbst und von der Erlauf, die beim *Rechen* in den Strom mündet.

Auf Höhe des Motorboothafens wurde bis ins 19. Jahrhundert das Schwemmholz aus dem Ötschergebiet mit dem Rechen abgefangen. Später siedelten sich in der Nähe Betriebe an und mit ihnen die Arbeiter, unter anderem Gastarbeiter aus Böhmen. Der Spitzname für die Siedler am Rechen ist geblieben; die „Rechenböhm" sind aber nicht maulfaul und heißen die Leute aus der Vorstadt ungeniert „Sauzipfler".

Einer der Rechenbewohner ist der Feuerwehrmann Josef Fischer. In Pöchlarn müssen Feuerwehrleute nicht nur Brände löschen, sondern auch mit entfesselten Wassermassen kämpfen. Bei Hochwasser ist das Einsatzfahrzeug eben die Zille. In den 1960er-Jahren war die Kunst des Zillenfahrens fast ausgestorben. Der Feuerwehrmann Josef Fischer erzählt, dass sie 1967, als er anfing, „in der Stadt drinnen in die Auslagen hineingefahren sind und mehr Schaden angerichtet haben, als eh schon war". Er begann zu trainieren. Als er sich nach Wettkämpfen umsah, stellte er fest, dass es doch etliche gute Zillenfahrer gab. Aber bald war er der Beste von ihnen: 25facher Staatsmeister. Seine Begeisterung war ansteckend. Der ZSV Nibelungengau, so heißt sein Verein, zählt 16 Aktive bei den Erwachsenen und sechs Mann bei der Jugend, wobei bereits Volksschulkinder fleißig am Stangeln (wobei hier nicht gemeint ist „die Schule stangeln" = schwänzen) und Rudern sind, um beim jährlich an der Erlaufmündung stattfindenden Dreibrückenwettkampf vor eigenem Publikum möglichst gut abzuschneiden und später als Feuer-

25facher Staatsmeister im Zillenfahren: Feuerwehrmann Josef Fischer

wehrmänner die 200 Kilo schwere Zille durch enge Gasserln steuern zu können, um eingeschlossene Personen zu bergen.

INFO Stadtgemeinde Pöchlarn, 3380 Pöchlarn, Regensburger Straße 11, Tel. 02757/23 10-11, Fax 02757/23 10-66, www.poechlarn.at **KIRCHE** Pfarramt Pöchlarn, 3380 Pöchlarn, Pfarrhofgasse 3, Tel. 02757/22 51 **STADTMUSEUM WELSERTURM** 3380 Pöchlarn, Stadtgemeinde, Frau Andrea Falter, Tel. 02757/23 10-11, Mo–Fr 9–12, Sa 10–12 Uhr oder nach Vereinbarung **TISCHLEREIMUSEUM** 3380 Pöchlarn, Sandtorgasse 9, Tel. 02757/23 10-11 **KULTUR.WERK. STADT.PÖCHLARN RATHAUSKELLER-KLEINKUNSTBÜHNE** Obmann Peter Schlöglhofer, Tel. 02757/32 68 oder 0699/12 21 50 89, Programmübersicht: www.rathauskeller.cc **ESSEN/TRINKEN/SCHLAFEN** Hotel Moser, 3380 Pöchlarn, Bahnhofsplatz 3, Tel. 02757/24 44, 24 48, Fax 02757/28 33, www.hotelmoser.at; Gasthof Zum goldenen Löwen, Futtertrögl, Alois und Marianne Bruckner, 3380 Pöchlarn, Kirchenplatz 2, Tel. 02757/23 95, Fax 02757/212 30, E-Mail: mariabruckner@gmx.net; Gasthaus Imbiss Gramel, 3380 Pöchlarn, Anton-Schlecker-Straße 1, Tel. 02757/48 73, www.members.aon.at/gramel; K.u.K Stadtkaffee, 3380 Pöchlarn, Thörringplatz 1, Tel. 02757/24 50; Hochedlinger's Nibelungen Biohofladen, 3380 Pöchlarn, Guntherstraße 23, Tel. 02757/48 45 **RADVERLEIH** Horst Pichler, 3380 Pöchlarn, Rechenstraße 1, Tel. 02757/24 56 **SPORT** Tennis: Thomas Böhm, Pöchlarn, Am Tennisplatz 4, Tel. 0664/230 01 82; Fischen in der Donau, Tel. 02757/22 88; Fliegenfischen im Erlauffluss, Tel. 02757/23 10-30 **GEMBINSKI TEPPICHE** Weberei und Seilerei Franz Gembinski, 3380 Pöchlarn, Lerchenstraße 30, Tel. 02757/22 45, www.gembinski.at

MEISTER UND SCHÜLER, KOKOSCHKA UND KNAPP

Seit dem Rückzug aus der Ortspolitik widmet sich der Initiator des Nibelungendenkmals, Franz Knapp jun., mit großer Hingabe dem Kupferdruck. Gleich viel Engagement investiert er in die Bewahrung des künstlerischen Erbes seines Vaters, der nach einem Schlaganfall im Rollstuhl sitzt; für einen sportlichen Menschen wie Franz Knapp sen. ein Jammer. Über Jahrzehnte war er auf der Donau Fährmann, er war berühmt dafür, bei jedem Wetter und jeder Temperatur nackt ins Wasser zu springen. Der alte Mann lacht bei dieser Erinnerung: „Es waren die

Fabriksleute auf der Fähre, auch viele Frauen, und die haben schon neugierig hingeschaut."

Das Haus in der Rüdigerstraße 63 ist voll mit Bildern, die im Laufe seines Lebens entstanden sind. Er selber zeichnet, wenn ihm niemand sonst Modell sitzen will, sein eigenes Spiegelbild, immer und immer wieder. Wenn ihn ein Gesicht fasziniert, dann wird es porträtiert. Mit wenigen, aber ungeheuer kraftvollen Strichen entsteht dann in kürzester Zeit ein lebendiges Bild dieses Menschen.

Fährmann und Künstler:
Franz Knapp aus Pöchlarn

Erinnerungen tauchen auf, wenn er eines seiner liebsten Blätter hervorholt, das bei der von Oskar Kokoschka gegründeten internationalen Sommerakademie „Schule des Sehens" in Salzburg entstanden ist: „Dort habe ich dieses Mädchen gemalt. Sie hat immer den Pinsel durch den Mund gezogen", er lacht, „und dabei ist ihr die Farbe links und rechts heruntergeronnen." Er hat für dieses Bild von diesem Mädchen einen Kuss bekommen, und – natürlich nicht nur für diese Arbeit – von seinem Lehrer das höchste Lob, das dieser zu vergeben hatte: „Ich bin sein Schüler, das hat Kokoschka immer gesagt."

Zeichnung von Oskar Kokoschka:
Der Gekreuzigte, 1945

Der Maler Oskar Kokoschka (1886–1980), einer der bedeutendsten Expressionisten, ist geborener Pöchlarner. Die herzliche Beziehung zu seiner Geburtsstadt ist sein ganzes Leben hindurch nicht abgerissen, obwohl der Aufenthalt nur kurz war. Seine Eltern, Gustav Josef und Maria, bewohnten in diesem Jahr vorübergehend zwei Zimmer des Hauses in der Regensburger Straße 29. Seit 1973 ist dort die Oskar-Kokoschka-Dokumentation Pöchlarn untergebracht, sie wurde also noch zu Lebzeiten des Künstlers geschaffen. Er selber ging mit Enthusiasmus auf die Idee ein, heißt es in der Festschrift, hatte er doch im Jahr zuvor der Stadtgemeinde Pöchlarn die beiden Mappen „Bekenntnis zu Hellas" (I und II) gestiftet, mit dem Wunsch, damit in Pöchlarn eine Sammlung von Druckwerken zu initiieren.

Das Haus wurde gründlich umgebaut und geschickt den Ansprüchen einer Kunstgalerie angepasst. In einem Teil sind jährlich wechselnde Ausstellungen mit Kokoschkas Werken zu sehen. Neben der Dokumentation von Leben und Werk Oskar Kokoschkas steht dem Besucher eine Bibliothek mit rund 800 Büchern, davon 281 Ausstellungskataloge, zur Verfügung.

OSKAR-KOKOSCHKA-GEBURTSHAUS 3380 Pöchlarn, Regensburger Straße 29, Tel. 02757/76 56, E-Mail: falter@poechlarn.at, Mai bis Oktober, tägl. 9–17 Uhr **DONAU-GRAFIKEN ATELIER FRANZ KNAPP** 3380 Pöchlarn, Rüdigerstraße 63, Tel. 02757/31 31, Anmeldung erwünscht

MARBACH UND SEINE HEIMLICHEN GÄRTEN

Im Gegensatz zum flachen weiten Hinterland im Süden des Nibelungengaus ist dessen Nordufer schmal, eingeengt von den Felshängen, mit denen das Waldviertel an der Donau abrupt endet. Die Ortschaften fügen sich malerisch in das an sich sperrige Gelände und gewinnen damit an Romantik, die wiederum anziehend auf Besucher wirkt. Das beste Beispiel dafür ist die Marktgemeinde Marbach an der Donau.

1269 findet sich erstmals der Name Marbach für diese Siedlung am linken Donauufer. Sie dürfte aber wesentlich älter sein und ist wahrscheinlich eine der Urpfarren der Gegend. Die *Pfarrkirche zum hl. Martin* steht auf einer kleinen Anhöhe im Ort, wo sie vor den immer wiederkehrenden Hochwasserkatastrophen einigermaßen sicher ist.

An diesem Gotteshaus kann man sehen, wie Sagen entstehen: Der Teufel baute mit vier Talern die Kirche, wird augenzwinkernd erzählt. Der wahre Kern: 1843 wurde das Langhaus der Kirche neu erbaut. Der Baumeister war Franz Teifl

Marbach, Grabkreuz an der Pfarrkirche

und der Zimmermeister ein gewisser Herr Fürthaler. Der Teufel hat also nichts damit zu tun. Genauso unschuldig ist er am *Teufelskopf*, einer bizarren Felsformation im Ortsteil Granz, westlich von Marbach. Dort hat einfach die Witterung über Jahrtausende ihr bildhauerisches Werk vollbracht.

Am Weg zur Kirche fallen die prächtig geschmiedeten und bunt bemalten Grabkreuze an der Außenseite der Chorwand auf, mit der Jahreszahl 1775 am Steinsockel. Das dem Eingang gegenüberliegende Fenster zieht den Blick hinaus auf die Felswand, die unmittelbar hinter der Kirche ansteigt; an ihrem Fuß kniet eine lebensgroße Statue, Christus am Ölberg, von Heribert Rath.

Hinter der Kirche führt eine steile Stiege im Felsen zum *Kalvarienberg* hinauf. 1721 wurden die drei Kreuze auf diesem Aussichtsplatz errichtet. Man sieht weithin über die Donau nach Süden und Westen. Leider hat man auch von hier heroben kaum Einblick in eine der versteckten Attraktionen von Marbach, in die liebevoll angelegten *Felsengärten* hinter den alten Häusern des Marktes, in denen von Blumen bis zum Gemüse alles Mögliche gezogen wird. Es empfiehlt sich daher, die Familie Ruth aufzusuchen – nicht ohne vorher in der Café-Konditorei Braun eine der köstlichen Schaumrollen, die Spezialität des Hauses, gekostet zu haben. Familie Ruth ist neben dem Rad-Gasthof zur schönen Wienerin im Haus Nr. 47 zu finden, einem gediegenen Bürgerhaus, in dessen hinteren

Räumen bis vor gar nicht langer Zeit eine Scherenfabrikation betrieben wurde. Der Eckerker dieses „Hauses an der Mühle" zeigt Wappenschilde und die Jahreszahl 1565. Auf der einen Seite der Einfahrt betreibt Udo Ruth Handel unter anderem mit nachgebauten Ritterrüstungen und Schwertern, auf der anderen Seite liegt das Reich seiner Frau Gertraud, der *Keramikmalerin.*

Marbach: Gertraud Ruth in ihrem „heimlichen" Garten

Ihr ausschließliches Thema sind wilde Gräser und Blumen, mit denen sie vorgefertigte Scherben bemalt. Motive findet sie zahllose in ihrem Garten.

Im Wohnzimmer über dem Erker liegen alte Fotografien mit Ansichten von Marbach vom Beginn des 20. Jahrhunderts. Frau Ruth zeigt die Durchgänge zwischen den Häusern, die dem raschen Abfluss des Hochwassers aus dem Ort dienten. Es gibt nur mehr wenige davon, die anderen wurden zugemauert oder verbaut. Frau Ruth befürchtet, dass sie ebenso verschwinden werden wie die alten Häuser selbst, nach denen nur wenig Nachfrage besteht. Wer will sich schon ein historisches Gebäude antun, dass alle paar Jahre unter Wasser steht?

Ein Highlight unter den Baudenkmälern Marbachs ist die *Volksschule*, das Erstlingswerk des großen Architekten Clemens Holzmeister von 1914, dessen Fassade 1977 unter Aufsicht und Anweisung des 92-jährigen Architekten neu gestaltet wurde. Weitere Stationen sind das *Rathaus* aus 1570, das *Herrenhaus* aus 1575 und der *Pranger* als Zeichen der Gerichtsbarkeit aus

1629. Dieser drohte bei kleineren Vergehen; wer zum Pranger verdonnert worden war, hatte als Draufgabe noch eine Kugel, den Bag- oder Zankstein, mitzuschleppen und musste sich im Rahmen eines Volksfestes, das zu seiner Unehr veranstaltet wurde, verspotten lassen.

Die Bewohner von Marbach waren Weinhauer und Wirte, Holzhändler, Schiffleute und Fährmänner. 1319 bestand bereits eine Urfahr zum Übersetzen der Leute. Von Marbach führt seit urdenklichen Zeiten der Böhmsteig hinauf ins Waldviertel. Der Andrang der Fahrgäste war groß und nahm mit dem Aufkommen des Gnadenortes Maria Taferl noch zu. 1860 wurde eine sogenannte fliegende Brücke gebaut, eine Fähre, die mit einem Seil im Donaugrund verankert war und durch Umlegen des Ruders von einem zum anderen Ufer bewegt wurde. 1903 wurde auf eine Rollfähre umgerüstet, die mit Erweiterungen noch in den 1970er-Jahren benützt wurde. In der Folge kam eine Motorfähre zum Einsatz, die mit dem Bau der Pöchlarner Brücke (eröffnet 2002) unwirtschaftlich wurde.

Abendruhe im Sporthafen Marbach

Dessen ungeachtet ist dieses Fährschiff, die *MS Marbach*, seit dem 15. Juni 2003 wieder im Einsatz. Edgar Wilhelm hat sich gemeinsam mit seiner Tochter Dagmar Krestan einen Lebenstraum erfüllt. Als Yachttechniker war er zeitlebens auf allen Meeren der Welt unterwegs, die Donau hat ihn aber nicht losgelassen. In der Pension wurde das erforderliche Patent nachgeholt und mit dem fachlichen Geschick seiner Tochter, einer diplomierten Touristikkauffrau, wurde die MS Marbach angekauft, auf Vordermann gebracht und wieder in den Dienst gestellt.

Wallfahrer bei der MS Marbach

„Geleite durch die Welle", singen die Wallfahrer, die in Krummnußbaum mit Kreuz und Fahne zugestiegen sind, sie haben noch den Aufstieg nach Maria Taferl vor sich. Zur Kundschaft gehören außerdem noch alte Leute, die vom anderen Ufer nach Marbach zum Einkaufen fahren, das Hauptgeschäft ist allerdings der Charter: Hochzeitsfeiern, Trauungen an Bord und Abschlussfahrten für Managerseminare. Außerdem ist es den beiden Fährleuten gelungen, eine Sonnwendfeier zu veranstalten, und sie haben dazu noch große Pläne: „Vielleicht schaffen wir es, dass in den Gärten Lichter angezündet werden und auf der Donau eine Parade mit beleuchteten historischen Schiffen fährt." – Angeführt von der MS Marbach. Die MS Austria, ein Schiff der Firma Brandter, wird als Königin der Wachau bezeichnet. Die MS Marbach ist dann eben die Königin des Nibelungengaus.

Auf beiden Seiten der Gemeinde Marbach reihen sich entlang der Donau deren Ortsteile Schallmarbach, Steinbach, Hinterbrühl, Friesenegg, Granz und *Krummnußbaum an der Donauuferbahn*, eine alte Siedlung, die, wie Funde belegen, bis in die Steinzeit zurückgeht. 1073 gibt es in einer Schenkungsurkunde ein Chrumbinuzbuome, das beide Krummnußbaum, jenes südlich und das nördlich der Donau, für sich beanspruchen. Herüben verweist man auf den Weinbau, der damals bedeutend genug war, um eine Schenkung zu erwähnen. 1922 bis 1970 war Krumnußbaum (das zweite M wurde erst 1975 von Amts wegen eingefügt) eigene Gemeinde.

1911 wurde die *Wegkapelle* im Osten von Krummnußbaum erbaut, dort sind, sofern sie offen ist, eine *Nepomukstatue* und drei Glaskästen zu sehen, in denen das Leben des Heiligen mit Papiermachéfiguren in Stoffkleidung nachgestellt wird.

INFO Marktgemeinde Marbach an der Donau, 3671 Marbach a. d. Donau 28, Tel. 07413/70 45, Fax 07413/70 45-77, www.marbach-donau.at **ESSEN/TRINKEN/SCHLAFEN** Landgasthof Zur schönen Wienerin, Fam. Engel, 3671 Marbach a. d. Donau 48, Tel. 07413/70 77, Fax 07413/70 77-4, www.wienerin.co.at; Wachauerhof, Fam. Renner und Kaderavek, 3671 Marbach a. d. Donau, Tel. 07413/70 35-0, Fax 07413/70 35-33, www.wachauerhof.at; Hotel Nibelungenhof, Fam. Anton Selinger, 3671 Marbach a. d. Donau, Hauptplatz 10–11, Tel. 07413/227; Café-Konditorei, Fam. Braun, 3671 Marbach a. d. Donau 49, Tel. 07413/203, Fax 07413/203-4, www.cafe-braun.at **MARBACHER FREIZEITZENTRUM** und Sportboothafenbetriebsges.m.b.H, 3671 Marbach a. d. Donau, Tel. 0664/558 18 15, 07413/70 77 oder 70 35, www.marbach-freizeit.at **SCHIFFFAHRT** MS Marbach, Yacht Assist Yachthandelsges.m.b.H, Rundfahrten, Tagescharter, Familien- und Firmenfeste, Bedarfsfährbetrieb, 2353 Guntramsdorf, J.-Ressel-Gasse 3, Tel. 0664/911 77 60, Fax 02236/266 40, www.marbach.at **KERAMIKMALEREI** Gertraud Ruth, 3671 Marbach a. d. Donau 47, Tel. 07413/70 57 **WANDERN** Steinbachklamm (Rundwanderung von Marbach aus ca. 3 Std.), weitere Wanderungen und ausführliche Informationen auf der örtlichen Wanderkarte

STÄTTE DER WUNDER: MARIA TAFERL

Viele Wege führen vom Donautal herauf zur imposanten *Wallfahrtskirche* Maria Taferl auf dem Berg oberhalb von Marbach an der Donau. Die steilsten davon werden wie vor 400 Jahren zu Fuß zurückgelegt, betend und singend, und, wenn die Luft wegbleibt, eben schweigend, mit kurzen Rastpausen vor den Marterln, die den Aufstieg als verlässliche Wegweiser begleiten. Sogar ein Menhir an einer Weggabelung im Norden des Ortes weist dem Eingeweihten den Weg zum Gnadenort. Und damit steht man mitten drinnen in der Entstehungsgeschichte dieses Wallfahrtsortes und gleichzeitig in einer Ansammlung romantischer Spekulationen. Die *Gründungslegende* weist alle Elemente auf, mit denen sich der ungebrochene Zustrom von Menschen erklären lässt. Schon sehr früh pilgerten die Leute übers „Weingebürg" zu einem Tafelstein und verrichteten Andacht bei einer Eiche, an der ein hölzernes Kreuz und die Bilder von Maria und Johannes angebracht waren. Während des Dreißigjährigen Krieges war diese Eiche fast gänzlich verdorrt. 1633 wollte der Viehhirte Thomas Pachmann diesen Baum fällen und verletzte sich dabei schwer. Als er die frommen Bildtafeln entdeckte, bereute er sein Vorhaben und wurde geheilt. Neun Jahre später ersetzte Alexander Schinagl, Förster und Richter in Krummnußbaum, das Kreuz durch das heutige Gnadenbild. Auch ihm wurde ein Wunder zuteil, er genas von einer schweren Gemütskrankheit.

Damit Maria Taferl jedoch als Wallfahrtsort anerkannt wurde, bedurfte es etlicher Engelsprozessionen und Lichterscheinungen, die allesamt in den Jahren 1658 bis 1661 gesichtet und vor einem Beauftragten des Passauer Bischofs eidesstattlich bestätigt wurden.

Woher der Name Taferl kommt, ob von der Bildtafel oder vom Stein, dem „Tafelan", darauf will man sich nicht festlegen. Dieser Stein, so erzählen die Leute in Maria Taferl, wurde nach und nach aus der Kirche hinausgedrängt. Zuerst lag er am Platz des Hochaltars, dann wurde er beim Kircheneingang

Von wunderbarer Anziehungskraft: der Wallfahrtsort Maria Taferl

in die Wand eingemauert. Jetzt steht er neben der Kirche in einem schönen Barockgitter.

In der *Schatzkammer,* zu der Mesner Richard Wöginger Einlass gewährt, wird die Gründungslegende an der Decke in einer Bildergeschichte erzählt. Altes und ganz Neues, das unbeholfen gemalte Votivbild neben dem unnötig gewordenen Hüftgelenk aus Titan, ein Stück vom Brautkleid der Kaiserin Elisabeth als Vespermantel und die Goldhaube einer Wachauerin, hat man aus vollem Herzen gegeben.

Die Fußwallfahrten nehmen zu und mit Bussen kommen die Leute aus Wien, St. Pölten und dem süddeutschen Raum. An so manchem Sonntag im Advent werden in Taferl bis zu 200 Beichten gezählt, und man weiß dann, warum es in der Basilika so viele Beichtstühle gibt. Die Kirchenbänke sind über und über mit kleinen Brandmulden von den Wachsstöckeln übersät, als Zeichen dafür, dass seit Menschengedenken die Leute hier ihre Andacht verrichten.

Man hat in Maria Taferl rundum den Eindruck, dass Zufriedenheit herrscht. Hotels und Gasthöfe florieren – Feinschmecker kommen in der Goldenen Krone bei einem Haubenmenü auf

Andenkenstandel in Maria Taferl

ihre Kosten, das Café Maria Theresia bietet eine Auswahl an feinen Mehlspeisen, beim Kunsthandwerksmarkt Anfang September und beim Käsemarkt im Oktober steigen sich Leute gegenseitig auf die Füße, so eine Drängerei herrscht da auf dem Berg heroben. Die sehenswerten Standeln mit den Kerzen und Kaffeehäferln sind das ganze Jahr über offen, der Golfplatz zieht eine zahlungskräftige Klientel herauf aus dem Donautal, und Radfahrer testen an den steilen Straßen gern ihre Lungen- und Muskelkraft. Auch für Hilfe bei verdorbenem Magen ist gesorgt: Seit 1755 brennt die Familie Schüller Schnaps, den Maria Tafler Magenkraftbitter – damals gerade auch für die Wallfahrer, die oft tagelang unterwegs waren und manchmal verdorbene Lebensmittel gegessen hatten.

Viele der älteren Leute erinnern sich noch, wie sie als Kind am mechanischen Kripperl oder am Alpenpanorama gehangen sind und von der feinen Mechanik dieser bewegten Dioramen fasziniert waren. Beide Anlagen wurden von einem gewissen Leopold Steindl um die Jahrhundertwende gebaut und auf Kirtagen vorgeführt. Die *mechanische Krippe* ist im Haus Nr. 8 aufgebaut. Mit ihren kleinen, mechanisch bewegten Figuren erzählt sie die Geburt Christi und die Gründungslegende des Gnadenortes Maria Taferl. Der Marbacher Rudolf Brandtner hat die Anlage 2005/06 renoviert und ist nach telefonischer Anmeldung jederzeit gerne zu einer Führung bereit. Im Haus nebenan ist das *Alpenpanorama* zu besichtigen. Es ist ebenfalls bestens in Schuss gehalten: Die kleine Gebirgsbahn dampft auf und ab, der Grubenwagen taucht verlässlich immer wieder auf, und der Hirte bläst unverdrossen auf seinem Horn. Der Schlüssel dazu ist bei Frau Gertrude Feyertag erhältlich. Im Gemeindehaus schließlich befindet sich ein *Museum für altes Schulgerät.*

Was wäre Maria Taferl ohne die Aussicht, die erwiesenermaßen vom Schneeberg bis zum Toten Gebirge reicht? Der pensionierte Schuldirektor Franz Strondl hat sich die Mühe gemacht und ist zu jedem Gipfel gereist, den man von Maria Taferl aus sehen kann, er hat sich über deren Namen vergewissert und jeden einzelnen säuberlich in eine Karte eingetragen, um in diesem endlosen Panorama Übersicht zu schaffen.

Wundersames ereignet sich auch auf einem Bauernhof in der Nähe von Maria Taferl. Der Landwirt Manfred Haselböck aus Kollnitz bei Münichreith hatte Probleme mit dem Schlafen

Maria Taferl: Schulmuseum im Gemeindeamt

und mit dem Kreuz – bis ihm ein Arzt erklärte, dass Heu weit mehr kann als nur das Vieh zu nähren. Es enthält Wirkstoffe, die im Bett durch die Körperwärme freigesetzt werden. Angeblich wussten das schon die Altvordern, sie haben bei allerhand Beschwerden den Sack der Bettstatt mit Heu statt mit Stroh befüllt. Bei der Familie Haselböck wird es in eine feine Stoffhülle als Unterbett gegeben, dazu kam eine Kräutermischung und eine Schafwolleinlage, die in der Obermühle in Kautzen verfilzt wird. Und es hat geholfen. Mit der Anschaffung einer Nähmaschine für Steppdecken konnte die Produktion der *Heuunterbetten* aufgenommen werden. Vom Heu wird nur der zweite Schnitt Ende Juli, das Grummet, verwendet. Es darf kein hartes Stammerl drinnen sein. Und damit es schön flauschig und fein bleibt, muss ein wenig früher als sonst gemäht werden. Behutsam wird das Gras getrocknet, gereinigt und entstaubt, damit sich kein unliebsamer Heuschnupfen einstellt.

INFO Marktgemeinde Maria Taferl, 3672 Maria Taferl 35, Tel. 07413/70 40-0, Fax 07413/70 40-14, www.mariataferl.at **BASILIKA** Pfarramt 3672 Maria Taferl 1, Tel. 07413/278, www.basilika.at **MECHANISCHE KRIPPE** Rudolf Brandtner, Tel. 0676/730 95 13, oder Gasthof Zum Goldenen Löwen, 3672 Maria Taferl 6, Tel. 07413/340, ganzjährig gegen Voranmeldung, freie Spenden **ALPENPANORAMA** Christine Feyertag, Tel. 07413/488 **SCHULMUSEUM** im Gemeindeamt **ESSEN/TRINKEN/SCHLAFEN** Schachner – Krone & Kaiserhof, 3672 Maria Taferl 24, Tel. 07413/63 55, Fax 07413/63 55-83, www.hotel-schachner.at; Hotel Rose, Fam. Eilnberger, 3672 Maria Taferl 20, Tel. 07413/304, Fax 07413/508-45, www.hotelrose.mariataferl.at; Hotel zum guten Hirten, Fam. Schmid, 3672 Maria Taferl 23, Tel. 07413/377, Fax 07413/733-16, www.members.aon.at/guter.hirte; Gasthof Zum Goldenen Löwen, Fam. Franz Frey, 3672 Maria Taferl 6, Tel. 07413/340, Fax 07413/340-4, www.freyswirtshaus.at; Gasthaus Melkerhof, Fam. Elsner, 3672 Maria Taferl 4, Tel. 07413/226, Fax 07413/207 08 **LIKÖR- UND EDELBRANDERZEUGUNG** Fam. Schüller, 3672 Maria Taferl 5, Tel./Fax 07413/303, www.brennerei-schueller.at **HEUUNTERBETTEN** Fam. Haselböck, 3662 Münichreith bei Maria Taferl, Kollnitz 12, Tel. 07413/63 96, www.heuunterbetten.at **KÄSEHÜTTE** Karl Stix, 3672 Maria Taferl, Wimm 6, Tel. 07413/61 80, 0664/214 87 01, www.kaesehuette.at **MÄRKTE** Käsemarkt im Okt., Kunsthandwerksmarkt im Sept., Kirtag im März

KLEIN-PÖCHLARN: MEHR ALS DAS KLEINE PÖCHLARN

Bis vor wenigen Jahren waren die Stadt Pöchlarn und sein Gegenüber, die Marktgemeinde Klein-Pöchlarn, durch eine Fähre miteinander verbunden. Am 5. Mai 2002 wurde die Brücke über die Donau eröffnet und damit ein direkter Zugang zum Waldviertel von der A1 her geschaffen, mit einer tollen Möglichkeit für Radfahrer, die Donauseite zu wechseln. Am nördlichen Brückenkopf, also bei Klein-Pöchlarn, wird den Pedalrittern der Anstieg vom Donauradweg zur höher gelegenen Brücke mit einer sanft ansteigenden Rampe erleichtert.

In Klein-Pöchlarn verstand man es seit jeher, die Bodenschätze zu nutzen. Ton, Lehm und Graphit ließen eine florierende Schwarzhafnerei zu, über die um 1500 geschrieben wurde: „Da sind viele Hafner, die führen viele Häfen und Krüge nach Wien und anderen Orten." Die Tradition hat überlebt, in der *Firma Erndt Tonwarenerzeugung*, einem seit 1880 am Ort bestehenden Familienbetrieb. Man verweist mit rechtem Stolz auf die vom Kaiserhaus verliehene Auszeichnung „k. u. k. Hofliefe-

Klein-Pöchlarn: Attraktive Aufstiegshilfe für Radfahrer

rant". Die Klientel hat sich verändert, nicht aber die Qualität der handgefertigten Ofenkacheln, die durch ihren hohen Schamottanteil höchste Wärmespeicherfähigkeit garantieren.

Die Weinhänge wurden wohl, so denkt man in Klein-Pöchlarn, mit Rücksicht auf die Konsumenten stillgelegt, denn der daraus gekelterte Wein soll sogar den Knechten zu sauer gewesen sein. Auf einer ehemaligen Riede, dem Rindfleischberg, wurde ein *Naturlehrpfad* angelegt. Bei einem Spaziergang lassen sich noch alte Weinstöcke entdecken, neben einer Vielfalt an Pflanzen und Tieren. Die Idylle, wie sollte es anders sein, ist in Gefahr. Mauern zerfallen, Obstbäume werden nicht mehr gepflegt und die Wiesen nicht mehr gemäht.

2005 wurde die russisch-orthodoxe Kapelle in Klein-Pöchlarn eingeweiht

Im Ort, einst Bösen-Pechlarn, dann Mindern- oder Alten-Pechlarn, finden sich noch enge Gassen mit Schwibbögen und Fassaden von würdigem Alter. Eine moderne *Petrusstatue* von O. P. Höfinger verweist auf die Verbundenheit mit der Donau und mahnt zum Kirchenbesuch. Die *Pfarrkirche St. Othmar,* unverkennbar an ihrem hellen gemauerten Pyramidenhelm, steht auf einer Terrasse über dem Ort. Der Gesamteindruck ist nach wie vor gotisch, mit den mächtigen Säulen, den Spruchbändern und Steinmetzzeichen, einem groben Steinpfeiler mit Pflanzenornamenten als Opferstock und einer Ölberggruppe (um 1500) an der Außenwand.

Dem altehrwürdigen katholischen Gotteshaus gegenüber steht an der Donau herunten ein *russisch-orthodoxes Kircherl.* Die aus Rumänien stammende Familie Tudorica betreibt bei der ehemaligen Fähre einen Imbissstand und hat sich aus der Bukowina ein Stück Heimat liefern lassen. Die Kapelle, für die eigens in den berühmten Moldauklöstern Ikonen angefertigt wurden, wurde am 3. September 2005 von drei Popen eingeweiht.

INFO Marktgemeinde Klein-Pöchlarn, 3360 Klein-Pöchlarn, Artstettner Straße 7, Tel. 07413/83 00-10, www.kleinpoechlarn.at **KATHOLISCHE KIRCHE** Pfarramt 3660 Klein-Pöchlarn, Kirchenstraße 10, Tel. 07413/82 98 **ORTHODOXE KAPELLE** neben dem Imbissstand bei der ehemaligen Fähre, Sommer Di bis So 9–21 Uhr, Tel. 0676/724 93 23, 0676/554 92 98 **ESSEN UND TRINKEN** Gasthöfe im Ort **WANDERN** Naturlandschaft Rindfleischberg, www.rindfleisch berg.kleinpoechlarn.at

FRANZ FERDINAND UND SEIN ARTSTETTEN

Als die Leichen des Thronfolgers Erzherzog Franz Ferdinand und seiner Gattin Sophie, Herzogin von Hohenberg, über die Donau nach Artstetten übergesetzt wurden, soll ein gewaltiger Gewittersturm das Schiff beinahe zum Kentern gebracht haben. Ein Gewitter als böses Omen für eine Katastrophe, die kurz darauf Europa erfasste und deren Nachhall bis heute, über ein Jahrhundert später, nicht verklungen ist.

Schloss Artstetten, touristisches Zentrum des Nibelungengaus

Die beiden Opfer des Attentats von Sarajevo wurden in Artstetten bestattet, in dem Schloss, in dem Franz Ferdinand meh-

rere Sommer seiner Kindheit verbracht hat. Es war von ihm als letzte Ruhestätte erwählt worden, weil seiner Gattin Sophie Gräfin Chotek und ihren Kindern die Kapuzinergruft versagt blieb: Als geborene Gräfin Chotek entstammte Sophie zwar dem böhmischen Uradel, galt nach den antiquierten habsburgischen Familiengesetzen aber nicht als ebenbürtig. Diesen „Mangel an Herkunft" konnte auch die Verleihung der Titel Fürstin und ab 1909 Herzogin von Hohenberg nicht beseitigen. Franz Ferdinand hatte die Eheschließung gegen den hartnäckigen Widerstand des Kaisers und der gesamten habsburgischen Familie durchgesetzt.

„Für Herz und Krone" heißt deswegen die Ausstellung, in der Erzherzog Franz Ferdinand als vielseitige Persönlichkeit vorgestellt wird, als politischer Denker, Reformer, Sammler, Weltreisender und als Familienmensch. In Sonderausstellungen wird jeweils ein Thema herausgehoben und eingehend dargestellt. Die jetzige Schlossherrin Anita Hohenberg gestattet Einblicke in die private Welt ihrer Vorfahren, die bis zur Besichtigung der Familiengruft reichen. Wegen dieser Offenheit wurde Artstetten zu einem touristischen Zentrum des Nibelungengaus. Um es zu erreichen, verlässt man in Klein-Pöchlarn die Donauuferstraße Richtung Norden und kann Schloss Artstetten mit seinen markanten zwiebelbekrönten Ecktürmen nicht mehr verfehlen.

Die *Schlosskapelle* ist gleichzeitig die Pfarrkirche der Gemeinde und stellt die Verbindung zum bürgerlichen Artstetten dar. Über eine Treppe gelangt man hinab in den Ort, der einige sehenswerte Kleindenkmäler bietet: im Nordosten das *„Pöllinger-Kreuz"* aus 1733 an der Stelle, von der aus die Wallfahrer aus dem Waldviertel zum ersten Mal Maria Taferl erblickten, in der Pöchlarner Straße eine *Kapelle der Schmerzhaften Muttergottes* mit einer überlebensgroßen Marienstatue und an der Straße nach Unterthalheim eine *Dreifaltigkeitssäule,* aufgestellt 1914 und versehen mit dem Wappen Erzherzog Franz Ferdinands.

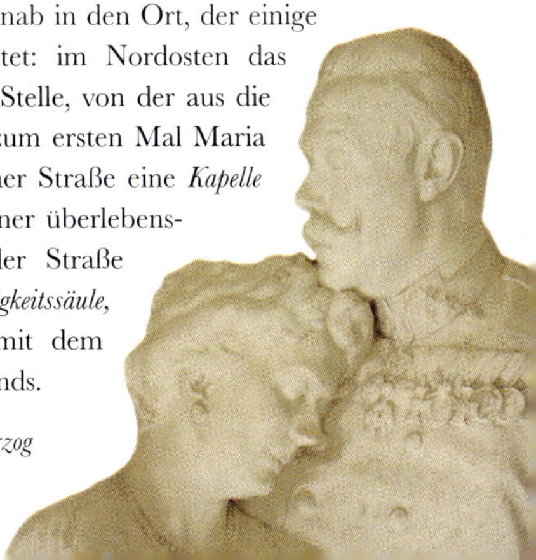

Schloss Artstetten: Badezimmer von Erzherzog Karl Ludwig (links)
Sophie Chotek und Franz Ferdinand

„Kaiserliches" kann man in der *Hofkäserei Hirsch* in Lohsdorf bei Artstetten mitnehmen: Hofbesitzer Josef Hirsch hat sich dem biologischen Landbau verschrieben und erzeugt aus absolut silofreier Milch auf faszinierend einfache Weise wunderbaren Käse der Marke „Habsburger". Die 13 Kühe werden per Namen von der Weide heim in den Stall gerufen. Während Lilli, Miatzl und Co hofwärts trotten, tummeln sich hinter ihnen grauschwarze Schweindln auf der feuchten Wiese. Die rüsselnde Bande muss sich einen Rüffel vom Bauern gefallen lassen. Ihre Aufgabe wäre es, den Boden in der Christbaumkultur aufzuwühlen. Irgendwann steht die letzte Kuh im Stall. Zeit zum Melken. „Die melkwarme Milch kommt in den Käsekessel", erklärt der Käsemacher. „Das Lab kommt dazu. Nach ein, zwei Stunden wird geschnitten und die Molke abgeschöpft", die wiederum an die Kühe und Schweine verfüttert oder selbst getrunken wird. Der Bruch wird in Formen geschüttet und gepresst. Im Salzbad festigt er sich und wird mit einer feinen Rotweincuvée geschmiert, bis er die richtige Rinde angesetzt hat. Und ab geht's mit den Käselaiben in den Bioladen nach Wien.

Rüsselbande auf der Weide am Biohof

Es wäre zu schön, hätte diese Idylle nicht einen Haken: Die EU hat gewaltige Auflagen gebracht. Mit wenigen Geräten und ausschließlicher Handarbeit lassen sich die Schwierigkeiten gerade noch umschiffen.

SCHLOSS ARTSTETTEN 3661 Artstetten, Tel. 07413/80 06, Fax 07413/80 06-15, www.schloss-artstetten.at, 1. April bis 1. November tägl. 9–17.30 Uhr **HOFKÄSEREI** Fam. Josef Hirsch, 3661 Artstetten, Lohsdorf 5, Tel. 07413/87 24, E-Mail: biohirsch@aon.at

AUF DER ALTEN POST NACH LUBEREGG, WEITENEGG, EBERSDORF UND LEIBEN

Bei der Pfarrkirche von *Ebersdorf* erscheint es geradezu logisch, dass dieser Platz, genannt Lehen, früh befestigt war. Man steht an einer senkrechten Wand über der Donau und überblickt den gesamten Nibelungengau. Anfang des 12. Jahrhunderts gab es schon Gut und Burg Ebersberg, die 1310 verödete. 1471 wurde neuerlich eine Festungsanlage um die Kirche gebaut, die 1785 wiederum das Material für den Umbau der Kirche lieferte. Heute steht der Gasthof Donaublick auf den Grundmauern dieser Feste. In dessen Glasveranda sitzt man über dem Abhang, genießt unbeschränkte Aussicht und hört von den Wirtsleuten von Schatzfunden, die im alten Gemäuer getätigt wurden.

Die Pfarre von Ebersdorf hatte einen edlen Gönner, Joseph Freiherr von Fürnberg. Nur das Beste war gut genug. Für ein Vermögen von sechzig Gulden schuf der Kremser Schmidt (siehe S. 331 f.) für die Kirche das Altarbild, das die Enthauptung des hl. Blasius, des Kirchenpatrons, zeigt. Um weitere 36 Gulden wurde ein schwerer Goldrahmen angeschafft. Der Pfarrhof erhielt ein

Pfarrkirche Ebersdorf: Kanzel mit Wappen von J. Fürnberg

imposantes Dach, einen sogenannten Napoleonhut. Zum ewigen Gedenken an seine Großzügigkeit, die zu diesem Zeitpunkt bereits aus einer beachtlichen Schuldensumme finanziert wurde, ließ Fürnberg an der Rokokokanzel sein Wappen anbringen.

Joseph Edler von Fürnberg war ein Geschäftsmann voller Visionen. 1774 hatte er das Privileg erwirkt, im Weinsberger Wald eine Holzschwemme errichten zu dürfen. Was im Winter geschlagen wurde, konnte bei genügend Wasser im Frühjahr zur Donau getriftet werden, dort wurde es auf Kähne verladen und nach Wien verschifft. Der Wassermangel wurde durch den für die damalige Zeit ungemein fortschrittlichen Bau eines Tunnels und die Anlage von Schwemmteichen zwischen Ysper- und Weitental behoben. Mit Fürnberg erlebte das Waldviertel um Gutenbrunn-Bärnkopf einen frühen wirtschaftlichen Aufschwung. Holzarbeiter und Glasmacher siedelten sich an, und erstmals wurde diese Gegend verkehrstechnisch erschlossen. 1791 wurde Fürnberg das Privileg erteilt, von Melk über die Donau nach Luberegg und von dort über Pöggstall nach Gutenbrunn eine Poststraße einzurichten. An der Donau hatte Schiffspersonal bereitzustehen, in den Stationen waren geprüfte und vereidigte Expeditoren angestellt, und einmal pro Woche hatte ein Wagen in beiden Richtungen zu verkehren.

Der berühmteste Fahrgast war wohl Ludwig van Beethoven, der mit einem Fürnberg'schen Wagen ins Waldviertel reiste.

Lange konnte sich Fürnberg seiner Einrichtungen nicht erfreuen. Im Jahr 1795 ging das Unternehmen in Konkurs, und noch im Oktober dieses Jahres wurde es über einen Mittelsmann vom k. k. Familienfonds gekauft.

Die Brücken der ehemaligen Poststraße waren solide gebaut, sie stehen bis heute. Eine davon, die sogenannte Römerbrücke an der Straße von Weitenegg nach Pöggstall, trug vor wenigen Jahrzehnten noch den gesamten Schwerverkehr in das und aus dem Waldviertel.

Das bürgerliche Ebersdorf ist Teil der *Marktgemeinde Leiben*, in geistlichen Belangen allerdings ist Leiben Teil der Pfarre

Hoch über dem Weitental: Schloss Leiben

Ebersdorf. Auf dem Verbindungsweg zwischen beiden Ortschaften stößt man auf einen der beklemmendsten Plätze dieser Gegend: Bei einem weithin sichtbaren Wetterkreuz zweigt man zum Waldrand hin ab. Am Rande eines Abbruches fällt der Blick auf das *Galgenkreuz*, ein sonderbares, unverputztes Türmchen oberhalb der Ruine Weitenegg. An dieser Stelle sollen zum Tode Verurteilte ihr letztes Gebet gesprochen haben, bevor sie gehenkt wurden. Am 29.12.1362 wurde, so ist es überliefert, Otto Grimsinger an dieser Stelle auf dem Scheiterhaufen verbrannt. Er hatte das Melker Kreuz aus dem Stift gestohlen. Der Diebstahl wird aufgeklärt und der Täter gefasst. Sein Gehilfe wird gehenkt.

Die Weiterfahrt nach diesem Abstecher in die Justizgeschichte führt entlang von sanften Abhängen mit weiten Feldern und Wiesen. In einer Mulde taucht der Markt *Leiben* auf. Abseits der Ortschaft, auf einer Anhöhe, steht die *Kirche zur hl. Corona,* inmitten des Friedhofs. Auch im Kircheninneren wurden Bestattungen vorgenommen, worauf bemalte Holzepitaphe, eine Gruft, Grabdenkmäler und düstere Totenschilde hinweisen. Den Schlüssel gibt es im Nebenhaus. Auffallend sind neben dem Portal wilde Ritzereien. Hellebarden, Messer und

Beile sind erkennbar. Deutlich zu lesen ist das Bekenntnis eines Protestanten namens Bartholomäus Nebart: „Gottes Wort undt di Lutherisch Lehr vergehet niergendts nimer Mehr."

Über dem Weitental thront wuchtig auf dem Felsen *Schloss Leiben*. Ende des 18. Jahrhunderts stand es im Besitz des Freiherren von Fürnberg. Mit seinen anderen Besitzungen wechselte es in den k. k. Familienfonds, wurde 1919 dem Invalidenfonds zur Verwaltung übergeben, war nach dem Zweiten Weltkrieg im Besitz der Bundesforste und wurde 1989 von der Gemeinde Leiben angekauft und vorbildlich restauriert. Der Lohn für die Mühe war die Auszeichnung zum Europaschloss.

Bekannt ist die bemalte Kassettendecke aus dem 17. Jahrhundert. Ganz im Sinne des lebenslustigen Ovid, der in seinen Dichtungen sogar den freizügigen Römern fallweise zu frivol war, wird in 25 Szenen der Götterhimmel in menschlichster Form auf die Erde geholt – passend zum Fest der Sinne, das jeweils im September im Schloss stattfindet, um die Menschen wieder das Genießen zu lehren.

Das im Schloss untergebrachte *Landtechnik-Museum – Traktor- und Veteranen-Museum* zeigt Oldtimer, die jederzeit auch gestartet

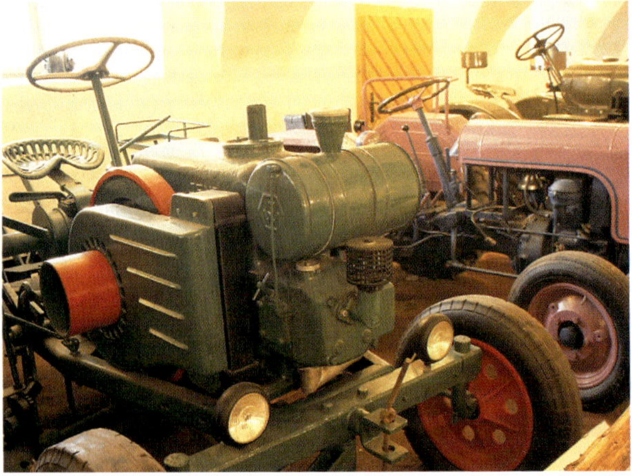

Traktorveteranen im Museum auf Schloss Leiben

werden können – sogar der einem Traktor noch recht unähnliche Lanz Bulldog aus dem Jahr 1921 ist zu sehen. Unter dem Motto „Vom Faustkeil zum Motorpflug" wird mit besonderem Blick auf Schulklassen sehr kurzweilig die Entwicklung der Landtechnik vorgeführt. Nachbildungen einer Mühle, eines „Fowler'schen Dampfpfluges" und eines Getreidemähers wecken den Spieltrieb der großen und kleinen Besucher, weil die Modelle nicht nur zum Anschauen da sind, sondern auch in Betrieb genommen werden dürfen.

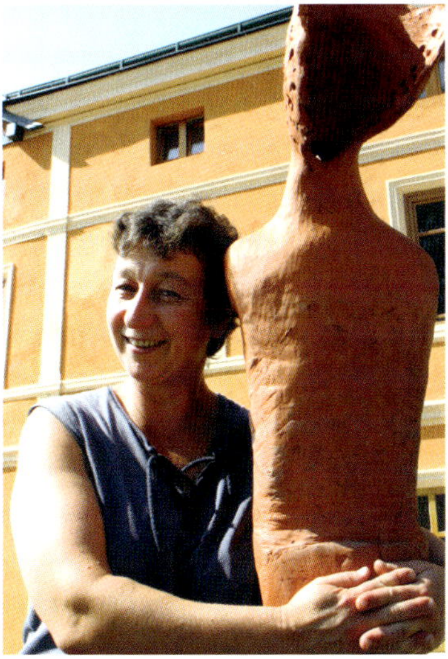
Weitenegg: Keramikerin Lisbeth Spechtna

Die Gegend ist ein gutes Pflaster für Kunsthandwerker. So haben auf der anderen Seite der Weitentalstraße, in der *Hofmühle*, Stephan Biro, Metallrestaurator, und Rosi Einfalt, Malerin, ihre Werkstatt bzw. ihr Atelier. In einem der alten Häuser zu Füßen der Burg Weitenegg hat die Keramikerin Lisbeth Spechtna ihr Atelier eingerichtet. Für die vorbeiradelnde Kundschaft hält sie künstlerische Keramik bereit, fertigt auf Wunsch Kachelöfen und gibt ihr Wissen und Können in Kursen weiter. Ein weiterer Kunsthandwerker von Weitenegg ist der Drechsler Friedrich Oprießnig. Den gelernten Tischler hat das Holz nicht mehr losgelassen, am liebsten dreht er Schüsseln aus dem Holz einer abgestickten Erle, „wegen der schönen gelben Einschlüsse", und bietet diese am Weihnachtsmarkt im Schloss Leiben zum Verkauf an.

Durch das Weitental hinaus, vorbei an der Fürnbergischen Bogenbrücke und einer mutig bunt bemalten Statue des hl. Johannes Nepomuk, gelangt man knapp vor der Kreuzung mit der Donauuferstraße zum Betriebsgelände der *Firma Habich GmbH.* 1846 wurde diese Firma von Hermann Martin Habich als „Chemische Farbenfabrik H.M. Habich AG“ gegründet, sie befindet sich nach wie vor in Familienbesitz, ebenso wie die *Ruine Weitenegg,* die sich mächtig auf dem Höhenrücken über den Häusern der kleinen gleichnamigen Ortschaft ausbreitet. Sie ist nicht zugänglich, aber ein Fotomotiv ersten Ranges. Der Überlieferung nach soll Rüdiger von Bechelaren die Veste Weitenegg am Beginn des 9. Jahrhunderts erbaut haben. Nachweisbare Besitzer gibt es erst ab dem 11. Jahrhundert. Mitte des 18. Jahrhunderts setzte der Verfall ein, die imposanten Reste wurden um 1900 und in jüngster Zeit immer wieder gesichert.

Haus Nr. 10, heute Gasthof Gruber, wird schon 1751 als „gewesene Hoftaverne“ angeführt. Bei Haus Nr. 16 steht die kleine *Elisabeth-Kapelle.* Der Bundeskanzler, spätere Außenminister und einer der Wegbereiter des Ständestaats, Prälat Ignaz Seipel, ließ sie im Geburtshaus seiner Mutter Karoline Zehetner errichten, aus Dankbarkeit dafür, dass er das Attentat am 1. Juni 1924 überlebt hat. Geweiht wurde das Kircherl 1927 und mitsamt dem Haus den Schwestern der Caritas Socialis für einen Kindergarten geschenkt.

Ruine Weitenegg in der Dämmerung

Am Haus Nr. 13 fällt eine besonders schöne Sonnenuhr auf, als Einladung zu einem Abstecher ins *„Tal der Sonnenuhren"*. Schlossermeister Johann Jindra aus Weiten, der seit Jahren astronomisch exakte Sonnenuhren herstellt, hatte die Idee einer Rundreise durch das Weiten- und das Yspertal zu den kunstvollsten Exemplaren, mit denen an Schloss- und Kirchenmauern und an den Fassaden alter Bürgerhäuser seit Jahrhunderten die Zeit gemessen wird.

Mit dem Kraftwerk Melk hat Weitenegg ein *Erholungsgebiet* gewonnen. Die Anlage wurde in Trockenbauweise neben der Donau aufgestellt und der Strom zum Wehr hin umgeleitet. Der Altarm bietet sich seitdem als ruhiges Badewasser und als Freizeitanlage an, die von jedermann frei benützt werden kann – an heißen Sommertagen für heißgestrampelte Radfahrer eine höchst erfreuliche Einrichtung.

Sommerliche Blütenpracht in Urfahr

Nur wenige Kilometer westlich liegt an der Donau die Siedlung *Urfahr.* Der Name bezeichnet nichts anderes als die Stelle einer Überfuhr. „Ferge, hol über!", mag hier einstens herübergerufen worden sein. 1506 wurde das Haus Nr. 8, ein unverputzter Turm mit steinernen Fenstergewänden, bereits als Stock bezeichnet. Die Quader der Ortsteine stammen aus dem frühen 15. Jahrhundert.

Ähnlich alt ist *Haus Nr. 4*, das von der Straße her mit einem pittoresken blumengeschmückten Flacherker und einem Pyramidenkamin zum Hinschauen lockt. Wenn Hausherr Erich

Fichtinger zugegen ist, zeigt er gern den Felsenkeller gegenüber her und sperrt die Tür zur ehemaligen Schwarzen Kuchl auf, wo noch auf offenem Feuer gekocht worden ist. Hinter den Regalen mit den Marmeladegläsern spürt man noch den Ruß, riecht man noch den kalten Rauch.

Zum Gemeindegebiet Leiben gehört auch das *Schlösschen Luberegg* im Osten von Weitenegg. An dieser Stelle wurde das aus dem Waldviertel herausgeschwemmte Holz auf Zillen für den Transport auf der Donau verladen. Auf den beiden Türmen, die das Schloss flankieren, wurde Feuer gemacht, damit die Leute nachts arbeiten konnten. Der Weitenbach führte nur für wenige Wochen genug Wasser zum Triften, also waren Eile und Schichtbetrieb angesagt.

Schloss Luberegg

Joseph Edler von Fürnberg ließ das Schloss mit den Nebengebäuden 1780 errichten, als repräsentativen Ausgangspunkt seiner Poststraße; ein architektonischer Zwilling, das Schloss Gutenbrunn, steht am Ende dieser Straße im Waldviertel. Bemerkenswert sind die *Genreszenen* im Kaisersaal des Schlosses Luberegg, in denen der Maler G. G. Ablasser das Land- und Soldatenleben romantisch verklärt hat. Bis vor wenigen Jahren beherbergten diese Räume ein Museum, das Kaiser Franz und seiner Zeit gewidmet war. Im Hochwasser 2002 haben diese frühklassizistischen Bauten stark gelitten. Das Museum wurde geschlossen. Mittlerweile hat das Schloss einmal mehr den Besitzer gewechselt und soll zu einem Hotel umgebaut werden.

Die Dachlandschaft von Schloss Luberegg mit ihren charakteristischen Holzschindeldächern ist von der Straße, die unmittelbar dahinter steil hinaufführt, am besten zu überblicken. Es ist nicht weit zum nächsten Ziel, nach *St. Georgen,* ein unscheinbares Gassendorf an der Grenze vom Nibelungengau zur Wachau. Um 1190 soll es auf dieser Anhöhe ein von Leopold III. gegründetes Nonnenkloster gegeben haben, quasi in Sichtkontakt zu Stift Melk, das sich in seiner ganzen Pracht auf dem Felsen gegenüber in der Donau spiegelt.

Bis 1798 stand der Ort im Besitz von Stift Melk, das möglicherweise dem Dorfkircherl das Altarbild aus der Schule des Kremser Schmidt vermacht hat und an der Finanzierung der bemerkenswerten Ovalbilder an den Seitenaltären beteiligt war. Weiters gehören eine Statue von Maria mit dem Kind, um 1500, und ein nur wenig jüngeres Fragment der Figurengruppe „St. Georg mit dem Drachen" zur Ausstattung. Man hält was auf den Schutzpatron, der sich auch auf einer Säule vor der Kirche findet. Der achteckige Schaft stammt aus der Zeit um 1620, die Steinfigur des hl. Georg aus 1963 (von Edmund Reitter).

INFO Marktgemeinde Leiben, 3652 Leiben, Hauptstraße 34, Tel. 02752/700 42, Fax 02752/700 42-4, www.leiben.at **EUROPA-SCHLOSS LEIBEN** Ökoregio Ges.m.b.H., 3652 Leiben, Hauptstraße 34, Tel. 02752/700 43, Fax 02752/700 43-4, www.schloss-leiben.at **LANDTECHNIKMUSEUM** mit Traktor-Veteranen, 3652 Leiben, Schlossstraße 4, Tel. 02752/700 43, April bis November, So, Fei 10–17 Uhr **ESSEN/TRINKEN/SCHLAFEN** Gasthof Donaublick, Anton und Elisabeth Gruber, 3652 Leiben, Lehen-Donaublick 6, Tel. 02752/712 25, Fax 02752/723 23, www.donaublick.info; Landgasthof-Pension Traube, Fam. Hochstöger, 3652 Leiben, Hauptstraße 38, Tel. 02752/712 52, Fax 02752/712 52-4, www.gasthaus-hochstoeger.com; Gasthof Dürregger, 3652 Leiben, Ebersdorf 4, Tel. 02752/714 15, Fax 02752/714 15-15, www.duerregger.at; Gasthof Johann Gruber, 3652 Weitenegg 10, Tel. 02752/700 31, Fax 02752/700 31-99, www.tiscover.at/gasthof.gruber.weitenegg **SCHWIMMEN/BADEN** Freizeitzentrum Weitenegg, 3652 Leiben, Weitenegg, Tel. 02752/700 42 **FISCHEN** Forellenrevier Weiten, 3652 Leiben, Hauptstraße 34, Tel. 02752/700 43 **KERAMIK** Atelier Lisbeth Spechtna, 3652 Leiben, Weitenegg 6 **KIRCHEN** Pfarramt Ebersdorf, 3652 Leiben, Lehen-Donaublick 1, Tel. 02752/714 44

Wachau

WIE DIE WACHAU ZUR WACHAU WURDE

Was ist die Wachau? Die Antwort ist zumeist ein Seufzer: „Schön!“ Ruine Aggstein, Weinterrassen, Goldhauben, Marillen, die Reihe erfreulicher Assoziationen ist zufällig und ließe sich endlos fortsetzen.

Ein ernsthafter Versuch, die Wachau zu definieren, fällt dagegen erstaunlich schwer. Landläufig wird der circa 36 Kilometer lange Talabschnitt zwischen den Stiften Melk und Göttweig südlich der Donau (rechtes Ufer) bzw. zwischen der Marktgemeinde Emmersdorf und der Stadt Krems nördlich der Donau (linkes Ufer) als Wachau bezeichnet.

Wenn von der Wachau als Weltkulturerbe die Rede ist, sind die Grenzen klar gezogen, sie reichen von den Gemeinden Emmersdorf und Melk im Südwesten bis zur Altstadt von Krems und keinen Meter weiter. Südlich des Stromes wird der Wallfahrtsort Maria Langegg im Dunkelsteinerwald (Gem. Bergern) zum Weltkulturerbe gezählt, im Norden sind es die beiden Gemeinden Maria Laach am Jauerling, ebenfalls ein Wallfahrtsort, und Mühldorf im Spitzer Graben.

Das Weinbaugebiet verkürzt die Wachau im Osten. Die Grenze verläuft hier haarscharf zwischen zwei Weinrieden. Auf der Riede Rothenhof am Rand der Gemeinde Dürnstein-Loiben gedeiht noch der Wachauer. Unmittelbar daran anschließend, auf dem Pfaffenberg, reifen die Trauben der Weinbauregion Kremstal.

Die Entstehung der Wachau kann man aus zwei Perspektiven betrachten. Historisch gesehen hat sie uns die beiden ältesten Damen Österreichs beschert, die tanzende Fanny vom Galgenberg bei Krems und die dralle Venus von Willendorf. In die Geschichte eingetreten ist die Region mit den Römern. Am Südufer der Donau verlief die Grenze des Imperium Romanum mit Legionslagern und Wachtürmen. Ende des 4. Jahrhunderts

Aufgelassene Weinterrasse bei St. Johann im Mauerthale

brach die Ordnung des Römischen Reiches zusammen. Noricum wurde zum Durchzugsgebiet der europäischen Völkerwanderung. Ab dem 9. Jahrhundert wurde an beiden Donauufern von Karl dem Großen und seinen Nachfolgern auf dem fränkischen Thron ein guter Teil der Wachau deutschen Klöstern geschenkt. Sie bauten stattliche Lesehöfe und nutzten bis ins 19. Jahrhundert die fruchtbaren sonnigen Hänge für die Weinproduktion. Ihr kulturelles Erbe sind das nahezu unberührte spätmittelalterliche Ortsbild der einzelnen Siedlungen und die Weinterrassen, die das landschaftliche Erscheinungsbild der Wachau bis heute prägen.

Erdgeschichtlich gesehen wird das Alter der Donau auf etwa 11,5 Millionen Jahre geschätzt. Ihr Mündungsgebiet lag anfangs bei Krems. Warum in aller Welt aber nur hat sich der Strom die Wachau angetan, wo es doch außen herum, bei St. Pölten, um vieles bequemer gewesen wäre? Der Grund dafür waren die Alpen, die im Erdaltertum in Schüben nach Norden gegen die Böhmische Masse gedrückt wurden. Es entstanden Senken, die sich mit Wasser füllten. Die Flüsse, die in dieses Meer mündeten, schwemmten Unmengen von Schotter an und verlandeten Teile des Meeres. Der Dunkelsteinerwald wurde von Sedimenten bedeckt. In diesem weichen Untergrund suchte sich die Urdonau ihr Bett. Ihre Fließgeschwindigkeit war damals bestimmt sehr hoch, da im selben Zeitraum der Meeresspiegel des Schwarzen Meeres gesunken war und die Donau ein dementsprechend großes Gefälle aufwies. Sie grub sich in den Schotter ein bis zum harten Untergrundgestein. Zum Auspendeln war es zu spät. Die Donau musste sich ihr Bett durch den Granit des Böhmischen Massivs graben.

Alles in allem eine glückliche Fügung, die uns zwei unterschiedliche Seiten einer schönen Medaille beschert hat; das rechte südliche und das linke nördliche Donauufer.

INFO Donau-Niederösterreich Tourismus, Region Wachau-Nibelungengau, 3620 Spitz an der Donau, Schlossgasse 3, Tel. 02713/300 60-60, Fax 02713/300 60-30, E-Mail: wachau@donau.com, www.wachau.at

WELTKULTURERBE WACHAU

„Der Titel Weltkulturerbe Wachau ist ein Imperativ zur Erhaltung sowie Weiterentwicklung der Natur- und Kulturlandschaft mit ihren kulturhistorischen Elementen, ihren Naturschätzen und dem fließenden Strom als Bezugspunkten unter Bedachtnahme auf die vorhandenen kleinräumigen Strukturen sowie die landschaftsgegebenen Ressourcen." So steht's im Leitbild, das dem Weltkulturerbe Wachau zugrunde liegt, und so muss es einmal gesagt sein. Erarbeitet wurde diese Vorgabe vom Arbeitskreis Wachau. Er bündelt die Aktionen der 13 Gemeinden der Wachau und der anderen wesentlichen Institutionen dieser Region, die zusammen das *Weltkulturerbe Wachau* stellen. Die Vehikel dazu heißen LEADER, dahinter stecken innovative Aktionen für die Entwicklung des ländlichen Raumes, und LIFE, die Bezeichnung für Naturprogramme.

Steinterrassen in der Wachau

Den Aufstieg zu höchstem internationalem Ansehen verdankt die Wachau einer Reihe von kleinen Schritten; die Bemühungen um den Naturschutz gehen auf die 1970er-Jahre zurück, als der Bau eines Wasserkraftwerks verhindert werden konnte. Bereits 1979 war die Region im Gespräch für das Europäische Naturschutzdiplom, das ihr 1995 zuerkannt wurde. Im Jahr 2000 wurde die Wachau schließlich zum Unesco-Weltkulturerbe erklärt. Die Gründe dafür braucht man nicht einzeln aufzählen, sie sind nicht zu übersehen: in den geschlossenen historischen Ortsbildern, in der mit Weitblick betriebenen Verkehrspolitik und in der nahezu ungestörten Kulturlandschaft.

INFO Arbeitskreis Wachau, 3620 Spitz an der Donau, Schlossgasse 3, Tel. 02712/300 00, www.arbeitskreis-wachau.at

DAS RECHTE DONAUUFER VON MELK BIS GÖTTWEIG

Melk, die Stadt unterm Stift – Stift Melk – Die Schallaburg, ein Bilderbuch in Terrakotta – Der Schnitzaltar von Mauer bei Melk – Schloss und Kloster Schönbühel – Himmel und Erde in Aggsbach Dorf – Jakobsweg – Die hilfsbereite Madonna von Maria Langegg – Raubritterruine Aggstein – Die Wachauer Marille – St. Johann im Mauerthale – Salzburg und die Arnsdörfer – Der Berg Calvari von St. Lorenz – Rossatz: Jankerlclub, Huchenwein und Trödelladen – Gewässervernetzung statt Kraftwerk – Das Friedensdenkmal von Bergern – Die römischen Grundfesten von Mautern – Im Rhythmus der Natur: Der Nikolaihof in Mautern – Gottesburg Stift Göttweig – Furth und Palt oder Vinum Circa Montem – Der Evangelimann in Paudorf

Ein besonderer Freundesdienst ist es, dem Wachaureisenden das rechte, also südliche Ufer des Stroms ans Herz zu legen. Und genauso sind auch die folgenden Empfehlungen zu verstehen, als ganz besondere Reisetipps, denn Kleinode wie die Kirche von St. Lorenz oder die Hammerschmiede von Aggsbach Dorf findet man nicht oft.

Wenn es die Leute auf dem rechten Donauufer auch nicht zeigen wollen, ein gutes Maß an Eifersucht gegenüber „denen da drüben" ist in jedem Gespräch spürbar. Man hätte weniger Gäste als „die drüben", könnte deswegen auch nicht so viel verlangen wie „die drüben", hätte aber den gleichen Aufwand. Umgekehrt wird von „denen drüben denen herüben" bescheinigt, dass es auch am südlichen Wachauufer sehr schön sei, denn „man kann von dort zu uns herüberschauen". Eine Feststellung, die nicht unrichtig ist; dennoch gibt es aber von Melk bis Mautern auch auf dem rechten Donauufer selbst genug zu erleben.

Ganzseitiges Bild für Wachaubuch Ganzseitiges Bild für

MELK, DIE STADT UNTERM STIFT

Es zahlt sich aus, die *Stadt Melk* zu besuchen. Freilich, beim ersten Hinschauen nehmen sich die Häuserreihen am Fuß des mächtigen Stiftes bescheiden aus. Bei einem Spaziergang durch die Stadt lassen sich jedoch spannende Entdeckungen machen.

Im *Tourismusbüro* in der Babenbergerstraße 1 wird man mit den nötigen Unterlagen ausgerüstet. Wem kurze Hinweise zu den einzelnen Zielen genügen, der ist mit dem wunderbar übersichtlichen Stadtplan ausreichend versorgt. Wer in die Tiefen der immerhin weit über tausendjährigen Geschichte eindringen möchte, dem wird der Stadtführer empfohlen.

Stadt Melk: das Haus auf dem Stein

Auf dem *Rathausplatz*, im Gastgarten des „Kafe Fürst" beim Kolomanbrunnen klinkt man sich ein in das beschauliche Leben dieser Stadt. Nur einmal im Jahr, am Namenstag des Stadtheiligen, ist am Rathausplatz nichts von eleganter Geruhsamkeit zu spüren: beim Kolomanikirtag am 13. Oktober geht's hoch her. In manchen Jahren sollen für die Fußgänger schon Einbahnregelungen notwendig gewesen sein, so groß war der Andrang.

Erstaunlich ist die Selbstverständlichkeit, mit der in Melk zeitgemäße Betriebsamkeit und die Würde historischer Bausubstanz miteinander verbunden werden. Die Geschäftslokale, egal ob es die Apotheke ist, eine Fleischhauerei oder der Elektrohändler, sind geschickt in die alten Gewölbe eingefügt. Aus dem Rathauskeller mit seinem breiten Torbogen wurde der Gasthof zum Schwarzen Wirt, was wörtlich gemeint ist. Eugene Addo aus Ghana und seine Frau Gina bereiten für ihre Gäste Gerichte aus ihrer Heimat zu. Nkakra ist eine klare Suppe mit Fisch und einer Chilischote, Mafe & Omotuo ist Huhn in Erdnusssauce und püriertem Reis und Kelawele sind Chips aus Kochbananen. Die Melker sind begeistert von diesen kulinarischen Ausflügen nach Zentralafrika.

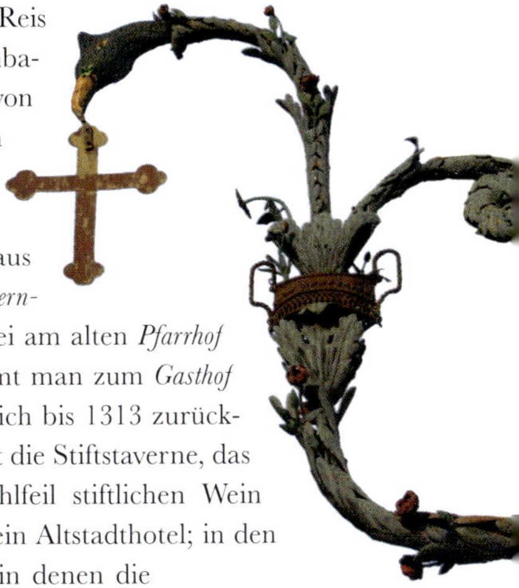

Stadt Melk: *Hauszeichen in der Linzer Straße*

Beim *Brotladen,* einem auffälligen romantischen Häuschen aus dem 17. Jahrhundert, führt die *Sterngasse* vom Rathausplatz weg, vorbei am alten *Pfarrhof* mit seinem Freskenschmuck kommt man zum *Gasthof Goldener Stern,* dessen Geschichte sich bis 1313 zurückverfolgen lässt. Das Haus war einst die Stiftstaverne, das „Grübl", wo Melker Bürger wohlfeil stiftlichen Wein zechten. Seit 2002 beherbergt es ein Altstadthotel; in den Zimmern stehen Himmelbetten, in denen die Gäste besonders reizvolle Nächte verbringen sollen.

Vom Ende der Sterngasse führt ein schmaler Steig zum ältesten Haus der Stadt, dem *Haus am Stein,* ein privates Wohnhaus aus dem 15. Jahrhundert, mit einem ausladenden Weinstock als Relikt der einst blühenden Weinbauregion.

Zwischen der Stadt und einem Nebenarm der Donau verläuft die *Nibelungenlände.* Auf einer Gedenktafel an einem gotischen Althaus in der Kremser Straße 8 ist jene Strophe aus dem Nibelungenlied zu lesen, in der überschwänglich die Gastfreundschaft der Stadt gepriesen wird.

Vis-à-vis verbindet die Hubbrücke die Stadt mit der *Donauarena,* dem Schauplatz der Sommerspiele Melk (seit 1961). Die Sommerspiele sind bekannt für ihre ungewöhnlichen Regieeinfälle, so etwa im Jahr 2005 bei der szenischen Aufführung von Dantes „Göttlicher Komödie“, bei der das Publikum Teil der Inszenierung war, durch die Au wanderte und schließlich auf der Donau fuhr.

Zurück an der Nibelungenlände steht nach dem Salzhof das Salz- oder Fischertor als letzter Torbau der ehemaligen Befestigungsanlage. Daneben am Schiffmeisterhaus sind beeindruckende Hochwassermarken angebracht, an denen die Überschwemmungen bis 1210 zurückverfolgt werden können. Das *Haus auf dem Stein* (nicht zu verwechseln mit dem Haus am Stein zuvor) war früher ein Turm, der auf das 15. Jahrhundert zurückgeht. Der Melker Künstler Walter Prinzl (1891–1937) hatte in diesem „Lug in das Land“ sein Atelier eingerichtet.

Auf einem schmalen Felsensteig kehrt man zurück in die Stadt, in die Linzer Straße. Bürgerliche Gediegenheit zeichnet die Häuser aus, manche davon sind ehemalige Gasthöfe, deren Hauszeichen erhalten geblieben sind. Beherrscht wird das Ensemble von der *Alten Post.* Von hier bis Wien war es eine Tagesreise mit dem Postwagen, damit war Melk die letzte große Station vor der Reichshauptstadt. 1792 ließ Joseph Edler von Fürnberg (mehr zur dieser bemerkenswerten Per-

Stadt Melk: Rathausplatz

sönlichkeit S. 161 f.) diesen Prachtbau als Poststation errichten. Im Inneren befinden sich heute der Festsaal der Stadt Melk und das *Stadtmuseum* mit dem Schwerpunkt Ur- und Frühgeschichte.

Von der Terrasse des Eissalons im noblen Hotel-Restaurant Zur Post nebenan kann man den wunderbaren Blick auf das Stift genießen.

Fortgesetzt wird die Stadtrunde mit dem Besuch der *Pfarrkirche*. Sein nüchternes neugotisches Äußeres erhielt das Gotteshaus nach einem Brand 1847. An der nördlichen Außenseite findet sich ein Ölbergrelief, das als der schönste spätgotische Kalvarienberg in Niederösterreich gilt und vermutlich von einem Meister der Donauschule aus der Zeit um 1520 stammt.

Schließlich geht es mit einem Blick auf den einzigen ursprünglich erhaltenen Stadtturm und einem Umweg durch die *Kirchengasse* mit gewölbtem Durchgang und Erkern hinauf zur Hauptstraße.

Anton Bruckner muss die Stadt ebenfalls gemocht haben, denn in den Jahren 1875/76 war er mehrmals zu Gast im Haus Hauptstraße Nr. 12. Nur wenige Schritte weiter gibt es in der Konditorei Mistlbacher die süße Wachau in Form von Schokokugeln, Marillenknödeln, als Melker Taler oder als Babenberger Praline. Im Schanigarten der Konditorei entspannt man sich passenderweise bei einer Tasse Kolomanitee. An schwarzen Humor mag derjenige denken, der weiß, dass die Holunderbeere wesentlicher Bestandteil des Melker Kolomanitees ist und der irische Königssohn Koloman (s. S. 183) auf seiner Pilgerreise ins Heilige Land in der Nähe von Stockerau an einem Hollerstrauch aufgehängt wurde.

Will man ausgiebiger speisen, so empfiehlt sich das Hotel Stadt Melk; Thomas Wallner wurde 2005 in die Riege der kreativsten Jungköche Österreichs aufgenommen.

Neben all diesen freundlichen Sehenswürdigkeiten gibt es in der Stadt einen Platz, der zu tiefer Betroffenheit mahnt. Am

Schießstattweg auf dem Gelände der Kaserne war vom April 1944 bis April 1945 eine Außenstelle des KZ Mauthausen untergebracht. Von den 15.000 Häftlingen wurde nahezu ein Drittel getötet, ihre Leichen wurden an Ort und Stelle verbrannt. Das Krematorium blieb stehen und wurde 1963 auf Initiative ehemaliger Häftlinge als *Gedenkstätte* eingerichtet. An diese unselige Zeit erinnert auch der sowjetische Heldenfriedhof, der sogenannte *Russenfriedhof*, der 1946 nach den Plänen eines Melker Baumeisters errichtet wurde. Nicht weit vom Obelisken mit dem roten Sowjetstern, an der Abzweigung der Spielberger Straße von der Wiener Straße, erhebt sich das Spielberger Kreuz, eine imposante, über vier Meter hohe Tabernakelsäule aus grauem Sandstein, die Spende eines Abtes von Stift Melk.

INFO Tourismusbüro Melk, 3390 Melk, Babenbergerstraße 1, Tel. 02752/523 07-410, Fax 02752/523 07-490, www.melk.gv.at, www.tiscover.at/melk **ESSEN/TRINKEN/SCHLAFEN** Hotel Restaurant zur Post, Fam. Ebner, 3390 Melk, Linzer Straße 1, Tel. 02752/523 45, www.tiscover.at/post-melk; Hotel Stadt Melk/Tom's Restaurant, 3390 Melk, Hauptplatz 1, Tel. 02752/524 75, www.tiscover.at/hotel-stadt-melk; Hotel Wachau, 3390 Melk, Am Wachberg 3, Tel. 02752/525 31, www.hotel-wachau.at, Gasthof Goldener Stern, Fam. Schmidt, 3390 Melk, Sterngasse 17, Tel. 02752/522 14, E-Mail: goldenerstern.melk@aon.at, www.sternmelk.at; Gasthof zum Schwarzen Wirt, 3390 Melk, Rathausplatz 13, Tel. 02752/522 57, www.schwarzerwirt.at; Hotel-Restaurant Wachauerhof, 3390 Melk, Wiener Straße 30, Tel. 02752/522 35, www.tiscover.at/wachauerhof-teufner; Heurigenrestaurant Brauhof, Melker Stadtheuriger, 3390 Melk, Linzer Straße 25, Tel. 02752/522 96, 0676/345 22 96, E-Mail: service@brauhof-melk.at; Café-Restaurant zum Fürsten (Kafe Fürst), Fam. Madar, 3390 Melk, Rathausplatz 3, Tel. 02752/523 43, www.tiscover.at/cafe-madar; Café-Konditorei Mistlbacher, 3390 Melk, Hauptstraße 1, Tel. 02752/523 50, www.mistlbacher.com **SOMMERSPIELE** Donauarena Melk GmbH, 3390 Melk, Sterngasse 23, Tel. 02752/540 60, www.sommerspiele-melk.at **FREIZEIT** Wachaubad Melk, 3390 Melk, Fürnberggasse 12, Tel. 02752/529 79 **ÖFFENTLICHES DENKMAL KZ-GEDENKSTÄTTE MELK** Do–So 10–14 Uhr, Schlüssel auf Schießstattweg 8 (Frau Blak, Tel. 02752/518 88)

STIFT MELK

Was wäre unsere Klosterlandschaft ohne Stift Melk? Jede Eigenschaft, ob prächtig, bedeutend, bekannt, kunstvoll trifft ausschließlich im Superlativ zu. Für Melk müsste sich das Wort barock steigern lassen. Die Kunstbücher sind voll mit Preisungen des Gesamtkunstwerks, das auf einen Donaufelsen am westlichen Beginn der Wachau komponiert wurde. Den Himmel hat man auf Erden nachbauen wollen, damit wir irdischen Kreaturen eine Ahnung von dem bekommen, was uns da droben erwartet.

Und wie schaut's drinnen aus, dort, wo das geistige Leben des Klosters stattfindet? Gibt es mehr als die prunkvolle Fassade?

Die Antwort geben die Mönche selbst. Die Schnittstelle, wo Gäste und Konvent einander begegnen, ist das *öffentliche Chorgebet.* Dabei sehen die einen, dass sie nicht durch eine barocke Show geführt worden sind. Die anderen haben die Möglichkeit, ihrem Publikum die ernste Absicht ihrer Lebensentscheidung zum Ordensberuf klar zu machen und vor allem zu zeigen, dass sie nicht die Herren dieser Pracht sind, sie sind lediglich deren Verwalter.

Stift und Stadt Melk

Die Patres betreuen als Seelsorger derzeit 23 Pfarrgemeinden, sie betreiben ein öffentliches Gymnasium und ein stiftliches Konvikt, einige von ihnen haben sich wissenschaftlichen Forschungen verschrieben. Dazu kommt die Leitung eines stattlichen Wirtschaftsbetriebes, der sich zu einem guten Teil aus Landwirtschaft, Forstverwaltung und Tourismus zusammensetzt. Daraus werden die notwendigen Einnahmen erzielt, mit denen unter anderem eine äußerst umfangreiche Bausubstanz und – nicht zu vergessen – die Kunstschätze, die Sammlungen und der Bibliotheksbestand erhalten werden müssen. Schließlich tragen alle Mitglieder des Konvents die Verantwortung für ihr Stift, das auf eine über 900-jährige Geschichte zurückblickt.

Seit dem frühen 11. Jahrhundert hatten die babenbergischen Markgrafen auf dem Stiftsfelsen ihren Sitz. Melk war deren bevorzugte Grablege, 1014 wurde Koloman hier begraben. Koloman, ein irischer Königsohn, wurde während seiner Pilgerreise nach Palästina als Spion verdächtigt und 1012 in Stockerau erhängt. An seinem Grab wurden wunderbare Dinge beobachtet. Der Babenberger Markgraf Heinrich I. sah in dem nunmehr als heiligmäßig geltenden Mann den Schutzpatron für sein junges Land und ließ die Gebeine des hl. Koloman nach Melk überführen.

Am 21. März 1089, am Tag des Benediktusfestes, begann dort mit der Vesper, dem abendlichen Chorgebet der Mönche, das klösterliche Leben nach der Regel des hl. Benedikt. Der 21. März ist der Todestag des Ordensgründers Benedikt von Nursia (um 480–547), der um 529 in Monte Cassino eine Mönchsgemeinschaft gründete, die mit der von ihm geschaffenen Ordensregel zur Keimzelle des Benediktinerordens wurde.

Die Babenberger verlegten ihr Machtzentrum bald nach Wien, blieben dem Stift aber immer gewogen. 1297 ging in einem gewaltigen Brand das Kloster und mit ihm auch die Bibliothek in Flammen auf, ein großer Teil der Geschichtsquellen war verloren. Der Weiterbestand des Klosters war infrage gestellt – unvorstellbar, kein Stift Melk! Mit der gnädigen Hilfe der Habsburger, vor allem Rudolfs IV. des Stifters (1358–1365), versuchte man die Schwierigkeiten zu meistern. Dazu kam ein allgemeiner sittlicher und geistiger Verfall der Klöster am Ende des Mittelalters, dem erst mit der sogenannten Melker Reform Einhalt geboten wurde. Herzog Albrecht V. hatte an das Konzil in Konstanz 1414 den Plan herangetragen, die daniederliegenden österreichischen Benediktinerklöster zu reformieren. Melk wurde zum Muster strengster Klosterdisziplin und zum Träger dieser geistigen Erneuerungsbewegung, die sich bald über den gesamten süddeutschen Raum ausbreitete.

Das 16. und 17. Jahrhundert war geprägt von den Wirren der Reformation, die beinahe zum Ende des Klosters geführt hätten, da sich auch Geistliche und sogar Äbte den neuen lutherischen Ideen zuwandten. Damit einher ging der wirtschaftliche Zusammenbruch als Folge des Dreißigjährigen Krieges und die Türkengefahr. Der Umsicht besonnener Äbte ist es zu verdanken, dass im 18. Jahrhundert der entscheidende Aufschwung einsetzen konnte.

Am 18. November 1700 wurde der erst dreißigjährige Berthold Dietmayr zum Abt gewählt. Er trat an, die religiöse, wissenschaftliche und landespolitische Bedeutung seines Stiftes zu heben – durch einen Neubau! Als Baumeister wurde Jakob Prandtauer engagiert, als Innenarchitekt Antonio Beduzzi. Johann Michael Rottmayr und Paul Troger arbeiteten als Freskenmaler. Die Rechnung des Abtes ging auf, mit einer die Zeiten überdauernden Wirkung.

Die Ausstellung im Stiftsmuseum, mit der ein Teil des Klosters für die Öffentlichkeit zugänglich wird, führt den Besucher auf beeindruckende Weise vom Gestern ins Heute. Vorbei an materiellen Schätzen wird der Besucher in die klösterliche Welt eingeführt. Nach der Begegnung mit der Kunst des Mittelalters folgt er staunend der Baugeschichte des Klosters mit ihrer Blütezeit im Barock und verliert sich schließlich in einer Art Spiegelkabinett mit einer ins Unendliche laufenden Vervielfältigung von goldglänzenden liturgischen Geräten und Statuen.

Stift Melk: Selbstbewusste Präsentation barocker Pracht

Es tut gut, sich nach dieser eindrucksvollen Schau auf der Altane wiederzufinden, einer mächtigen Aussichtsterrasse am westlichen Ende des Klostergebäudes. Über sie gelangt man in die Bibliothek mit den geistigen Schätzen des Stiftes, das über einen Bestand von allein 1800 Handschriften verfügt, von denen die frühesten aus dem 9. Jahrhundert stammen.

Zuletzt betritt man die geistliche Schatzkammer, die Stiftskirche, deren Goldglanz und künstlerische Ausstattung kaum mehr zu überbieten sein dürften. Die Kuppel in der Mitte des Raumes zieht den Blick endgültig hinauf zum Himmel mit der Hl. Dreifaltigkeit als den Zentralfiguren des katholischen Glaubens.

Diese Präsentation lockt jährlich Heerscharen von Besuchern an. Dazu kommen die Mächtigen und die Gescheiten der Welt, die sich in Stift Melk regelmäßig ein Stelldichein geben, um politische Abkommen auszuhandeln oder, wie bei den Waldzell Meetings, geistige Impulse zu setzen. Die besten Interpreten Alter Musik treffen sich jährlich zu Pfingsten zu den internationalen *Barocktagen Stift Melk.* Die Musik, so steht es als Credo über diesem Festival, soll den Geist beflügeln und das Herz rühren. Darüber hinaus wird eine Brücke geschlagen von der katholischen Festung des Klosters zum Protestanten Johann Sebastian Bach, dem bedeutendsten Barockkomponisten.

Nach so viel Pracht erholt man sich schließlich bei einem Spaziergang im *Stiftsgarten* zwischen Bäumen, von denen einige an die 250 Jahre alt sind. Im Pavillon, 1750 von Franz Munggenast erbaut, bilden die Fresken von Johann Wenzel Bergl ein exotisches Ambiente für die Kaffeejause. An einigen Stellen des Gartens konnte man der durchaus barocken Versuchung nicht widerstehen und beschallt den Spaziergänger mit klassischer bzw. sakraler Musik. Ohren und Augen werden aber sofort durch die scheppernden Eisenarbeiten von Miguel Horn abgelenkt. Fratzen, die an die grotesken Figuren an mittelalterlichen Kathedralen erinnern, Klanginstallationen und die Wächter am Eingang stehen in hartem und deswegen wohltuenden Kontrast zur barocken Idylle dieses Klostergartens.

INFO Stift Melk – Benediktinerkloster, 3390 Melk, Abt-Berthold-Dietmayr-Straße 1, Tel. 02752/555-255, www.stiftmelk.at **ESSEN UND TRINKEN** Stiftsrestaurant Melk, 3390 Melk, Abt-Berthold-Dietmayr Straße 3, Tel. 02752/525 55, www.stiftmelk.at **BAROCKTAGE STIFT MELK** Donauarena Melk GmbH, Tel. 02752/540 60, E-Mail: karten @barocktage.at, www.barocktage.at

DIE SCHALLABURG, EIN BILDERBUCH IN TERRAKOTTA

Bei derselben Autobahnabfahrt wie zum Stift Melk kann man sich durchaus zu einem Abstecher ins Umland verleiten lassen, zum Beispiel zur *Schallaburg* südlich von Melk. Sie ist offizielles niederösterreichisches Kulturzentrum für Ausstellungen unterschiedlichster Art, heißt es in der Widmung von 1971. 1974 wurde mit einer großen Renaissanceausstellung eröffnet, quasi als Programm dieses Schlosses, dessen *Renaissancehof* als der schönste seiner Art in Europa gilt.

Der erste namentlich bekannte Besitzer ist Graf Sighard von Schala Anfang des 12. Jahrhunderts. 1242 wird die Schallaburg in einer Urkunde erstmals als „Feste Schala" erwähnt. Nach einigen Besitzerwechseln übernahm Hans Wilhelm von Losenstein (1546–1601) das Schloss. Unter ihm wurde der Arkadengang errichtet, der über drei Seiten des großen Hofes auf zwei Geschoßen konsequent mit Terrakotten (1600 Einzelstücke) geschmückt ist: Gestalten aus der antiken Mythologie und aus dem Nibelungenlied, Fratzen und der damaligen Mode entsprechend gekleidete Büsten sind, so heißt es, die Protagonisten dieser launigen Komödie auf der Schaubühne dieses Schlosses.

Arkadenhof der Schallaburg: der Narr als Teil der „launigen Komödie"

Zu neuen Ehren kam in unseren Tagen der *Turnierhof*, auf dem ursprünglich in kunstvoller gärtnerischer Umgebung festliche Spiele stattfanden. Er begrüßt die Ankommenden in neuerstandener Pracht als Nutz- und Ziergarten und bildet den Rahmen für die alte Wehrmauer und die dahinter gelegene, breit aufragende mittelalterliche Festung.

SCHALLABURG 3382 Schallaburg, Tel. 02754/63 17, www.schallaburg.at, Öffnungszeiten Ende März bis Ende Oktober Montag bis Freitag 9–17 Uhr, Samstag, Sonn- und Feiertag 9–18 Uhr

ESSEN UND TRINKEN Schlossrestaurant, Tel. 02754/63 10, E-Mail: restaurant@schallaburg.com, www.schallaburg.com

DER SCHNITZALTAR VON MAUER BEI MELK

Wenige Kilometer östlich von Melk liegt im Dunkelsteinerwald die Ortschaft *Mauer.* In deren Pfarrkirche verbirgt sich eines der hervorragendsten Beispiele der Schnitzkunst der Donauschule, der spätgotische *Flügelaltar von Mauer.* Das zentrale Thema dieser Armeleutebibel ist das Leben Mariens. Die Künstler sind unbekannt, fest steht nur, dass „verschiedene Hände" daran gearbeitet haben; über die genaue Zeit seiner Herstellung bis zum Auftraggeber sind die Kunsthistoriker auf Vergleiche und Schlüsse angewiesen. Es gibt Hinweise, die für Stift Göttweig als ursprünglichen Aufstellungsort sprechen. Die Tracht der dargestellten Personen entspricht jener um das Jahr 1500. Die Motive sind teils bekannten Werken entlehnt, unter anderem den Holzschnitten von Albrecht Dürer.

Offen bleibt auch der Handlungszusammenhang, in den sich die Hauptfigur gestellt sieht. Handelt es sich um die Krönung Mariens, um ihre Auffahrt in den Himmel oder um eine verklärte Darstellung der Madonna mit Kind? Nachdem bisher noch keine Deutung schlüssig war, ist dem Dunkelsteinerwald ein Geheimnis mehr geblieben.

INFO Gemeindeamt 3382 Dunkelsteinerwald, Mauer, Tel. 02754/64 02
KIRCHE Pfarramt 3382 Mauer, Kirchengasse 5, Tel. 02754/63 43

SCHLOSS UND KLOSTER SCHÖNBÜHEL

Von diesem Ausreißer in den Dunkelsteinerwald kehrt man über schmale Straßen zur Donau zurück und kann das nächste Ziel nicht verfehlen: *Schloss Schönbühel* auf einem Donaufelsen nordöstlich von Melk.

Befestigt war dieser Platz am Fuß der Hügelkuppe „Am Hohen Stein" wohl seit jeher. Um 1100 wird ein Marchwardus de Schoenbuchele genannt, der an dieser Stelle ein Schloss erbaute. 1135 ist es als Sitz von Passauer Lehensleuten urkundlich nachgewiesen. Von 1411 bis 1819 stand das Schloss im Besitz

Schloss Schönbühel, imposanter Blickfang an der Donau

der Familie Starhemberg. 1819 kauften es die Grafen von Beroldingen, die dem Schloss durch Um- und Neubau das heutige imposante Aussehen verliehen. 1929 gelangte es in den Besitz der Familie Seilern-Aspang, der es heute als Sitz der Verwaltung ihrer Schlossgut Schönbühel-Aggstein AG dient. Das Schloss ist für Touristen nicht zugänglich.

Aus den Fluten des Stromes tauchen vor dem Schloss bei niedrigem Wasserstand zwei Felsen auf, *Kuh und Kalb,* die im Laufe der Jahrhunderte immer wieder Schiffleuten zum Verhängnis wurden, wenn sie mit ihren Fahrzeugen auf das Schloss zusteuerten, um die schuldige Maut zu erlegen. Aufgefordert wurden die Schiffer dazu per Hornton aus dem sogenannten Blashaus beim Schloss.

Entlang der Mauer des Schlossparks führt der Kirchensteig vom Ort Schönbühel (Gem. Schönbühel-Aggsbach) zum nahen Kloster Schönbühel, das auf dem Gemäuer einer mittelalterlichen Donauwarte, dem „Teufelsschloss“, errichtet wurde. Bauherr war der Besitzer der Herrschaft Schönbühel, Konrad Balthasar von Starhemberg, Spross eines militanten protestantischen Geschlechts. Er hatte 1639 die Seiten gewechselt und war zum katholischen Glauben übergetreten. Damit stand ihm im kaiserlichen Dienst der Aufstieg zum Reichsgrafen offen. Ob seiner weitläufigen Besitzungen wurde er „Herr des Tales Wachau" genannt. Er besiedelte 1666 das Kloster, das gleichzeitig Wallfahrtsort war, mit Serviten, einem aus Italien stammenden Bettelorden, der sich der Verehrung der Schmerzhaften Mutter Gottes, einer Pietà mit sieben Schwertern im Herzen, verschrieben hat. Die Serviten bewohnten bis 1980 das Kloster und betreuten die Pfarre, die seit 1786 ihren Sitz in Schönbühel hat.

Kloster Schönbühel: Flucht nach Ägypten

Die Barockzeit zeichnete sich durch eine enorme Dichte an Wallfahrtsorten aus. Wie stets bei großer Konkurrenz brauchte man Attraktionen, um spendenfreudige Pilgerströme anzuziehen; die frühbarocke Klosterkirche erhielt deswegen eine ordentliche Ausstattung, als Außenanlage einen *Kalvarienberg* und eine Kapelle auf dem Weg zum Schloss. Die Witwe Ferdinands III., Eleonora von Gonzaga, als Italienerin den Serviten zugetan, inspirierte den Stifter zum Nachbau der Bethlehemgrotte im Heiligen Land. Die Wallfahrer kamen von der Donau auf einem schmalen Steig herauf und betraten eine in den Felsen gehauene unterirdische Anlage voller verwirrender Gänge, in deren Nischen auf Altären die Ereignisse um die Geburt Christi dargestellt waren.

Die Einrichtung ist verloren gegangen. Aber auch heute noch kommen Gläubige zum Patron der Fußmaroden, dem hl. Peregrinus, und zünden zu seinen Füßen Kerzen an. Die Lebensgeschichte des Heiligen ist im Deckenfresko der Kapelle (Johann Bergl) zu sehen.

Große Künstlernamen fehlen auch in späterer Zeit nicht. Das Altarbild ist ein Werk des Kremser Schmidt, die Blätter der Seitenaltäre stammen vom Troger-Schüler Franz Xaver Strattmann und dem Maler Franz Waibl. Unbekannt ist der Meister der originellen kleinen Plastik „Flucht nach Ägypten“ aus dem Anfang des 18. Jahrhunderts, die in den Franzosenkriegen erfolgreich versteckt worden war, gemeinsam mit einer Pietà aus dem 14. Jahrhundert, die erst Ende des 20. Jahrhunderts wiederentdeckt und aufgestellt wurde.

Hinter dem Altar mit der Grabeskapelle tritt man auf die Brüstung hinaus. Großartig ist die Aussicht auf Stift Melk zur Linken und die Ruine Aggstein zur Rechten, zu Füßen die Donau mit dem Waldviertel als Hintergrund.

Von Schönbühel könnte man nun gleich zum nächsten Wallfahrtsort weiterziehen, nach Maria Langegg – so wollte es der Stifter Graf Konrad Balthasar, als er eine Via Sacra, einen heiligen Weg mit 15 Rosenkranzkapellen, markieren ließ. Fünf davon sind noch erhalten, zwei davon auf dem Weg entlang der Donau nach Aggsbach Dorf.

SCHLOSSGUT SCHÖNBÜHEL-AGGSTEIN AG Tel. 02753/82 03, www.schoenbuehel-aggstein.at **KLOSTER SCHÖNBÜHEL** Tel. 02752/87 95 (Fr. Renate Haar) **ESSEN/TRINKEN/SCHLAFEN** Gasthof Stumpfer, Restaurant, Camping, Zimmer, 3392 Schönbühel 7, Tel. 02752/85 10, www.stumpfer.com

HIMMEL UND ERDE IN AGGSBACH DORF

Gerald Knobloch macht seinen Besuchern so richtig Lust aufs Steine-, pardon, Mineraliensammeln. In Aggsbach Dorf, einem lang gezogenen Grabendorf nordöstlich der Stadt Melk, wurde von ihm das Wirtschaftsgebäude einer Hammerschmiede zum *Mineralienstadel* umgewidmet. Das Gebiet zwischen Dunkelsteinerwald und Waldviertel ist besonders reich an Mineralien, weil die Wachau genau in der Mitte zwischen den Kalkalpen im Süden und der Böhmischen Masse im Norden liegt, in der Molassezone, in der alle diese Gesteine untereinander vermischt werden. Gezählte 192 Arten von Mineralien wurden zu einem guten Teil in Steinbrüchen der Umgebung geborgen, darunter Sensationen wie der Edelserpentin oder der Pyrop, der edelste Granat. Er wurde für würdig befunden, auf der österreichischen Postkarte als Marke abgebildet zu werden.

Aggsbach Dorf: Gerald und Christian Knobloch in ihrem Steinstadel

Im Mineralienstadel gibt es Hinweise auf Fundstellen, empfohlen werden Wanderungen auf den Arzberg bei Spitz, in den Spitzergraben hinein und den Mieslingbach entlang. Die Fundstücke kann man im Stadel bewerten lassen. Dazu wird Wein gereicht. Nach und nach wird ein modernes Mineralienmuseum entstehen, als Teil einer Gesamtidee unter dem Motto „coeli et terra, Himmel und Erde".

Dem Irdischen widmet sich auch die *Hammerschmiede*, mit deren Revitalisierung der Aufbruch in Aggsbach Dorf begonnen hat. Geführt wird sie von der Tochter des letzten Schmieds, Maria Pehn. Sie beherrscht das Handwerk ihres Vaters und setzt mit geübten Handgriffen die alte Mechanik in Bewegung, mit der Blasebalg, Schleifstein und Schwanzhammer angetrieben werden.

Oberhalb der Schmiede sind die Mauern und Wachtürme der Kartause zu sehen, mit dem *Kartäusermuseum*, das die Geschichte des Ordens und des Stiftes, das 1782 ein Opfer des Josephinismus wurde, dokumentiert. Damals mussten die schweigsamen Mönche ihre Häuschen räumen und aus der seligen Waldeinsamkeit abziehen. Das Geheimrezept zur Herstellung der weltberühmten Chartreuse, eines Kräuterlikörs, haben sie mitgenommen. Was sich an Gebäuden verkaufen ließ, wurde

Kartause Aggsbach: Fresko über der ehemaligen Hofeinfahrt

veräußert, etliches wurde abgebrochen und als Baumaterial verwendet. Die Kirche blieb als solche erhalten, ist seitdem Pfarrkirche und wegen ihrer himmlischen Akustik beliebter Konzertsaal.

Im Garten der Kartause sollen die ehemaligen Häuschen der Mönche durch Bepflanzung wieder sichtbar gemacht werden – ein Meditationsgarten als Bindeglied zwischen Himmel und Erde. Um dem Himmel noch ein gutes Stück näher zu kommen, besteigt man den *Kalvarienberg* östlich der Kartause und genießt den Blick über die Klosteranlage und das Aggsbachtal.

INFO Gemeindeamt 3642 Aggsbach Dorf 48, Tel. 02753/82 69, www.aggsbach-dorf.at **ESSEN UND TRINKEN** Restaurant Donauterrasse, 3642 Aggsbach Dorf 19, Tel. 02753/82 21, www.donauterrasse.at **HAMMERSCHMIEDE** 3642 Aggsbach Dorf 3, Maria Pehn, Tel. 02753/83 37, Ostern bis Ende Oktober, Sa, So, Fei 11–17 Uhr, wochentags nach Vereinbarung **MINERALIENZENTRUM** Steinstadel, 3642 Aggsbach Dorf 119, Tel. 02753/82 69 **KARTÄUSERKIRCHE** 3642 Aggsbach Dorf 46, Tel. 02753/82 69, Besichtigung nach tel. Vereinbarung

JAKOBSWEG

In Aggsbach Dorf teilt sich die Straße. Die eine führt nach Osten, zum Wallfahrtsort Maria Langegg, die andere durch ein enges Tal mitten hinein in den Dunkelsteinerwald zur *Ruine Wolfstein.* Sie steht in Privatbesitz und ist nicht öffentlich zugänglich. 1392 ist urkundlich in der Burg eine Kapelle genannt. Sie war ein frequentierter Wallfahrtsort. Verehrt wurde der hl. Jakob als Wetterpatron. Dessen Statue aus 1515 wird heute im Stift Göttweig verwahrt.

Das Patrozinium dieser heute verfallenen Burgkapelle erhielt eine völlig neue Dimension, als Ende des 20. Jahrhunderts die alten Jakobswege wiederentdeckt wurden. Aus ganz Europa führen seit dem frühen Mittelalter Pilgerwege nach Santiago de Compostela zum Grab des hl. Jakob d. Ä. Die Hainburger Pforte ist Ausgangspunkt des österreichischen Jakobsweges. Er folgt donauaufwärts der römischen Limesstraße über Linz und Innsbruck nach Feldkirch.

Wolfstein im Dunkelsteinerwald : Rastplatz auf dem Jakobsweg

Die beiden Benediktinerstifte Göttweig und Melk sind etwa fünfzig Kilometer, also zwei leichte Tagesmärsche voneinander entfernt. Sie gehören zu den wichtigsten Stationen des österreichischen Jakobsweges. Im Rahmen des Waldzell Meetings, das 2005 im Stift Melk stattfand, wurde dieser Abschnitt neu beschildert. Der Wegverlauf ist mit der Jakobsmuschel markiert, und an einigen Plätzen sind Tafeln mit Texten des Schriftstellers Paulo Coelho aufgestellt, aus seinem Bestseller „Auf dem Jakobsweg".

Im *Weiler Wolfstein* trifft man auf einen solchen Rastplatz; hier findet sich, neben den Gedanken von Coelho, folgende Legende: Der hl. Wolfgang habe sich hier auf einem Stein niedergelassen, um seine Wegzehrung einzunehmen. Die lästigen Spatzen jedoch haben ihm das Brot vom Mund weggeschnappt. Der Heilige habe nun wütend auf dem Stein aufgestampft und die Vögel verscheucht. Der Name des Weilers rühre von dieser Begebenheit her und nicht, wie man versucht wäre anzunehmen, vom Wolf. Der Stein mit dem Fußabdruck existiert noch. Eine Frau aus dem Ort ist aber mit seiner derzeitigen Aufstellung nicht zufrieden – jetzt sei es vorbei mit seiner Kraft, meint sie und erinnert sich noch, wie gut es früher darauf sitzen war, bevor der Stein beim Bau der Straße umgelegt wurde und zerbrach.

INFO Tourismusbüro Stadt Melk, 3390 Melk, Babenbergerstraße 1, Tel. 02752/523 07-410, www.stadt-melk.at **BENEDIKTINERSTIFT GÖTTWEIG** 3511 Furth bei Göttweig, Tel. 02732/855 81-231, www.stiftgoettweig.at

DIE HILFSBEREITE MADONNA VON MARIA LANGEGG

Seit wann es die Menschen nach Maria Langegg, einen Wallfahrtsort im Dunkelsteinerwald, hinaufzieht, ist unbekannt. Die Gründungslegende „Maria, Heil der Kranken" datiert die erste Wunderheilung um 1600; dieses Ereignis gab den Anlass zum Bau der Ursprungskapelle auf dem Hügel neben der heutigen Kirche. Das *Marienbild* auf dem Hochaltar wurde sogleich von den Gläubigen angenommen. Wenig später wurde man am zutiefst katholischen Hof in Wien auf die neue Wallfahrt aufmerksam. Auf Empfehlung Kaiser Ferdinands III. wurden 1647 die Serviten nach Langegg berufen, und erste Teile des Klosters entstanden. Der große Besucherandrang erforderte bald einen großzügigen Kirchenbau, die reichlichen Spenden ließen eine prunkvolle Gestaltung zu. Die frappierend plastische Scheinarchitektur des Hochaltars wird Andreas Rudroff, einem Schüler des Kremser Schmidt, die Ölbilder der Evangelisten und Kirchenväter in der Bibliothek werden gar dem Meister selbst zugeschrieben.

Die *Schatzkammer* beherbergt unterschiedlichste Votivgaben: aus Frauenhaar gefertigte Bilder, abgeschnittene Zöpfe, mit Schleifen verziert, zum Herzen umgegossene Taler. Wer gar

nichts hatte, was er hergeben konnte, der ritzte seinen Namen in die Kirchenbank, um den Nachweis für seine Pilgerfahrt zu hinterlassen. Wegen dieser frommen, gut meinenden Deutung wurden die Unterschriften auf einer Bank auch bei der jüngsten Renovierung nicht entfernt.

Die Spendierfreudigkeit der Pilger dürfte in den letzten Jahrzehnten drastisch abgenommen haben. Die Pfarre wird von Stift Göttweig betreut, das Kloster von Mitgliedern der Gemeinschaft der Seligpreisungen bewohnt, die bereitwillig durch das Kloster führen und dabei die Intentionen ihrer Gemeinschaft vorstellen. Beiden ist die Erhaltung der Wallfahrtskirche ein Anliegen. Man bittet traditionell per Opferstock und zeitgemäß mit aufgelegten Zahlscheinen um finanzielle Unterstützung.

Ein silbernes Herz als Votivgabe

KLOSTER UND KIRCHE 3642 Maria Langegg, Führungen in der Kirche von Pater Bernhard, Tel. 02753/210, Führungen im Wallfahrtsmuseum werden von der Gemeinschaft der Seligpreisungen angeboten, Tel. 02753/393, **ESSEN UND TRINKEN** Klosterstüberl Maria Langegg, 3642 Maria Langegg 1, Tel. 02753/329, www.marialangegg-klosterstueberl.com

DIE RAUBRITTERRUINE AGGSTEIN

Vom Wallfahrtsort Maria Langegg wandert man der Markierung folgend Richtung Westen, bis sich nach knapp einer Stunde Gehzeit auf wundersame Weise der Wald öffnet. Man steht, überwältigt vom Anblick, über dem Donautal und der Ruine Aggstein.

Jedes Schulkind kennt die Burg, in der die Raubritter hausten, zuerst die Kuenringer, dann der böse Jörg Scheck vom Wald, im Volksmund der „Schreck vom Walde“ oder „Schreckenwald“ geheißen. Die Geschichtsbücher berichten, dass die Kuenringerburg trotz ihrer günstigen Lage auf einem

Felssporn 1230/31 und 1295/96 von den österreichischen Herzögen erobert und zerstört worden war. Anlass war jedoch nicht das Raubrittertum, sondern der Machtkampf des mächtigen Ministerialengeschlechts (Ministeriale: ursprünglich unfreier Dienstmann am Hof, im 14. und 15. Jahrhundert Angehöriger des niederen Adels) der Kuenringer mit den jeweiligen Landesfürsten. Die Kuenringer hatten im 12. und 13. Jahrhundert durch geschickte Heiratspolitik und die Kolonisation des mittleren Waldviertels eine große Machtfülle erlangt und Aufstände unzufriedener Ministerialen gegen die Landesfürsten angeführt.

1429 gab Herzog Albrecht V. die Burg seinem Kammermeister Georg Scheck als Lehen. Er baute das „öde Haus" unter Verwendung der alten Fundamente wieder auf. 1463 fiel er jedoch in Ungnade und verlor die Besitzungen, die in der Folge an Georg von Stain vergeben wurden. Der Grund für die Ungnade bietet Stoff für eine Schauergeschichte: Jörg Scheck entpuppte sich als Sadist. Er presste das Volk aus und beraubte die vorbeifahrenden Schiffe der Kaufleute – obwohl er seit 1438 offiziell Maut kassieren hätte dürfen. Die Gefangenen ließ er, um Lösegeld zu erpressen, über die Felsen hinaushängen oder setzte die als seine Todesrosen Verhöhnten auf einem Felsvorsprung, dem *Rosengärtlein*, aus. Sie hatten die Wahl, entweder zu verhungern oder sich in den Abgrund zu stürzen, wobei die Überlebenschance bei gemessenen 320 Meter Höhenunterschied zur Donau gering war. Die Sage

Mittelalterfest auf der Ruine Aggstein

vom Rosengärtlein wurde 1621 erstmals gedruckt und wird nach wie vor genüsslich mit allen ihren grauslichen Details weitererzählt. Der Schauplatz dieser Geschichte verfiel im Laufe der Jahrhunderte zur romantischen Ruine, die schon deswegen im 19. Jahrhundert einen regen Besucherstrom verzeichnen konnte und auf unzähligen Bildern der sogenannten „Wachaumaler" (s. S. 311 f.) zu sehen ist.

Ruine Aggstein

Das Interesse an der Ruine hielt bis in die jüngste Gegenwart unvermindert an, in den letzten Jahrzehnten aber traten mehr und mehr Sicherheitsmängel auf. „2003 war es so weit, dass wir vor der Alternative standen, zusperren oder anpassen", erinnert sich Doris Zizala, Tourismusmanagerin auf Ruine Aggstein. Im Winter 2004 wurde von der jetzigen Besitzerin, der Schlossgut Schönbühel-Aggstein AG, der Umbau in Angriff genommen, mit neuen Stiegenanlagen, der Überdachung des Rittersaales und der Weihe der Kapelle. Damit steht Hochzeiten und Ritteressen in der Burgtaverne nichts mehr im Wege.

Die Märchenerzählerin Dena Seidl

Auf Aggstein wird das Mittelalter lebendig, in den Puppen der Nibelungenausstellung der Märchenschlossstraße – sie besteht aus 18 Stationen, nach drei besuchten Märchenwelten wird man zum Baron bzw. zur Baronesse ernannt und bekommt eine Urkunde – im Untergeschoß des Rittersaales und, ganz realistisch, durch begeisterte Laiendarsteller, die beim *Mittelaltermarkt* als Ritter, Handwerker oder Feuerschlucker ihren großen Auftritt haben. Eine *Märchenerzählerin* schart in alter Tradition Kinder, aber auch Erwachsene um sich. Alle lieben ihre Geschichten von großen Königen, eitlen Prinzessinnen und frechen Kobolden.

BURGRUINE AGGSTEIN 3642 Aggstein, Schlossgut Schönbühel-Aggstein AG, Tel. 02753/82 28, www.ruineaggstein.at, 1. April bis 1. November, tägl. 9–17 Uhr **ESSEN UND TRINKEN** Burgtaverne, 3642 Ruine Aggstein, Tel. 02753/82 28-5 **MÄRCHENERZÄHLERIN** Dena Seidl, 3392 Schönbühel 8, Tel. 02752/803 46, 0676/616 91 94, www.maer.at **MÄRCHENSCHLOSSSTRASSE** Tel. 02753/82 28

DIE WACHAUER MARILLE

Unterhalb der Ruine Aggstein hat die Donau einen Streifen flachen Landes angelegt, eine sogenannte Schwemmterrasse. Viel ebenen Platz gibt es nicht, das wenige an fruchtbaren Boden wird aber optimal genützt, mit einem Wald aus Marillenbäumen. In einem der Bauernhöfe des Dorfes Aggstein begann der junge Franz Reisinger mit dem Pressen von Apfelmost, bis das väterliche Anwesen zu klein geworden war und er über die Donau nach Mitterndorf am Jauerling übersiedelt ist. Er ist führender Funktionär des Vereins zum Schutz der Wachauer Marille, die seit 1995 unter der Ägide der EU steht. Die Ursprungsbezeichnung ist geschützt: Ganz bestimmte alte Marillensorten müssen in einem bestimmten Gebiet, eben hier in der Wachau, wachsen. Als die für die Region ideale Sorte hat sich die Klosterneuburger Marille, eng verwandt mit der Kremser Marille, der Großen Marille oder Rosenmarille, herausgestellt – sie schmeckt am besten, friert nicht so leicht ab und trägt am besten.

Blühender Marillenbaumzweig

Der Unterschied zu anderen Marillen ist wahrhaftig beträchtlich, sagt Reisinger, „weil unsere Marille sich durch den besonderen Geschmack und durch Saftigkeit auszeichnet. Wenn man reinbeißt, das rinnt runter. Wenn man die im Auto heimführt, das duftet einzigartig."

Der Nachteil dieser herrlichen Frucht ist ihre geringe Lagerfähigkeit. Kaum zwei Tage stehen dem Marillenbauern zur Verfügung. Reisinger muss exakt den Erntetermin erwischen, um ausschließlich vollreife Früchte auf seinem Obsthof verarbeiten zu können. Seine Spezialität ist der Marillennektar, neben dem obligaten Brand und der Marmelade.

Ein Marillenbaum ernährt nicht nur den Bauern, er verschafft ihm auch das ganze Jahr über Arbeit. Während zeitig im Frühjahr aus langen Autokolonnen heraus die Pracht der Marillenblüte bewundert wird, ist schonendes Spritzen angesagt. Es gilt, die gefürchtete Blütenmunilia, eine Pilzerkrankung, hintanzuhalten. Dabei wird so manches Gebet gen Himmel gerichtet. Es soll nicht zu viel regnen, nicht schneien und schon gar kei-

Saftige reife Marille
Bei der Marillenernte mit Leiter und Zistel

Wachauer Marillenblüte (links)

nen Frost haben. Nach wie vor werden hohe Bäume verwendet, weil der Frost am Boden liegt. Die Stämme werden weiß angestrichen, damit sie nicht auffrieren.

Bis zu hundert Jahre wird ein Marillenbaum alt, und wenn er besonders reichlich gute Früchte trägt, wird er zum Stammvater vieler neuer Generationen der Wachauer Marille. Reisinger sieht darin ein Stück globale Unabhängigkeit bewahrt und hat die Gewissheit, dass die Sorten erhalten bleiben.

Sonnenwarme Tage und des Nachts kräftige Abkühlung vom Jauerling herab steuern die Reife und bedingen neben dem Geschmack auch die satte orange Farbe. Wenn alles gepasst hat, heißt es im Juli die Hüfeln aufstellen, das sind Spreitzen, mit denen die früchteschweren Äste gestützt werden.

Ist endlich der ideale Erntezeitpunkt festgestellt, werden wie seit eh und je die Zisteln hervorgeholt, konische Körbe. Sie haben zwei Vorteile. Erstens lassen sie sich leichter zwischen die Äste hängen, und zweitens werden die unten liegenden Marillen nicht gequetscht. Die Zistel ist auch das Logo des Vereins zum Schutz der Wachauer Marille.

Auf der spitz zulaufenden Leiter, die sich leicht in die Krone hineinschieben lässt, geht es in den Baum. Marillenpflücken ist eine verantwortungsvolle Tätigkeit. Es geht nicht darum, die Zistel schnell voll zu kriegen. Man kann sich selber davon überzeugen, dass nur tadellose Früchte gepflückt werden, jede einzeln mit der Hand, das garantieren die Marillenbauern im Zeichen der Zistel.

An solchen Tagen sieht man wieder Kolonnen von Pkw auf den Straßen der Wachau. Die Kunden der Marillenbauern reisen sogar aus Bayern und Südtirol (!) an, um sich mit der Wachauer Marille einzudecken.

WACHAUER MARILLE Franz Reisinger, 3620 Spitz, Mitterndorf 1, Tel. 02713/28 55, www.wachauermarille.at

ST. JOHANN IM MAUERTHALE

Die Straße von Aggstein nach Arnsdorf wurde dem Dunkelsteinerwald abgetrotzt. Unmittelbar neben der Donau ragt steil der Felsen auf. Es gibt kein Entkommen, auch nicht durch das kleine Tal mit dem unfreundlichen Namen Gerichtsgraben. Umso erfreulicher ist der Anblick der Kirche von St. Johann im

Mauerthale, ein heller Bau, umgeben von einer niedrigen Mauer, mit einem barocken Brunnen als einladendem Rastplatz.

Seit ihrer Erstnennung 1240 hat sich in dieser Filialkirche der Pfarre Arnsdorf eine erstaunliche Fülle bemerkenswerten geistlichen Kunstschaffens angesammelt und erhalten (den Schlüssel gibt es im Haus gegenüber). 1970 wurden Fragmente von Wandmalereien entdeckt, die man in den Zeitraum vom zweiten Viertel des 13. bis ins 15. Jahrhundert datierte. Spätromanische Beispiele fanden sich an der Westwand des Langhauses, identifiziert wurden die Heiligen Georg und Christophorus, die Kreuzigung Christi und eine Margaretenszene. Die Darstellung von Christus und den zwölf Aposteln stammt aus dem 14. Jahrhundert. Im Chorjoch finden sich, leider in sehr schlechtem Erhaltungszustand, der Marientod und, als jüngste Darstellung, die Marter des Achatius, eines der 14 Nothelfer.

St. Johann im Mauerthale

Am Triumphbogen hängt eine von ehemals zwei holzgeschnitzten „Johannesschüsseln" aus dem Ende des 15. Jahrhunderts: Das Hochrelief zeigt den auf einer Schüssel liegenden Kopf Johannes des Täufers, ein Motiv, das sich um 1300 aus Darstellungen von Salome mit dem Haupt des Johannes entwickelt hat.

Leicht zu übersehen ist der hl. Albinus. Die spätmittelalterliche Figur wurde 1862 von einem (abgetragenen) Hochgrab in der Kirchenmitte in eine vergitterte Nische unter der Empore abgeschoben. Der Heilige sei ein Pilger gewesen und wurde als Patron der Schiffleute verehrt. Zurückgeführt wird sein Name auf den Salzburger Bischof Adalwin, der 865 in der Wachau war.

Sagenhaft ist der Wetterhahn auf der Kirchturmspitze. Er ist von einem Pfeil durchbohrt, den ihm der Teufel persönlich verpasst hat. Der Böse hatte die frommen Einwohner von St. Johann in den Donaufluten ersäufen wollen und eines Nachts mit dem Bau einer Staumauer begonnen, bei Tagesanbruch wurde er jedoch durch das Krähen eines Hahnes bei seiner Tätigkeit gestört. Am anderen Donauufer, bei Spitz, sind die Reste des höllischen Bauwerks, eine mächtige Steinformation, nicht zu übersehen.

Den schönsten Blick auf den *Kirchweiler St. Johann* (Gemeinde Rossatz-Arnsdorf) und auch auf das malerische Dörfchen Schwallenbach jenseits des Wassers gewinnt man beim Aufstieg auf die Riede Johannesberg von den Weinterrassen aus, die von hier weg die Reise bis zum östlichen Ende der Wachau begleiten.

INFO Gemeindeamt 3602 Rossatz-Arnsdorf, Rossatz 29, Tel. 02714 /62 17, E-Mail: gemeinde@rossatz-arnsdorf.at, www.rossatz-arnsdorf.at
KIRCHE Schlüssel gegenüber der Kirche im Haus St. Johann Nr. 2

SALZBURG UND DIE ARNSDÖRFER

Bis Oberarnsdorf fließt die Donau exakt Richtung Norden und dreht nun ihren Lauf nach Nordost, vorbei an Hofarnsdorf, Mitterarnsdorf und Bacharnsdorf. Die vier Arnsdörfer sind Teil der Großgemeinde Rossatz-Arnsdorf, die sich entlang des restlichen Teilstücks der Wachau bis Mautern hinzieht.

Keine Geringeren als Karl der Große und Arno, Abt und Erzbischof in Salzburg, werden herangezogen, um die Besitzverhältnisse rund um die vier Arnsdörfer zu klären. 860 wird Salzburger Besitz in dieser Gegend bereits als urkundlich erwiesen erklärt und 890 erstmals ein Arnesdorf genannt.

Nicht nur das Erzbistum hat hier Weinbau betrieben. Stifte und Klöster aus Salzburg und Umgebung bis hinaus ins heutige Bayern besaßen nicht weniger als acht Lesehöfe und 65 Häuser. Seine größte Ausdehnung erlebte der Weinbau im 15. Jahrhundert, da wurden bis zu tausend Hektoliter Wein jährlich von den klösterlichen und bischöflichen Besitzern weggebracht. Aus den Aufzeichnungen eines Salzburger Leseübernehmers um 1500 erfährt man Näheres zu Weinsorten wie dem roten Wibacher oder einem Weißen namens Muskateller, hinter dem eine Form des Grünen Veltliners vermutet wird, der in manchen Gegenden noch immer als Muskateller bezeichnet wird.

In diesen Aufzeichnungen ist von einigen Stück Pomerangen die Rede. Josef Hick, Weinhauer und Heimatforscher zu Arnsdorf, erklärt: „Pfirsiche waren gemeint, der große Pfirsich und die Härtlinge, kleine, recht haarige, minderwertige, als Unterlage, Saupferscher. Dann gab es die Kernechten, den guten Weingartenpfirsich oder Bartlmä-Pfirsich und halbblaue Franzosenpfirsiche und Nektarinen.“

Josef Hick,
Wein- und Marillenbauer aus Arnsdorf

Im Frühjahr sind die Mandeln die Ersten, die weiße und rosa Tupfer in der Landschaft malen. Ihnen folgen die Marillen und, in kräftigem Rosa, die Pfirsiche. Die Weinblüte ist unscheinbar. Sie wird wegen ihres ungemein zarten Geruches geschätzt, der sich im Juni über die Wachau diesseits und jenseits des Stromes legt.

Für die Arnsdorfer Weinhauer ist es Ehrensache, Mitglied der *Rupertiwinzer* zu sein, benannt nach St. Rupert, dem Patron von Salzburg und Gründer des Stiftes St. Peter. Bis zum 25. Februar 1803 war das Fürsterzbistum Salzburg Grundherr in Arnsdorf; an jenem Tag verfügte Napoleon im Zuge der Säkularisation, dass Erzbischof Colloredo die weltliche Herrschaft Salzburg und damit die Ländereien in der Wachau verlieren sollte. 200 Jahre danach vereinigten sich zehn Weinhauer aus Arnsdorf unter der Leitung von Maria Hick in Erinnerung an das tausend Jahre währende Leben unterm Krummstab zu den Rupertiwinzern. Jeder Betrieb nennt einen Qualitätswein als Rupertiwein, der im Rahmen einer verdeckten Kost – dabei stecken die einzelnen Flaschen in einer Stoff- oder Papierhülle, damit keiner der Koster den Erzeuger des Weines weiß – als geeignet beurteilt werden muss.

Hofarnsdorf: Durchgang zur Donau

In Oberarnsdorf steht an der Wachaustraße das *Neuburgerdenkmal*. Seine Entstehung gründet sich der Legende nach auf eine Begebenheit aus 1850. In der Nähe von Oberarnsdorf wurde von der Donau ein Rebbündel angeschwemmt und von den beiden Weinhauern Christoph Ferstl und Franz Machherndl geborgen. Diese Reben wurden unter anderem auf dem Burgberg in Spitz, dem heutigen Tausendeimerberg, ausgepflanzt, daher der Name Neuburger für die Weinsorte. Sie zeigten kräftiges Wachstum und lieferten guten Wein. Tatsächlich soll es diese Weinsorte schon viel länger in der Gegend gegeben haben, sie sei lediglich in Vergessen geraten.

1935 wurde erstmals ein Weindenkmal in Arnsdorf gebaut. Als Namensgeber bot sich der Neuburger an, weil er sich auf den Terrassen der Wachau behauptete. Im Keller dieses Denkmals wurden Tausende Flaschen Wein aus Niederösterreich eingelagert. Sie sollten nach zehn Jahren verkostet werden.

Dazu ist es nicht gekommen, im Zweiten Weltkrieg wurde das Denkmal von Nazis zerstört.

1983 wurde ein neues Denkmal errichtet, der sogenannte Weinturm. Man war nicht recht glücklich mit seinem Aussehen. Deswegen errichteten die Arnsdorfer an dieser Stelle im Jahr 2000 im dritten Anlauf das jetzige Neuburgerdenkmal in gefälliger Form, ausgestaltet vom Rossatzer Restaurator Erich Pummer und dem Maler Stefan Schütz.

Zu Ehren des Neuburgerweines und seiner Wiedereinbürgerung in der Wachau wird alle drei Jahre ein Weinlesefest veranstaltet und im Rahmen eines „stürmischen" Umzuges durch die Arnsdörfer die Sage nachgespielt. Einmal im Jahr sind die Haustore der Arnsdörfer geöffnet, in jedem Haus wird aufgekocht und ausgeschenkt. Man kann sich, versichern die Arnsdorfer, ortsplanmäßig durch die Dörfer essen. Man braucht dazu nur den Veranstaltungskalender zu konsultieren, oder man fragt beim nächsten Spaziergang einfach, klopft an eines der Häuser, um bei der Gelegenheit auch gleich einen der stimmungsvollen Innenhöfe zu erleben.

Malerische Ortsdurchfahrt in Arnsdorf

Bauerngarten in Hofarnsdorf

Unverkennbar ist der *Salzburger Hof* in Oberarnsdorf 43 mit dem Wappen der Erzabtei St. Peter. Der Keller dieses ehemaligen Lesehofes ist romanisch. Die mächtige gemauerte Scheune, wo derzeit die Zillen der Feuerwehr deponiert sind, könnte als Jugendzentrum und für Seminarzwecke ausgebaut werden, vorausgesetzt, die Finanzierung ist geklärt.

Bis heute lebendig ist die Stiftung des Hofmeisters von St. Peter, Franz Joseph Maschapauers († 1794). Er hatte früh seine gesamte Familie verloren und sein Vermögen den Armen von Arnsdorf vermacht. Der *Panicherhof*, heute Oberarnsdorf Nr. 9, wurde als Sitz des Armeninstitutes ausgewählt; hier erhielten Bedürftige Kost und Logis. Das Wohnhaus mit vier Parteien wird nach wie vor durch die Einkünfte aus Pacht und Miete erhalten und bietet jungen Familien oder sozial schwächeren Personen gegen geringe Miete Unterkunft. Maschapauer hat seiner Familie und sich bis heute die Pflege seines Seelenheils durch jährliche Messen in der kleinen Kapelle des „Armenhauses“ gesichert.

Auf der B 33 zwischen Oberarnsdorf und Hofarnsdorf weist ein Schild zur Fährstation Spitz-Arnsdorf. Sie ist Ausgangspunkt für eine *Wanderung* durch ansteigende Weingärten in das Buchental hinauf zu den Aussichtspunkten Parapluieberg, Hoher Stein und Rote Wand, für die man einen halben Tag einplanen sollte.

Einen Besuch wert ist das Anwesen der Familie Glück in *Hofarnsdorf 3*. Der Bauerngarten von Josefine Glück strotzt nur so vor Üppigkeit und kann, wenn ihr Mann Johannes, ein Rupertiwinzer, den Heurigen ausschenkt, besichtigt werden.

Die *Pfarrkirche in Hofarnsdorf* ist selbstverständlich dem hl. Rupert geweiht, wem sonst in dieser Salzburger Exklave?! Die spätgotische Steinkanzel sieht man nur durch das Gitter, mit dem das Kircheninnere leider vor unerwünschten Besuchern geschützt werden muss. Um die Wandmalereien des Kremser Schmidt genau in Augenschein nehmen zu können, muss man sich rechtzeitig beim Pfarrer wegen des Schlüssels melden.

Waldviertler Karpfen werden in der Donau ausgesetzt

Der Vorgängerbau des *Schlosses*, Hofarnsdorf 1, gegenüber der Kirche war ein erzbischöflich-salzburgischer Meierhof. Der heutige Bau stammt aus 1874 bis 1876. Kirche und Schloss sind durch einen Graben getrennt. Durch ein Rundbogenportal führt dort ein Gässchen zur Donaupromenade hinab, die mit dem Radweg die Arnsdörfer verbindet und Radtouristen zur Zeit der Marillenblüte mit einer prachtvollen weißen Allee begleitet.

Bei den Heurigen in Mitterarnsdorf sind an sonnigen Wochenenden freie Sitzplätze Glückssache. Die Wartezeit ver-

Arnsdorf: Die Fähre nach Spitz

bringt man sinnvollerweise damit, die schönen alten *Fassaden der Weinhauerhöfe* zu betrachten (z. B. *Nr. 11* mit der tonnengewölbten Rauchküche oder Nr. 30, den ehemaligen *Meierhof* des Servitenklosters Maria Langegg) und die Zeugen der mehrere tausend Jahre alten Geschichte von Mitterarnsdorf zu besuchen. Zum Beispiel die an der Donau gelegene gotische Filialkirche zur hl. Katharina, in der 1957 und 1969 spätmittelalterliche Wandmalereien freigelegt und gesichert wurden. Der Pfarrhof nebenan wird mit 1648 datiert und ist im Kern spätmittelalterlich.

Von der Bundesstraße zweigt in Mitterarnsdorf die Straße nach Maria Langegg ab. Bald nach der Ortschaft Mitterarnsdorf ist's aus mit dem Asphalt, auf schottrigem Untergrund geht's hinauf durch das Kupfertal, wo sich seitlich der Straße im Graben des Dürrenbaches ein sogenanntes Türkentor findet, der Rest einer mittelalterlichen Befestigungsanlage und Talsperre. In der ersten Linkskurve sind am Waldrand Steinplatten mit Spurrillen zu sehen. Sie stammen von einer römerzeitlichen Straße, die an dieser Stelle von der heutigen Straße in den Wald hinauf abzweigt. Ihren Ausgang nimmt diese

Straße in *Bacharnsdorf* beim Haus Nr. 6, einem Burgus (Wachturm) aus dem 4. Jahrhundert.

INFO Gemeindeamt 3602 Rossatz-Arnsdorf, Rossatz 29, Tel. 02714/62 17, E-Mail: gemeinde@rossatz-arnsdorf.at, www.rossatz-arnsdorf.at **PFARRE ARNSDORF** 3621 Mitterarnsdorf 31, Tel. 02714/84 92 **ESSEN UND TRINKEN** Gasthof Zur Wachau, 3621 Mitterarnsdorf 55, Tel. 02714/82 17, www.zeller-wachau .at; Weinstadl Elke Wurzberger, 3621 Oberarnsdorf 7, Tel. 02714/84 39; Heuriger Josef Hick, 3621 Mitterarnsdorf 61, Tel. 02714/84 91; Weingut Rudolf und Elisabeth Hick, 3621 Oberarnsdorf 58, Tel. 02714/82 14, www.hick.at; Buschenschank Johannes Glück, 3621 Hofarnsdorf 3, Tel. 02714/82 84 **WEIN UND OBST** Karl Schütz, 3621 Mitterarnsdorf 22, Tel. 02714/82 60 **WANDERN UND RADAUSFLÜGE** Wander- und Radwegekarte „Naturerlebnis Wachau" beim Gemeindeamt

DER BERG CALVARI VON ST. LORENZ

Ein paar Tage mit heftigen Regenfällen, und schon richten sich aller Augen auf *Kienstock*, einer unscheinbaren Häusergruppe zwischen Arnsdorf und Rossatz. Das Interesse gilt dem Pegel, einem sogenannten Schreibpegel an Stromkilometer 2015.21 mit dem PNP (Pegelnullpunkt in Meter über Adria) 194.00. Wird der Wasserstand die magische Marke von 624 übersteigen? Dann müsste die Schifffahrt eingestellt werden. Wird es wieder Überschwemmungen geben, wie am 14. August 2002, als in Kienstock 11.305 m^3/s Durchflussmenge gemessen wurden? DoRIS (Donau River Information Services) gibt zuverlässig Auskunft.

Von Kienstock weg fährt man weiter auf der engen Straße zwischen Donau und Hirschwand. Der Blick wird von den malerischen Ortschaften jenseits der Donau angezogen, und man übersieht nur allzu leicht ein kulturhistorisches Kleinod auf der eigenen Seite: die Gedenkstätte *Berg Calvari.*

Schächer in der Kirche von St. Lorenz

Seit 1989, genau 300 Jahre nach der Errichtung, stehen wieder drei Kreuze oberhalb der Straße. Der Kreuzweg mit dem Kalvarienberg wurde im Jahr 1689 angelegt, aufgrund eines Gelöbnisses, das die Bürger von Rossatz nach überstandener Pest und Türkengefahr gegeben hatten. Die letzte Station ist die Grablege in der Kirche von *St. Lorenz*. Die gedrungene Kirche scheint aus einem einzigen großen Stein gemeißelt zu sein. Der Zeitraum, in dem dieses Gemäuer entstanden ist, erstreckt sich jedoch über gut 1400 Jahre, wobei das Ende der Bautätigkeit bereits um 1700 angenommen wird. Die Nordwand des Langhauses wurde nämlich bereits von den Römern errichtet, als im 4. Jahrhundert unter Kaiser Valentinian Wachtürme entlang des Donaulimes errichtet wurden.

Kirche von St. Lorenz, 1400 Jahre Baugeschichte

Warum später an dieser Stelle eine romanische Kirche entstanden ist, darüber kann man nur Vermutungen anstellen. Möglicherweise ernährte an genau der Stelle, wo man heute auf einer Autofähre nach Weißenkirchen übersetzen kann, bereits im Mittelalter ein Urfahr ihren Mann, der sich diese Schifferkirche leisten konnte.

Trotz Überschwemmungen und feuchter Wände haben sich zumindest in Fragmenten Wandmalereien aus dem 13. Jahrhundert erhalten. Das nachträglich eingefügte Kreuzrippengewölbe im Chor ist der gotische Anteil an der Baugeschichte. Das Kreuzgratgewölbe im Langhaus und die Vorhalle sind ein architektonischer Gruß aus dem Barock, als mehr und mehr

Wallfahrer zum Berg Calvari strömten und Wunderheilungen erfuhren, bis Joseph II. diesen Hoffnungen ein Ende setzte.
PFARRE ROSSATZ 3602 Rossatz 13, Tel. 02714/62 36

ROSSATZ: JANKERLCLUB, HUCHENWEIN UND TRÖDELLADEN

Die Kreuzwegstationen, deren Blechbilder um 1870 vom Steiner Maler Treu gefertigt wurden, führen den Pilger vom Berg Calvari schnurstracks nach Rossatz in die Pfarrkirche *St. Jakob.* Pater Hartmann, ein Mitglied des Göttweiger Konvents, präsentiert mit großer Freude neue Erkenntnisse zu seinem Gotteshaus: Mitten im spätgotischen Baukörper steht noch ganz original die romanische Vorgängerkirche, erbaut um 1100. Als sichtbaren Hinweis darauf wurde ein romanisches Fenster in der Südwand des Mittelschiffes freigelegt.

Das Haus gegenüber ist der *Pfarrhof* (Nr. 13), der eigentlich 1969 zum Abbruch freigegeben worden war, dank der Bemühungen des Pfarrers blieb aber der aus 1324 stammende Baukörper erhalten. Das Gebäude ist ein Hauerhaus und wur-

Ortsdurchfahrt von Rossatz

de auch als solches genutzt. Im Stadel steht die alte Weinpresse mit dem schweren Tram. Verwendet wird sie nicht mehr, obwohl alles dafür vorhanden wäre, auch der Keller, wohin früher der Most in Bottichen getragen werden musste.

Das Verhältnis zwischen Pfarrer und Bürgern des Marktes Rossatz war nicht immer von solcher Harmonie geprägt. Im 15. Jahrhundert kam es zu Streitereien, die in der Besetzung des Pfarrhofes gipfelten. 1560 mahnte sogar Kaiser Ferdinand I. die Rossatzer, sich den religiösen Neuerungen der Lutherianer zu verweigern – nicht mit dem gewünschten Erfolg: 1586 ist ein protestantischer Prediger vermerkt. „Meine Sehle verlangt und sehnt sich nach den Vorhöfen des Herrn ..." ließ Pastor Elias Ursinus auf sein Wohnhaus schreiben. Der 84. Psalm in der Übersetzung Luthers ist heute noch am Haus Nr. 53 zu lesen.

Ehemaliger Klosterbesitz in Rossatz: der Subenhof

Man befndet sich bereits mitten auf dem Rundgang durch den Markt Rossatz, besucht das Schloss (2. Hälfte 16. Jh.), dessen Arkaden im Hof sich von wuchtigen Pfeilern im Erdgeschoß über toskanische Säulen darüber zu schlanken Holzpfeilern verjüngen. Die Front ist mit dem ehemaligen Erlaklosterhof längst vereint. Am Ortsausgang Richtung Arnsdorf fällt der Lesehof des Stiftes Suben mit den malerischen Verschneidungen seiner Mauern auf. An der Straße, die von dort zur Donau hinabführt, findet sich das Haus Nr. 49 mit sehenswerter Schnitzerei an den Torflügeln. Das Relief zeigt über der Jahreszahl 1836 die Symbole eines Großunternehmers an der Donau: ein Schiff mit Mannschaft, einen Flößerhaken und einen vollbeladenen Schubkarren.

Am Standort des ehemaligen Baderhauses (Nr. 58) steht ein in das historische Ortsbild gut eingefügter Neubau. Der Besitzer, Josef Fischer, nomen est omen, versorgt unsere Gewässer mit einer selten gewordenen Spezies, dem Huchen, dem größten Beutegreifer in der Donau. Durch die Regulierung der Donau war das Leben für die Huchen zu eintönig geworden. Fischer, besser bekannt als Huchenpepi, meint dazu: „Sie brauchen für die Jagd das Wechselspiel zwischen der Letten, dem Schlamm und dem schnellen Wasser."

Geschäft ist der Huchen keines, in dieser Beziehung verlässt sich Fischer auf sein Talent beim Weinmachen. Verkauft wird ab Hof – mit umsatzanregender Aussicht vom Koststüberl aus, die von Dürnstein zur Linken bis Göttweig zur Rechten reicht. Angeboten werden die üblichen Sorten, daneben wurden ein kräftiger Muskat, ein Riesling und ein Grüner Veltliner zur Ehre seiner Fische zur „Cuvée Hucho" verschnitten.

Auf Rossatz 73 befindet sich die Werkstatt des Restaurators Erich Pummer. Der Schwerpunkt seiner Arbeit liegt auf modernen Konservierungstechniken, die stets in Zusammenarbeit mit Chemikern und Kunsthistorikern zum Einsatz kommen. Da die schwersten Beschädigungen durch falsche Behandlung des Steines zustande kommen, sind seine liebsten „Patienten" diejenigen Stücke, die noch nie restauriert wurden. Die Behandlungsmethoden erinnern tatsächlich an medizinische Eingriffe. Hartnäckige Versinterungen erhalten Zellstoffkompressen, Risse und Hohlräume werden mit Injektionsharzen aufgefüllt, und gealterte Haut wird mit Laser verjüngt, wobei der aufliegende Schmutz ent-

Bildhauer und Restaurator Erich Pummer

fernt wird, die Patina aber erhalten bleibt. Renovieren ist der eine Teil seiner Arbeit, künstlerisches Schaffen der andere. Zwei seiner Arbeiten sind das Friedensdenkmal und die Millenniumssäule in Unterbergern (siehe S. 223 f.).

Den Übergang von der Ortschaft zu den Weinbergen begleiten an der Bundesstraße die *Presshäuser.* Etliche davon bieten sich als kulinarische Gewölbe an, mit Bankerl und Tisch auf der Gass'n, wo es sich – vorausgesetzt, man ergattert an einem sonnigen Tag einen Platz – herrlich tafeln lässt. Bei einem der Kellerhäuser lockt das Schild *Trödelladen* in ein herrliches Sammelsurium an wohlfeilen alten Dingen, das Jörg Hietzgern zusammengetragen hat.

Jedes einzelne Haus in Rossatz hat seine besondere Geschichte und seinen besonderen Charakter, der es seit fünf und mehr Jahrhunderten prägt. An den wichtigsten Gebäuden finden sich Informationstafeln, die dankenswerterweise vom *Jankerlclub* erarbeitet und angebracht wurden. Christel Schubert ist eines der aktiven Mitglieder. Sie erzählt, dass früher die Leute im Sommer in den Stadel gezogen sind und ihre Stube den Gästen überlassen haben. Die Sommerfrischler waren von dieser Gastfreundschaft derart angetan, dass sie ihrerseits die Ortsleute an ihren Vergnügungen teilhaben ließen und sie zu Picknicks einluden. Auch die Tracht der Einheimischen erregte die Bewunderung der Gäste. So wurde für den um 1911 gegründeten Club der Kalmuckjanker, das Wachauer Jankerl, zum Namensgeber.

Rossatzbach: Pyramidenkamin auf dem Schiffmüllerhaus

Badefreuden am Donaustrand

1980 wurde der Verein von engagierten Rossatzern wieder zum Leben erweckt. Im alten Geiste nahm man die touristische Infrastruktur in Angriff und polierte sie auf. In Rührsdorf und Rossatzbach wurde ein Brunnen gestiftet, der hl. Nepomuk in Rossatz renoviert und der Berg Calvari begehbar gemacht.

Westlich von Rossatz liegt das Straßendorf *Rührsdorf*, eine Ansammlung von stiftlichen Lesehöfen, die ihr Aussehen über die Zeiten und wechselnden Herrschaften hinweg bewahrt haben, wie Nr. 1, die von 1513 bis 1760 der Lesehof des Chorherrenstiftes Waldhausen war und seit 1768 in Privatbesitz steht. In Rührsdorf Nr. 19 betreibt Familie Frischenschlager im ehemaligen Starhembergerhof eine Heurigenschank, und schräg vis-à-vis werden seit gut hundert Jahren von Familie Polz die Weißweinsorten Gelber Muskateller, Weißburgunder, Riesling und Grüner Veltliner gekeltert, jüngst sogar nach streng ökologischen Gesichtspunkten.

Jenseits der Weingärten zum Dunkelsteinerwald hin wartet nach kurzem Spaziergang an einem Felsen ein Holzverschlag, die *Waldandacht*, vollgehängt mit Andachtsbildern, als Zeichen dafür, dass dieser Ort auch heute noch geschätzt wird. Hält man sich dort Richtung Osten, erreicht man auf einem zwischen Weingärten und Waldrand verlaufenden Weg das Dorf Rossatzbach mit etlichen sehenswerten Pyramidenkaminen. Am Haus des Schiffmüllers (Nr. 10) findet sich ein besonders prächtiges Exemplar, ein anderes sitzt am Haus Nr. 7 (bis 1582 im Besitz des Pastors Gangolph Wanger, später Bürgerspital und Armenhaus).

Am ehemaligen Stationsgebäude, der Agentie (Bezeichnung für die Geschäftsstellen der Donaudampfschifffahrtsgesellschaft) der DDSG (Nr. 15) wird deutlich sichtbar, wie weit die Donau Richtung Norden gerückt ist. Auf dem trockenen Boden, den der Strom abgelagert hat, finden sich ein Campingplatz und Gärten mit Obstbäumen. Dies ist nun die Stelle für das Wachaufoto schlechthin: Dürnstein gegenüber, davor die Donau, im Vordergrund Bäume in voller Blüte und als malerische Draufgabe auf dem Wasser ein eleganter Schwan.

Mit der kleinen Erlebnisfähre, die zwischen Dürnstein und Rossatzbach hin und her düst, lassen sich Wanderer und Radfahrer übersetzen. Mit der Motorzille „Watstein" werden Charterfahren für diverse Anlässe angeboten, wobei bis zu zwanzig Leute auf dem Boot Platz finden.

Benannt ist die Zille nach dem Felsen Watstein, der bei Rossatzbach einstens in die Donau ragte und sogar die napoleonischen Truppen zu einem Umweg über Oberbergern zwang. Die Straße wurde erst viel später gebaut. Um Eindringlinge aus dem Osten aufzuhalten, wurde das Bachtor errichtet, dessen Reste sorgsam gepflegt werden.

Wenige hundert Meter danach, Richtung Mautern, öffnet sich nach Süden der Windstallgraben. Neben der dortigen Brücke erhebt sich aus der Wiese das Geviert eines *römischen Wachturms* als letzter Rest einer Befestigung aus dem 4. Jahrhundert.

Durch den Windstallgraben hinauf, vorbei an den Tränktalwänden, fährt man bis zur ersten Kreuzung. Links geht es nach Oberbergern. Dieser Punkt erlaubt zwei bequeme Wanderun-

Grundmauern eines römischen Burgus

gen. Auf der einen erreicht man von hier aus die Ferdinandswarte in Bergern. Auf der anderen schreitet man Richtung Westen auf ebenem Waldweg zur Flur „Bei den sieben Gräbern". Es handelt sich dabei um einen römischen Friedhof, genau gesagt um norisch-pannonische Grabhügel, die im 19. Jahrhundert entdeckt und geöffnet wurden.

INFO Gemeindeamt 3602 Rossatz-Arnsdorf, Rossatz 29, Tel. 02714/62 17, www.rossatz-arnsdorf.at **KIRCHE** Pfarre Rossatz, 3602 Rossatz 13, Tel. 02714/62 36 **ESSEN UND TRINKEN** Gasthaus „Schmankerl-Gwölb", 3602 Rossatzbach 43, Tel. 02714/63 42; Landgasthaus Winzerstüberl, 3602 Rührsdorf 17, Tel. 02714/63 84, www.winzerstueberl.at; „Thiery-Keller", 3602 Rührsdorf an der B33, Tel. 02714/65 05 **WEIN** Weingut Fam. Josef Fischer, 3602 Rossatz, Marktplatz 58, Tel. 02714/62 29, Fax 02714/62 29-3; Heuriger Erich und Brigitte Polz, 3602 Rührsdorf 22, Tel. 02714/63 26, www.polzwachau.at; Heinz und Flora Frischengruber, 3602 Rührsdorf, Am Platzl 19, Tel. 02714/63 54 **KUNST** Rossatzer Trödelladen und Druckgrafik, Jörg Hietzgern, 3602 Rossatz 104, Tel. 02714/62 30; Restaurator und Bildhauermeister Erich Pummer, 3602 Rossatz 165, Tel. 02714/65 00 **CAMPING** Rossatzbach, Tel. 02714/63 17, www.campsite.at/rossatz **FÄHRE** Fähre Dürnstein Rossatz „Eine Erlebnisüberfahrt", 3602 Rossatz, Rossatzbach 40, Tel. 0699/11 44 15 85, E-Mail: herbert.oberleitner@gmx.at **WANDERN** Kreuzweg zum Berg Calvari ca. 1 Std., weitere Routen Wander- und Radkarte „Naturerlebnis Wachau"

GEWÄSSERVERNETZUNG STATT KRAFTWERK

Von Rossatz bis zur Donau gedeihen Obstkulturen. Dahinter wuchert das wilde Gestrüpp der Venedigau und der Pritzenau. An dieser Stelle leitet der Biologe Johannes Seehofer vom Arbeitskreis Wachau ein LIFE-Naturprojekt, das den ursprünglichen Zustand der Auen annähernd wiederherstellen soll. Die Pritzenau war früher eine Insel, das Dorf Rührsdorf lag direkt an der Donau. Durch Abtrennen des Seitenarmes wurde der Fluss zum Verlanden gebracht, so konnten die Obstgärten gewonnen werden. Durch eine Traverse, die in die Au geschlägert und gebaggert wird, soll das Wasser wieder durchströmen können. Unter dem Motto „Gewässervernetzung Altarm Rossatz-Rührsdorf" werden 115.000 Kubikmeter Erde bewegt, um das Problem Austrocknung und Verschlammung in den Griff zu bekommen.

Nebenbei entsteht ein Paradies für Fischer, denen wieder eine große Artenvielfalt an Flussbewohnern an die Angeln gehen dürfte. Durch Auswilderung, wie etwa beim Huchen (siehe S. 215), wird nachgeholfen und sogar Waldviertler Karpfen werden aus ihren ruhigen Teichen in das flotte Getriebe der Donau gesetzt.

Dass solche Vorhaben überhaupt ins Auge gefasst werden können, ist das Verdienst von Franz Hirtzberger sen., der zu Recht den Titel „Retter der Wachau" erhalten hat. Begonnen hat es Anfang der 1970er-Jahre mit der Absicht der damaligen Bundesregierung, ein Gesetz zu schaffen, das 15 Ausbaustufen der Donau vorsah. Eine der Ausbaustufen stand in Zusammenhang mit dem Namen Rührsdorf und hätte nahe Rossatz in Trockenbauweise errichtet werden sollen. Hirtzberger und sein Freund Josef Jamek aus Joching hatten Wind davon bekommen und zu ersten Gesprächen geladen.

Franz Hirtzberger: „Retter der Wachau"

1971 berichteten bereits erste Zeitungsartikel über Naturschützer, die in der Wachau ein Kraftwerk befürchten. Im Februar 1972 wurde an Bun-

Aulandschaft in der Wachau

deskanzler Dr. Bruno Kreisky ein Schreiben gerichtet, mit Durchschlag an alle Regierungsmitglieder, in dem über die Gründung eines Komitees berichtet und darauf hingewiesen wird, dass ein Kraftwerksprojekt eine untragbare Gefährdung der Kulturlandschaft Wachau bedeute. Im November dieses Jahres wurden schließlich alle mit der Wachau verbundenen emotionalen Register gezogen. Hirtzberger, der mit Jamek diesen Kampf organisierte, wusste um die Wirkung der Goldhauben und um die Gefühle, die man damit in Wien auslösen kann. Er ließ die Blaskapellen von Dürnstein und Wösendorf in Wien musizieren und dabei Unterschriften sammeln.

Das Kraftwerk war zu diesem Zeitpunkt längst keine rein innerösterreichische Angelegenheit mehr. Das ZDF sendete einen Beitrag, und Wissenschaftler aus Deutschland meldeten sich zu Wort. Die Sager dazu stammten von Franz Hirtzberger: „Eine Perle in Beton gefasst", „Die Teufelsmauer von Dürnstein" und „Von der Donau zur Kloake".

Der Höhepunkt der Aktivitäten war eine Donaureise gemeinsam mit der „Gruppe Ökologie" am 27. Oktober 1973 von Spitz nach Wien. Deren Sprecher Konrad Lorenz hatte zehn Tage vorher den Nobelpreis erhalten. Damit stand die Bundesregierung vor einer Mauer, die sie offenbar nicht überspringen konnte. Am 2. Juni 1974 wurde offiziell mitgeteilt, dass man sich der hohen Verantwortung für die Erhaltung der

Wachau bewusst sei. Der Arbeitskreis zum Schutz der Wachau wacht seither über die Einhaltung dieser Zusage.

Festgehalten ist die Abwendung der Gefahr eines Donaukraftwerkes in der Wachau im „Blaubuch: Keine Staustufe Wachau!" Von den vielen Auszeichnungen und Orden, die Franz Hirtzberger zuteil wurden, freut ihn das Goldene Marktwappen von Rossatz-Arnsdorf am meisten: „Das ist äußerst selten, dass diese Ehre einem Bürgermeister vom anderen Donauufer zuteil wird."

DAS FRIEDENSDENKMAL VON BERGERN

„Seine kaiserliche Hoheit wurde ersucht, die Namensgebung ‚Erzherzog-Ferdinand-Warte' zu dulden. Diese wurde am 7. Mai 1891 im Beisein des hohen Gastes feierlich vollzogen." Mit diesen feierlichen Worten wird in der Chronik von Bergern, einer Gemeinde am östlichen Rand des Dunkelsteinerwaldes, an den Beginn eines bescheidenen touristischen Aufschwungs erinnert, der bis in die 1930er-Jahre mehr und mehr Sommerfrischler in die beiden Ortschaften Ober- und Unterbergern brachte. Heute sind es hungrige und durstige Wachaubesucher, die um die Urtümlichkeit der Heurigen in Bergern wissen. Man sitzt gemeinsam mit den Ortsleuten auf einer einfachen Bank seitlich im Hof und bestellt die üppige Hauerplatte und dazu ein Achterl Weiß vom wohlfeilen Bergerner Tropfen, einem frisch-fruchtigen gemischten Satz.

Ferdinandswarte bei Bergern

Bei dieser Gelegenheit werden auch Geschichten erzählt, wie jene von einem Doppelmord im Jahr 1603, der zur Errichtung einer Wallfahrtskapelle geführt hat. In den weiten, undurchdringlichen Wäldern um Bergern war ein Ehepaar von Räubern überfallen und getötet worden. An jener Stelle, wo die Frau erschlagen wurde, am Bolzenberg, wurde nach einigen Gebetserhörungen aus einem Gedenkbild an einer Eiche die Kapelle „Zur Toten Frau", die Ziel von Wallfahrten und Prozessionen ist.

Der Ort Bergern selbst wurde 1179 erstmals genannt. Die Pfarre dagegen ist noch jung, eine josephinische Gründung aus 1784 mit einer Kapelle in Oberbergern und einer Kirche in Unterbergern. Deren *Orgel* ist das Opus 1 des Orgelbauers Gerhard Hradetzky. Der väterliche Betrieb stand ursprünglich in Krems. Da Hradetzky aber die Enge und der Lärm der Stadt für seinen Beruf nicht geeignet erschienen, wählte er das Dorf Oberbergern als Wohnsitz und Betriebsstätte. Der damalige Pfarrer, Pater Hartmann, war sein erster Kunde.

Friedensdenkmal in Unterbergern

Meister Hradetzky verbringt viel Zeit in Italien. „1970 war ich erstmals in Venedig und habe mich seither in die Klangwelt italienischer Orgeln hineingelebt – weiche, zarte, melodiöse Instrumente." So kam es, dass der Orgelbauer aus Österreich in Cleveland (USA) eine italienische Orgel baute. Hradetzky mit einem Strahlen: „Bei der Orgelweihe sagte ein Musiker, dass er keinen Italiener kennt, der ein so italienisches Instrument baut."

Die Pfarrer von Bergern sind Mitglieder des Konvents in Stift Göttweig, wie der ehemalige Pfarrer, der Benediktinerpater Hartmann Scheuhammer. Seiner Anregung verdankt die Gemeinde eine *Millenniumssäule* auf der Straße zwischen den beiden Bergern. „Höre! Der Friede ist eine Frucht der Gerechtigkeit" ist auf der Säule zu lesen – sein Vermächtnis an die Pfarre.

In der Bibel und in der Regel des hl. Benedikt ist dieses Hören ein den Frieden bestimmender Faktor. Umgesetzt wurde er vom Bildhauer Erich Pummer. Aus einem stabilen Granitbrocken wächst eine Säule heraus, fünfseitig für die fünf Weltreligionen mit der Darstellung der jeweiligen Jahreszählung 2000 nach Christi Geburt.

Die Friedenssaat, die Pater Hartmann in 36 Jahren als Pfarrer ausgebracht hat, ist aufgegangen. Wieder wurde Erich Pummer engagiert, um statt eines Kriegerdenkmals ein *Friedensdenkmal* in Unterbergern zu errichten: 2005 wurde es geweiht.

INFO Gemeindeamt Bergern, 3512 Unterbergern 29, Tel. 02714/72 20, www.bergern-dunkelsteinerwald.at **ESSEN UND TRINKEN** Gasthof Zum Goldenen Hirschen, 3512 Oberbergern 33, Tel. 02714/72 01 **WINZERHOF HAIDERER** 3512 Unterbergern 11, www.derheurige.at **SPORT** Wandern auf den Spuren der Römer, geführte Wanderungen im Juli und August jeden Donnerstagabend, Franz Filsmeier, Tel. 02714/73 50; Rad- und Mountainbikewege; Ferdinandswarte, von Unterbergern aus in 30 Min. zu erreichen, ganzjährig geöffnet **ORGELBAUMEISTER** Gerhard Hradetzky, 3512 Oberbergern, Waldhof Loggia 47/2, Tel. 02714/72 19, E-Mail: hradetzky.organo@aon.at

DIE RÖMISCHEN GRUNDFESTEN VON MAUTERN

Der Weg von Bergern zurück zur Donau ist abschüssig. Die ehemalige Hauptverbindung zwischen Bergern und Mautern war die sogenannte Steinplatte. Sie ist heute ein Wanderweg. Auf halbem Weg liegt das Straßendorf *Mauternbach* (Gem. Mautern). Beim Ortseingang hat sich ein steiles Stück der alten Römerstraße, eines befestigten Fahrwegs, erhalten. Wie die Fuhrwerke auf den unebenen Steinen mit den Geleisen die Steigung geschafft haben, ist ein Rätsel. Man muss gut bei Fuß sein, um dieses Straßenstück zu bewältigen, von Fahren kann gar keine Rede sein.

Das auffallendste Gebäude im Ensemble der mittelalterlichen Verbauung im Altsiedlungsbereich von Mauternbach (1250/60

Hufeisenturm des römischen Lagers Favianis (Mautern)

urkundlich genannt) ist der St. Pöltner Hof (Nr. 17) an der Durchfahrtsstraße. Deutlich zu erkennen ist der Wehrturm, vermutlich über einem römischen Vorgänger. Über dem Küchentrakt erhebt sich markant ein Pyramidenkamin. Das Gebäude steht in Privatbesitz, wobei offensichtlich sorgfältig darauf geachtet wird, dass es seine ursprüngliche Form behält.
Nur durch ein paar Weingärten getrennt, liegt unterhalb von Mauternbach, direkt an der Donau, das Dorf *Hundsheim.* Die Filialkirche St. Johannes d.T. zeigt eine Taufe Christi, ein Werk – signiert mit Mart(in) Joh(ann) Sch(midt) 1758 – des bekanntesten Meisters der Wachau. Die kleine Siedlung am Donauufer ist Teil der Stadt Mautern an der Donau und mit dieser bereits zusammengewachsen.

Die Donau strömt hier aus dem Durchbruchtal der Wachau in die Ebene des Mauterner Feldes. Die Stelle war damit seit jeher von größter strategischer Bedeutung, diese hat in der Geschichte der Stadt durch alle Zeiten ihre Spuren und eine Fülle an sehenswerten Relikten hinterlassen.

Einen ersten Überblick verschafft die Führung durch das *Römermuseum* in Mautern, das mit Originalexponaten aus der Urgeschichte, der Bronzezeit, der La-Tène-Kultur und der Römerzeit aufwartet.

In Mautern stand das römische Lager Favianis, was zur Folge hat, dass die ganze Stadt quasi archäologische Ausgrabungsstätte ist und damit unter Denkmalschutz steht. Sichtbare Reste sind der runde Fächer- oder Hufeisenturm, der sich imponierend vor dem Museum erhebt. Er zählt zu den bedeutendsten Denkmälern römischer Festungsbaukunst im österreichischen Donauraum.

Mit dem Ende des weströmischen Reiches kam der hl. Severin in die Gegend und gründete in Favianis ein Kloster, weswegen auch ihm ein Teil der Ausstellung gewidmet ist.

Die *civitas mutarensis,* die Stadt Mautern selbst, wird 899 erstmals erwähnt. Zwischen damals und heute liegt ein gewaltiger Zeitraum, in dem eine Reihe von sehenswerten Baudenkmälern entstanden ist. Den Wegweiser dazu gibt es im Römermuseum. Jeder Station dieses Kulturrundgangs ist ein kurzer Kommentar beigefügt.

Vor dem Museum trifft man auf das Schloss, das bereits ab dem 10. Jahrhundert als bischöflicherpassauischer Besitz und Residenz der Pfleger ausgewiesen ist. Seit 1913 ist es im Besitz der Gemeinde, die herrschaftlichen Räume wurden in Wohnungen unterteilt. Nördlich des Schlosses kann man nach Stein hinübergehen, über eine eiserne Brücke. Weil an dieser Stelle schon früh die Donau durch eine Furt überquert wurde, entstand dort 1463 die zweitälteste Donaubrücke Österreichs, eine Holzbrücke, die bis 1895 benützt wurde.

Der Weg führt nun wieder zurück zur Stadt, bis zur Pfarrkirche St. Stephan. Bemerkenswert sind im Inneren die 14 Kreuzwegbilder des Kremser Schmidt (1770). Sie zählen zu den bedeutendsten und den am meisten kopierten Werken des Meisters.

Die Janaburg auf dem Südtiroler Platz 4 zeichnet ein sehenswertes Renaissanceportal aus 1581 aus. In der anschließenden Alten Friedhofstraße liegt die Margaretenkapelle. Man sollte sich auf jeden Fall den Schlüssel im Museum zuvor besorgt haben. Im Mittelalter verlief hier die Stadtmauer, die ihrerseits wieder auf römischen Grundfesten stand. Die Margaretenkapelle, ein verstecktes Juwel der Romanik und Gotik, ist Teil des ehemaligen Armenspitales St. Anna. Die ältesten Teile des Kirchleins könnten aus dem 9. Jahrhundert stammen, wie das Opus spicatum, ein Fischgrätmuster im Stein unter dem Triumphbogen. Die rechteckige Apsis ist ein wahrer Bilderbogen mittelalterlicher Wandmalerei, der 1958/59 freigelegt wurde.

Mittelalterliche Wandmalerei in der Margaretenkapelle

Zum *Schloss Baumgarten* sind es vom Ortsende Mautern aus zwei Kilometer durchs Weingebirge nach Süden, gerade richtig für einen Spaziergang. Der Zugang des Gebäudes wird von zwei Sphingen flankiert. Rechts davon beginnt der *geologische Lehrpfad*, der wieder zurück in die Stadt führt. Seit 1974 wurden in diesem Lösshohlweg, dem Fuchsleitengraben, vom Verschönerungsverein Mautern nach und nach aus ganz Niederösterreich 84 Stück gewichtiger Exponate, wie Gmünder Granit oder ein Brocken Semmeringkalk, zusammengetragen und beschildert, um die geologische Vielfalt des Landes anschaulich zu machen.

Zurück im Ort führt der erste Weg die Hungrigen ins Genießerhotel *Landhaus Bacher*. Wer kennt nicht die Kochkünstlerin Lisl Wagner-Bacher, die freundliche Dame im zart gestreiften blauen Kleid mit strahlend weißer Schürze. Ihr Credo: „Ich führe mein Lokal wie eine gute Hausfrau, und meine Familie sind auch die Gäste.“ Der eine Ruhetag in der Woche, der streng eingehal-

Kochkünstlerin Lisl Wagner-Bacher

ten wird, gehört ihrer eigentlichen Familie, dem Ehemann Klaus, der für die Auswahl des Weines zuständig ist, und den beiden Töchtern Susanne und Christina und einem Enkelkind. Schwerpunkt ihrer Küche ist die Wachau mit allen ihren Köstlichkeiten. Eine feine Auswahl ihrer raffinierten Rezepte findet sich in Lisl Wagner-Bachers Kochbuch „Jedes Mahl ein Genuss" als gut gemeinte Herausforderung für ambitionierte Hobbyköche.

Dem Wein verschrieben hat sich der Mauterner Künstler *Fritz Gall.* Überall in der Wachau kann man auf seine Arbeiten stoßen. Sein „phantastischer Regionalismus" hat sich durchgesetzt. Alle nur verfügbaren Hinterlassenschaften des Weinbaus eignen sich als Material für seine Skulpturen. Seit 1996 formt der gelernte Elektroingenieur als künstlerischer Autodidakt aus Weingartendraht, Rebstöcken oder glänzendem Edelstahl von Weintanks Obelisken, abstrakte Engel und skurrile Vögel. Die Kugel aus Draht, ein immer wiederkehrendes Motiv, ist gleichermaßen die Urweinbeere wie die Weltkugel oder das Universum. Alles dreht sich bei Fritz Gall um den Wein, auch der Autoverkehr an den Kreisverkehrsanlagen, in deren Mitte groß dimensionierte Arbeiten des Künstlers aufgestellt wurden.

Im historischen Mautern hat sich altes, zum Teil schon längst vergessenes Handwerk wieder neu etabliert. So zum Beispiel sorgen Elfriede und Karin Kristament für neue *Goldhauben* in der Wachau. Hilfe haben sie dabei keine bekommen, die letzte Goldhaubenmacherin ließ sich das Geheimnis ihrer Herstellung nicht entlocken. Mit jedem Versuch sind die Damen ein Stück weitergekommen, bis ihnen klar wurde, was eine schöne Goldhaube ausmacht, zum Beispiel der Seidendamast oder die Goldborte, die extra für sie geklöppelt wird. Gearbeitet wird auf Bestellung. Die Auftragslage ist befriedigend. Was für den Mann der Kalmuckjanker ist, ist für die Frau die Goldhaube, die jede Wachauerin zur Königin macht.

Eine Kopfbedeckung ganz anderer Art, und gleich dazu die passende Rüstung, liefert Ewald Tanzer in seinem Haus am Stadtrand von Mautern. Er ist Plattner, erzeugt Helme und Rüstungen wie im Mittelalter, als die Rittersleut in Eisen gewandet aufeinander lossprengten. Mit dem Dreißigjährigen Krieg und dem Aufkommen von Schusswaffen verschwand der Beruf des Plattners langsam. Fast 400 Jahre dauerte es, bis sich wieder einer fand, der es versteht, einen Eisenanzug maßzuschneidern.

Mädchen- und Frauenhauben aus dem Hause Kristament

INFO Stadtgemeinde Mautern an der Donau, 3512 Mautern, Rathausplatz 1, Tel. 02732/831 51, www.mautern.at **PFARRAMT MAUTERN** 3512 Mautern, Kirchenplatz 1, Tel. 02732/829 23 **ESSEN UND TRINKEN** Landhaus Bacher, Fam. Wagner-Bacher, 3512 Mautern, Südtiroler Platz 2, Tel. 02732/829 37, www.landhaus-bacher.at; Gasthof zum grünen Baum, 3512 Mautern, Rathausplatz 2, Tel. 02732/829 09, www.gruener-baum.co.at; Weinbau- und Heurigenschank Fam. Graf, 3512 Mauternbach 14, Tel. 02732/827 43; Severinhof, Fam. Schwaighofer, Weingut, Obstbau, Gästehaus, 3512 Mautern, Frauenhofgasse 12, Tel./Fax 02732/846 43, Heurigenschank, Severinweg 1, Tel. 02732/788 69, www.severinhof.at **RÖMERMUSEUM FAVIANIS – ST. SEVERIN** 3512 Mautern, Schloßgasse 12, Tel. 02732/811 55, 1. April bis 1. November, Mi–So 10–12, Fr, Sa 16–18 Uhr **WEINKÜNSTLER** Fritz Gall, 3512 Mauternbach 75, Tel. 0650/224 85 14, www.weindesign.at **WACHAUER GOLDHAUBE** Elfriede und Karin Kristament, Tel. 02732/726 43 **PLATTNER** Ewald Tanzer, 5312 Mautern, Beethovenstraße 5, Tel. 02732/871 12

IM RHYTHMUS DER NATUR: DER NIKOLAIHOF IN MAUTERN

In Mutaren schied Bischof Pilgrim mit Liebe von seiner Nichte Kriemhild, die zu den Heunen fuhr, um dort König Etzel zu heiraten, so erzählt es die Nibelungensage. Warum gerade in Mautern? Weil hier der Passauer Bischof einen Lesehof besaß und er die Reise an der Seite seiner Nichte für eine Inspektion der hiesigen Weingüter nützen konnte.

Auch das Passauer Chorherrenstift St. Nikola hatte Besitzungen rund um Mautern und verwaltete diese von 1067 bis 1803 vom Nikolaihof aus. Das Gebäude selbst ist aber weit älter, wovon man sich bei einer Führung mit der Hausfrau Christine Saahs überzeugen kann.

Der Keller des Nikolaihofes scheint mit rohem Beton verputzt zu sein. Tatsächlich wurde diese gegen jede Feuchtigkeit beständige Schicht schon von den Römern aufgebracht. Sie haben in diesem Gewölbe im Lager Favianis bereits Wein gelagert. 2000 Jahre später wird hier in junger, schöner Tradition jedem Spross der Familie Saahs ein Fass gewidmet. Nikolaus, 1980 geboren, wird der nächste Weinhauer auf dem Nikolaihof sein.

Wucherndes Grün im Nikolaihof

Auch der untere Teil der Mauern des romanischen Salz- und Getreidespeichers sind römische Qualitätsarbeit. Die Decke, ein Werk mittelalterlicher Zimmerleute, verdient ebenfalls Aufmerksamkeit; es handelt sich um eine Tramdecke mit der unglaublichen Spannweite von zehn Metern, die bis heute nicht die geringste Stütze benötigt. Rekordverdächtig ist auch die Holzpresse mit seinem Pressbaum von 15 Metern Länge, auf der seit 2005 wieder gearbeitet wird.

Von diesem Wirtschaftsraum aus betritt man die möglicherweise älteste Basilika nördlich der Alpen, vermutet Frau Saahs. Ein Hinweis darauf könnte sein, dass die „Kirchengasse", von der Kremser Straße kommend, zum Nikolaihof und nicht zur Pfarrkirche führt. Geweiht war dieses erste Gotteshaus dem hl. Agapitus, einem unbekannten Heiligen, einem römischen Märtyrer aus der Zeit von Kaiser Aurelian (um 270).

Nikolaihof, Christine Saahs

Familie Saahs, die 1385 bereits ein Familienwappen verliehen bekommen hat, ist seit 1894 im Besitz des Hofes. Frau Saahs kümmert sich um die Gäste des Restaurants, die im Innenhof unter der Kaiserlinde sitzen. Im Schatten des prächtigen, weit ausladenden Baums wird ein köstlicher Querschnitt durch das unglaublich vielseitige Vorspeisenangebot der Küche, begleitet von Kostproben gutseigener Weine, serviert.

Ihr Mann, Nikolaus Saahs, besorgt die Arbeit im Weinberg, der bereits zu Severins Zeiten bebaut worden ist. Der Beweis ist die Vita Severini, die Lebensbeschreibung des hl. Severin, der im 5. Jahrhundert in Mautern ein Kloster gegründet und sich in eine cellula ad venias (eine Klause bei den Weingärten) zurückgezogen hat.

Auf dem Nikolaihof wird ausschließlich Biowein gekeltert. Frau Saahs ist überzeugt, dass vom Auspflanzen bis zum Flaschenfüllen alles seinen Rhythmus hat, der für sie vom Mondkalender und dem eigenen Gefühl bestimmt wird. Das habe einen günstigen Einfluss auf die Lebensmittel, sagt sie, sie würden verträglicher, gesünder, gäben den Rhythmus weiter: Einfach ist es nicht, statt Spritzmittel und Kunstdünger

Steinmehl zu verwenden und dabei in ein strenges Reglement eingebunden zu sein. Viele Kollegen haben sich noch nicht dazu entschließen können. Christine Saahs: „Unter 6000 Weinhauern sind wir die Einzigen, die von Demeter zertifiziert sind und rein biodynamisch arbeiten." Trotz aller Schwierigkeiten hat der Nikolaihof in einem Einkaufsführer der USA eine Erwähnung unter den hundert besten Weinen der Welt erfahren, ein Erfolg, der sogar für die Wachau einzigartig ist.

WEINGUT UND WEINSTUBE NIKOLAIHOF WACHAU Fam. Saahs, 3512 Mautern, Nikolaigasse 3, Tel. 02732/829 01, www.nikolaihof.at

GOTTESBURG STIFT GÖTTWEIG

1072 ließ der Passauer Bischof Altmann auf dem mächtigen, weithin sichtbaren Berg am Rande des Mauterner Feldes ein Kloster errichten. Diese Stelle schien das Heiligtum geradezu gefordert zu haben, nachdem auf ihr bereits vor den Römern eine die Umgebung dominierende Siedlung bestanden hatte.

Seit 1094 leben hier Mönche nach der Regel des hl. Benedikt. Die Gemeinschaft hat eine wechselhafte Geschichte. Im 12./13. Jahrhundert erlebte das Kloster eine wirtschaftliche

Unverkennbare Silhouette: Stift Göttweig

Göttweiger Mönche beim Chorgebet

Blüte, während der Reformationszeit kam es zu einer personellen Ausdünnung mit geistlichem und sittlichem Verfall, 1580 und 1718 zerstörten Brände das Kloster, 1939 wurde es durch die Nationalsozialisten enteignet und aufgehoben. 1939 bis 1945 fand das barocke Gebäude als Umsiedlungslager und als „nationalpolitische Erziehungsanstalt“ Verwendung, danach diente es den Russen als Kaserne, bis die Mönche zurückkehrten und das Kloster wieder als solches erneuerten.

Den aktuellen Besucherandrang verdankt das Stift seinem grandiosen Aufstieg im 18. Jahrhundert, der nicht zuletzt der geschickten Wirtschaftsführung des Abtes Berthold Mayr (1689–1713) zu verdanken ist. Baumeister Johann Lukas von Hildebrandt hatte Pläne für einen kompletten Neubau geliefert, die sich am Escorial in Spanien orientierten, wenn auch kleiner dimensioniert. Sie ließen auf dem Göttweiger Berg das *österreichische Montecassino* erstehen, mit den charakteristischen Ecktürmen, die das Stift schon von weitem unverkennbar machen.

In den letzten Jahren wurde durch umfangreiche Renovierungen und Umbauten viel dazu beigetragen, das Stift Göttweig dem Feriengast als zeitgemäßes Unternehmen und Topausflugsziel zu präsentieren: ein flotter Eingangsbereich mit Shop, informativ gestaltete Literatur, Führungen, ein elegantes Restaurant und Ausstellungen im *Kaisertrakt* mit der imposanten *Kaiserstiege*, auf deren Deckenfresko sich Kaiser Karl VI. nicht gerade bescheiden als Gott Helios-Apoll darstellen ließ.

Viele Teile des Klosters sind nicht zugänglich – schließlich ist es der Lebensraum von derzeit etwa sechzig Mönchen. Mit Spezialausstellungen gibt es immer wieder kleine, wohl dosierte Einblicke in die Schätze des Stiftes. Damit keine Missverständnisse aufkommen: Als Schatzkammer eines Klosters gilt in erster Linie die Bibliothek. Der Gesamtbestand der für die Öffentlichkeit nicht zugänglichen Stiftsbibliothek beträgt an die 145.000 Bände, darunter eine große Anzahl wertvoller Handschriften vom 9. Jahrhundert an, wovon ein guter Teil reiche Buchmalerei aufweist.

Stift Göttweig: Marienkrone aus 1719

Das Stift verfügt über die zweitgrößte Grafiksammlung Österreichs mit circa 32.000 Blättern, darunter Arbeiten der bedeutendsten Künstler Europas. Gut gehütet wird auch das Musikarchiv mit unschätzbaren Autografen und Instrumenten und als Kuriosum eine Tabatiere von Wolfgang Amadeus Mozart.

Im Zentrum eines Besuches auf dem Göttweiger Berg steht die *Stifts- und Pfarrkirche Mariae Himmelfahrt.* 1083 wurde sie geweiht. Ihr heutiges Aussehen hat sie seit dem barocken Umbau des Stiftes. Vor dem Chor gelangt man in die *Krypta* aus dem 15. Jahrhundert und zum Altmanni-Reliquienschrein mit den Gebeinen des Stiftsgründers Bischof Altmann. Im anschließenden *Lapidarium* im „Apothekergang“, wegen seiner Nähe zur Stiftsapotheke so genannt, wurden Steindenkmäler, zum größten Teil Grabplatten aus dem Stiftsbereich, aneinander gereiht.

Ab dem 12. Jahrhundert gab es auf Stift Göttweig ein Sängerknabeninstitut, das sich bis zur Aufhebung durch die Nazis hielt. Anstelle des Konvikts wurde 1999 ein Jugendhaus errichtet. Sommer für Sommer ist es von Musik erfüllt. Im Rahmen des Festivals *Glatt&Verkehrt* bevölkern junge Leute das ehrwürdige Stift und lernen dort in der Werkstatt für Musikanten die Maultrommel oder einen Dudelsack zu bedienen.

Gleichzeitig beleben sie als begeisterte Zuhörer die Veranstaltungen im Rahmen dieses Festivals, das jeweils Ende Juli die Wachau mit – im weitesten Sinne – Volksmusik überzieht.

BENEDIKTINERSTIFT GÖTTWEIG 3511 Furth bei Göttweig, Tel. 02732/855 81-231, www.stiftgoettweig.at **GLATT&VERKEHRT FESTIVAL** www.glattundverkehrt.at

FURTH UND PALT ODER VINUM CIRCA MONTEM

Die Weinkellereien von Stift Göttweig liegen am Fuße des Berges im Markt Furth bei Göttweig. Weingärten und die Kellerei sind verpachtet. Die junge Winzerin Petra Unger hat von ihrem früh verstorbenen Vater, Wolfgang Unger, den Betrieb und damit auch die stiftlichen Weingüter übernommen.

In den 600 Jahre alten Gewölben des Kelleramtes Stift Göttweig reifen nun die Weine der engagierten Winzerin, die damit eine Reihe von Auszeichnungen eingeheimst hat. Petra Unger ist Mitglied von Vinum Circa Montem, einer Gemeinschaft von Weinbauern rund um den Göttweiger Berg, und sie betont weibliche Durchsetzungskraft in einer, wie sie sagt, männlich dominierten Branche mit der Gemeinschaft der „11 Frauen & ihre Weine“.

Die *Pfarrkirche zum hl. Wolfgang* in Furth weist eine reizvolle architektonische Besonderheit auf. Das Langhaus ist ebenerdig, der Chor mit dem Altar liegt um ein ganzes Stockwerk höher über zwei Straßendurchfahrten. Verbunden sind beide Teile durch eine breite Treppenanlage. Der Grund für diese seltsame Konstruktion liegt in den zwei Bauphasen der Errichtung. Im 15. Jahrhundert wurde die Sebastians-Bruderschaft gegründet, sie erhielt eine Kapelle über dieser Durchfahrt. Im frühen 17. Jahrhundert wurde das ebenerdige Langhaus im Auftrag dieser Bruderschaft an die hochgelegene Kapelle angebaut, die ihrerseits zum Chor umfunktioniert wurde. Im Zuge des Neubaus von Stift Göttweig entwarf Stiftsarchitekt Johann Lukas Hildebrandt 1719 den Zwiebelhelm des Turmes in Furth.

Blühender Wein

Das Dorf Palt ist Teil der Marktgemeinde Furth. Die sanften Weinhänge des Fladnitztales, das die beiden Orte verbindet, werden dem Kremstal auf der anderen Seite der Donau zugerechnet. Von ihnen wird gemeinhin exzellenter Weißwein erwartet. Trotzdem hat es der in Palt ansässige Winzer *Gerald Malat* geschafft, mit seinen Roten die überaus kapriziöse Klientel der Rotweinkenner zu überzeugen und gleichzeitig sanft zu erziehen. Unter dem Motto „Rotweintrinken soll Freude bereiten, nicht wehtun“ wendet er sich gegen die Überkonzentration an Gerbstoffen in so manchem teuren Roten. Die Weingärten von Gerald Malat liegen im Grenzgebiet des einstigen Imperium Romanum. In seinem Verkaufsraum steht eine Amphore, die bei Grabungen auf seinem

Weinkeller des Stiftes Göttweig

Grund gefunden wurde. Für den modernen Winzer ist es eine besondere Herausforderung, und gleichzeitig ein besonderer Reiz, mit seiner Arbeit eine jahrtausendealte Tradition fortzusetzen, die begonnen wurde, als sein römischer Vorgänger diese Amphore erstmals mit „vinum circa montem" befüllt hat.

Beide Betriebe, Unger und Malat, zählen zu den *Traditionsweingütern Österreich,* einem erlesenen Kreis von Winzern, die sich jedes Jahr einer strengen Qualitätskontrolle unterziehen. Aus jedem Mitgliedsbetrieb wird ein Mitarbeiter für die Verkostung abgestellt, es wird blind verkostet, der Punktedurchschnitt ergibt sofort den besten und schlechtesten Wein. Hält ein Winzer mehrere Jahre den letzten Platz, werden aus dem Verein Experten bestimmt, die einem solchen Weingut Hilfestellung geben bzw. es wird dem Mitglied geraten, einen Winemaker anzustellen. Den Qualitätsbeweis treten die Traditionsweingüter bei der Tour de Vin im Mai jeden Jahres an. Sie öffnen ihre Keller und offerieren ihre Schätze dem Publikum, das mit jeder Verkostung und jedem Gespräch mit dem Winzer zunehmend kritischer wird.

Das Dörfchen Palt verfügt lediglich über eine der hl. Dreifaltigkeit geweiht Ortskapelle mit zwei sehenswerten barocken Prozessionsstangen. Barock ist auch das „Schönkreuz", eine Nischenkapelle am westlichen Ortsausgang mit einer Statue der Maria Immaculata. Aus dem 21. Jahrhundert hingegen ist der Pokal aus Edelstahl im Kreisverkehr östlich des Ortes, ein überdimensionaler Weinbecher aus der Hand des Mauterner Künstlers Fritz Gall.

Gewandert wird im Naturdenkmal Zellergraben am westlichen Ortsrand von Furth zwischen steilen Lösswänden durch die vielfältige Natur der sogenannten „Göttweiger Verlehmungszone". Man kann sich stundenlang zwischen hellblau blühendem Lein, dem Haarfedergras und der Waldhyazinthe genüsslich herumtreiben und dabei mit etwas Glück Smaragdeidechsen und Ziesel beobachten. Umrundet wird der Berg mit dem Fahrrad auf dem mit interessanten Stopps gespickten Radweg „Vinum Circa Montem", wobei die Fahrtdauer durchaus davon abhängig ist, wie viel Zeit man der Kultur (St. Blasienkirche, Altmanni-Bründl, Schönkreuz) und dem Genusse eines vortrefflichen Glas Weines bei einem der Winzer widmet.

Winzer in Palt: Gerald Malat

INFO Gemeindeamt 3511 Furth bei Göttweig, Untere Landstraße 17, Tel. 02732/846 22, www.furth.at **KIRCHE** Pfarramt Furth, P. Benno, Tel. 02732/821 64, E-Mail: benno@stiftgoettweig.at **ESSEN/TRINKEN/ SCHLAFEN** Hotel Gasthof zur Goldenen Krone, Fam. Burger, 3511 Furth, Untere Landstraße 1, Tel. 02732/846 66, www.wachau burger.at **WEINGUT DR. UNGER** Vinum Circa Montem, 3511 Furth, Zellergraben 245, Tel. 02732/858 95, www.DrUnger.at **WEINGUT MALAT** 3511 Palt-Krems, Tel. 02732/829 34, www.malat.at

DER EVANGELIMANN IN PAUDORF

Um 1820 hat sich in der Ortschaft *Paudorf* im Hellerhof eben jener Kriminalfall ereignet, der 1895 zum Stoff der Oper „Der Evangelimann" von Wilhelm Kienzl (1857–1941) avanciert ist. In der Oper fackelt der Täter das Kloster ab, in der Realität brannte der Hellerhof, ein ehemaliges Wirtschaftsgebäude des Stiftes Göttweig.

Urkundlich wird dieser Hof bereits 1265 genannt, als einer von vier Stiftshöfen. Er wurde im 17. Jahrhundert von Mathias und Karl Canevale zum Lustschloss umgebaut. In einem Teil des Hellerhofes ist ein Museum eingerichtet, das dem Komponisten Wilhelm Kienzl und seinem heute großteils vergessenen Werk gewidmet ist.

Partitur im Kienzl-Museum in Paudorf

Die Kapelle des Hofes war lange Zeit Pfarrkirche, bis Pater Udo Fischer diesem kleinen Gotteshaus gegenüber im Hellerhof in den 1990er-Jahren eine neue Pfarrkirche zu Ehren des hl. Altmann, des Gründers von Stift Göttweig, errichten ließ.

Der rührige Geistliche ist gleichzeitig Mitglied des Vorstandes der *Frau Ava Gesellschaft für Literatur*, die seit 2003 alle zwei Jahre einen Literaturpreis für einen Prosatext, der sich auf neuartige und innovative Weise in Sprache und Form mit Themen im Spannungsfeld von Spiritualität, Religion und Politik auseinander setzt, vergibt. Teilnahmeberechtigt sind Autorinnen, die bereits einen ihrer Texte – nicht im Eigenverlag – veröffentlicht haben.

Frau Ava ist die erste bekannte Dichterin deutscher Sprache, sie wurde um 1060 geboren und ist 1127 in Kleinwien bei Göttweig gestorben. Frau Ava lebte und schrieb ihre Werke, die vor allem neutestamentarischen Inhalts sind, größtenteils im Frauenkloster Göttweig, das damals am Fuße des Göttweiger Berges in Kleinwien lag. Ein Wohnturm in Kleinwien am Fuße des Berges trägt noch ihren Namen.

Die erste Preisverleihung fand in der jüngst renovierten *Kirche St. Blasien* statt, in Kleinwien, direkt an der Grenze zwischen den Gemeinden Furth und Paudorf. Das Patrozinium dieses Kirchleins rührt von den ersten Benediktinern her, die 1094 aus dem Kloster St. Blasien im Schwarzwald nach Göttweig gekommen waren. 2004 wurden die Fundamente der romanischen Vorgängerkirche entdeckt und durch zwei „Gucklöcher" im Boden sichtbar gemacht. Das heutige Gotteshaus ist gotisch (um 1435). Die zweibahnigen Spitzbogenfenster weisen eine sogenannte Wabenverglasung auf; sie geben ein dauerhaftes Zeugnis von der Verliebtheit eines Glasers: Er hat den Namen seiner Liebsten, „Maria Fränkh", und den 23. Dezember 1692 ins Glas geritzt. Das Fresko „Christus und die zwölf Apostel", das sich über einen guten Teil der Eingangsseite zieht, wurde bei der jüngsten Renovierung freigelegt.

Jüngst renoviert: Kirche St. Blasien

An der Kirche vorbei führt der Zellerweg, der Wallfahrerweg der südmährischen Pilger nach Maria Zell. Neben dem St.-Blasius-Segen (wird am St.-Blasius-Tag am 3. Februar gespendet, indem der Geistliche zwei gekreuzte, brennende Kerzen vor den Hals der Gläubigen hält – der Segen soll Halsleiden abwenden) gab es auch das Blasius-Brot. In einem Göttweiger Mirakelbuch (Aufzeichnungen von Wundern an einem Wallfahrtsort) wird berichtet, dass durch Auflegen dieses geweihten Brotes an Mensch und Tier wunderbare Heilungen geschahen.

Paudorf: Moderne Kunst im Hellerhof

Die sanft hügelige Landschaft um den Ort Paudorf lädt zum Wandern ein, zum Beispiel auf dem Bildstockwanderweg, der zu vierzig Kapellen, Marterln und Bildstöcken im Gemeindegebiet von Paudorf führt oder mit dem Waldlehrpfad mit seinen amerikanischen Baumriesen, den Mammutbäumen (Wellingtonia gigantea), die 1880 der spätere Abt Adalbert Dungl in seiner Funktion als Waldmeister des Stiftes pflanzen ließ. Sie haben sich in der Zwischenzeit prächtig entwickelt und geben dem Spaziergänger eine Ahnung davon, wie eine Trackingtour durch den Yosemite National Park in Kalifornien aussehen könnte.

Auf dem Weg, der um den Göttweiger Berg herum führt, steht zwischen Kleinwien und Steinabrunn das Altmanni-Bründl. Dort haben einer Legende zufolge drei ehrgeizige Studenten einander geweissagt, dass jeder von ihnen Bischof und Klostergründer würde. Adalbero wurde Bischof von Würzburg und gründete Stift Lambach, Gebhard wurde Erzbischof von Salzburg und gründete Stift Admont, und der Dritte war Altmann, der Bischof von Passau wurde und das Stift auf dem Göttweiger Berg gründete.

Mammutbäume in den Paudorfer Wäldern

INFO Gemeindeamt 3511 Paudorf, Kremser Straße 185, Tel. 02736/65 75, www.paudorf.at **KIRCHEN** www.pfarrepaudorf.com **ESSEN UND TRINKEN** Landgasthof Schickh, 3511 Furth, Kleinwien, Avastraße 2, Tel. 02736/72 18, www.schickh.at **WILHELM-KIENZL-MUSEUM** 3511 Paudorf, Hellerhofweg 7, Tel. 02736/65 75, April bis Oktober, Do 16–18.30 (außer Fei), So 10–12 Uhr und nach Voranmeldung (DW 11 oder 15) **FRAU AVA GESELLSCHAFT FÜR LITERATUR** Hellerhof, 3511 Paudorf-Göttweig, Tel. 0664/574 58 36, www.frauavapreis.at **WANDERN** Bildstockwanderweg, 5 Routen zwischen 5 und 18 km, Waldlehrpfad Dauer mit Ausgangspunkt Paudorf gut 3 Std.

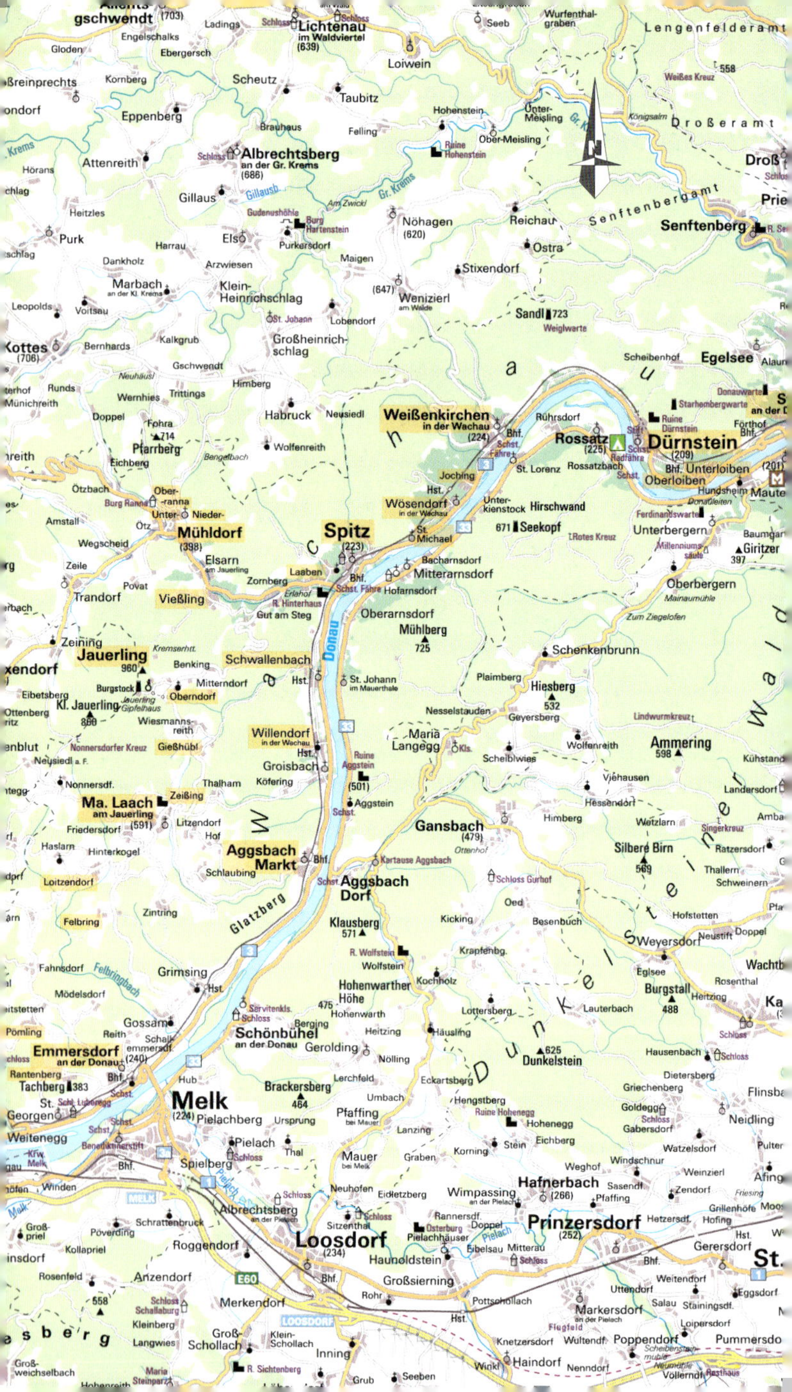

Lichtenau im Waldviertel (639)
Loiwein
Lengenfelderamt
Droßeramt
Senftenbergamt
Senftenberg
Albrechtsberg an der Gr. Krems (686)
Burg Hartenstein
Ruine Hohenstein
Nöhagen (620)
Reichau
Ostra
Stixendorf
Wenizierl am Walde
Sandl 723
Weiglwarte
Kottes (706)
Großheinrichschlag
Egelsee
Weißenkirchen in der Wachau (224)
Rossatz (225)
Dürnstein (209)
Ruine Dürnstein
Starhembergwarte
Unterloiben
Oberloiben
Rossatzbach
St. Lorenz
Joching
Wösendorf in der Wachau
Hirschwand
Seekopf 671
Mühldorf (398)
Spitz (223)
St. Michael
Mitterarnsdorf
Hofarnsdorf
Oberarnsdorf
Mühlberg 725
Unterbergern
Oberbergern
Giritzer 397
Elsarn am Jauerling
Vießling
Jauerling 960
Schwallenbach
St. Johann im Mauerthale
Schenkenbrunn
Hiesberg 532
Kl. Jauerling 880
Willendorf in der Wachau
Groisbach
Ruine Aggstein
Aggstein
Maria Langegg
Ammering 598
Ma. Laach am Jauerling (591)
Gansbach (479)
Silbere Birn 569
Aggsbach Markt
Aggsbach Dorf
Kartause Aggsbach
Schloss Gurhof
Klausberg 571
Glatzberg
Hohenwarther Höhe
Schönbühel an der Donau
Emmersdorf an der Donau (240)
Dunkelstein 625
Burgstall 488
Brackersberg 464
Melk (224)
Pielachberg
Ruine Hohenegg
Hafnerbach (266)
Prinzersdorf (252)
Loosdorf (234)
Albrechtsberg an der Pielach
Donau
Wachau
Dunkelsteiner Wald

Das linke Donauufer von Emmersdorf bis Loiben

Eselwandern und Naufahrt – Auf dem Magdalenenweg durch Emmersdorf – Petri Heil in Aggsbach Markt – Der bescheidene Fundort Willendorf – Krafttanken in Maria Laach – Mühldorf und seine drei Ranna – Spitz am Tausendeimerberg – Vinea Wachau Nobilis Districtus – Das Glöckerl von Schwallenbach – Memento mori in St. Michael – Wein und Brot in Wösendorf – Jamek und Joching, untrennbar verbunden – Die Geschlechtertürme von Weißenkirchen – Mariandl im Teisenhoferhof – Der Weinberg im Dürnsteiner Stadtwappen – Loiben, die liebliche Gegend

Das linke Donauufer der Wachau beginnt im Südwesten mit der Gemeinde Emmersdorf an der Donau und reiht bis an sein Ende in Krems-Stein wie auf einer Perlenschnur alle diejenigen Orte auf, die man gemeinhin mit dem Begriff Wachau verbindet. Auf dieser Donauseite soll 830 der Name Wachau erstmals genannt worden sein, als *locus Uuahouua,* mit den Siedlungen Aggsbach und Spitz. Die Orte St. Michael, Wösendorf, Joching und Weißenkirchen hatten sich seit dem Mittelalter (bis 1837) zur Gemeinde *Thal Wachau* vereinigt. 1972 wurden sie wieder zusammengeschlossen, zur Marktgemeinde Weißenkirchen, an die sich die Stadt Dürnstein mit der Katastralgemeinde Loiben anschließt. Alles klingende Namen, die Lust auf einen Wachaubesuch machen.

ESELWANDERN UND NAUFAHRT

Die beiden originellsten Arten, das linke Wachauufer zu bereisen, sind mit Garantie eine Wanderung in Begleitung eines Esels oder eine historische Naufahrt auf der Wachowia.

Will man dem, was es mit dem *Eselabenteuer* auf sich hat, auf den Grund gehen, wende man sich an den Landwirt Karl Schroll in Rantenberg, einer Rotte der Gemeinde Emmersdorf an der Donau. In der Koppel vor seinem Bauernhaus tummeln sich Esel verschiedenster Größe, mit unterschiedlichsten Ohrlängen und überraschenden Schattierungen ihres grauen Felles. Warum gerade Esel? Kurz und bündig ist die Erklärung von Karl Schroll: „Wir wollten etwas anderes machen, als Lebensmittel produzieren. Wir haben viel Grünland, und meine Lebensgefährtin Anita hat eine Vorliebe für Esel.“ Den Eseln wurde die Landschaftspflege überlassen, als Zusatzaufgabe wurde ihnen die Begleitung von Wanderern aufgetragen. Gemächlich geht es an der Seite eines Esels durch die Natur, manchmal mit einer ungewollten Pause, wenn es dem guten Tier so gefällt oder es sich störrisch zeigt. Im Unterschied zum Pferd, einem Fluchttier, bleibt der Esel vor einer neuen Situation einfach stehen und überlegt, was zu tun ist.

Verlässliche Wanderbegleiter: Karl Schroll und seine Esel

Das Wissen um die Eigenart dieser Tiere ist für einen Eselführer von elementarer Bedeutung. Wer es schafft, mit einem Esel einen Hindernisparcours zu meistern, und eine schriftliche Prüfung besteht, der erhält den Eselführerschein.

Die erste Tour führt von Rantenberg zur nahen *Tachbergwarte.* Die Warte selbst hätte eine Renovierung nötig, erscheint jedoch sicher genug für eine Besteigung. Im Zentrum der weiten Aussicht steht Stift Melk, das man in seiner ganzen Pracht vor sich liegen hat.

Auf der nächsten Tour leitet der Esel seinen Führer sicher ins Wirtshaus, zur Familie Langthaler in Pömling, wo Stadtleute im angeschlossenen Bauernhof mit der grunzenden Herkunft ihres Schweinebratens konfrontiert werden – was noch selten jemandem den Appetit verschlagen hat. Auf der überdachten *Naturkegelbahn* schiebt man in die Vollen. Gegen entsprechendes Trinkgeld findet sich ein Bub zum Kegelaufstellen, während sich die anderen Kinder im Streichelzoo mit Ziege und Schaf balgen oder auf dem Spielplatz austoben. Auch wenn der Abend lang wird, der Esel findet sicher nach Hause.

Erheblich länger kann man die Gesellschaft des Esels auf der großen Runde durch das Gemeindegebiet von Emmersdorf genießen. Auf die einzelnen Stationen verweist jeweils eine Tafel in Form eines Esels. Eine davon steht im Ortsteil *Gossam,* wo die Dorfgemeinschaft aufgrund einer Initiative des Gossamers Franz Xaver Kerschbaumer unübersehbare Zeichen gesetzt hat. Ein Gemeinschaftshaus wurde errichtet, besser gesagt erhielt das letzte Dorfwirtshaus als Kulturzentrum neues Leben und ist seither das noble Hoftheater Gossam. Seit 1992 wird dort Jahr für Jahr prominentes Sommertheater geboten.

Gossam: Reste des Burgkircherls

Außerhalb des Dorfes, im Tal des Felbringbaches, entdeckt man hinter wieder aufkommendem Wald wohl konservierte Reste einer *Kirche.* Der erste Bau war eine dem hl. Pankratius geweihte Burgkapelle. Die Burg wurde um 1450 aufgelassen und verfiel. Die Kirche dagegen wurde im 17. Jahrhundert erweitert. Sie war Ziel für Wallfahrer und als solches so erfolgreich, dass ein Seitenschiff notwendig wurde. Als vor etwa hundert Jahren der Zustrom an Pilgern versiegte, verfiel auch die Kirche. Übrig blieb ein überwachsener Haufen Steine, aus dem lediglich ruinöse Außenmauern und der frühgotische Turm herausragten.

1988 wurde man sich der Reste dieser mittelalterlichen Kleinburganlage wieder bewusst. Gemeinsam mit dem Bundesdenkmalamt begannen die Emmersdorfer im Namen einer Dorferneuerung mit der Sicherung der Anlage. Es wurde fleißig gegraben; heute kann man sich angesichts der Mauern kaum mehr vorstellen, welche Berge von Schutt weggeschaufelt werden mussten, unter größter Bedachtnahme auf mögliche Funde. So wurden unter der Dachtraufe der Kirche Kinderskelette entdeckt. Begraben wurden dort „unfröhliche Kinder", Säuglinge, die vor der Taufe gestorben sind. Um ihnen durch das von der Dachtraufe rinnende und dann in den Boden versickernde Regenwasser die Taufe zuteil werden zu lassen, hat man diese Stelle als Grabstätte ausgewählt.

Auch ohne Dach ist das Burgkircherl ein beliebtes Ziel von Hochzeiten, als romantischer Hintergrund für das Erinnerungsfoto.

Die Eselwanderung geht nun weiter Richtung Markt Emmersdorf, der nicht zuletzt durch das Engagement von Franz Xaver Kerschbaumer seit Jahren Veranstaltungsort der *NÖ Montessori-Werkstatt* ist. In dieser Fachtagung sind Eltern, Kindergärtnerinnen und Lehrer eingeladen, sich mit dem ganzheitlichen pädagogischen Konzept der italienischen Pädagogin und Ärztin Maria Montessori (1870–1952) auseinander zu setzen. Die Veranstaltungen beziehen die gesamte Ortschaft ein, sogar die Esel des Karl Schroll, von denen sich die Seminarteilnehmer im Rahmen eines Selbsterfahrungsworkshops für das berufliche und private Leben inspirieren lassen.

Der Innsbrucker Montessorilehrer Gernot Candolini baut Labyrinthe. Er plante für Emmersdorf ein Steinlabyrinth. Zur Sommersonnenwende 2005 wurden in Sichtweite zu Stift Melk auf einer Wiese zwischen Emmersdorf und Gossam in zwei Tagen achtzig Tonnen Flusssteine zu einem klassischen *Labyrinth* ausgelegt, mit sieben Umgängen auf einem Weg, der in die Mitte führt.

Die Idee, eine solche Anlage zu errichten, stammt von Kerschbaumer. Die Gebrauchsanweisung ist einfach: „In einem Labyrinth ist nichts verboten. Wenn jemand meint, er müsse geradeaus hineingehen, indem er über oder auf die Steine steigt, ist das seine Sache. Nur bitte nichts zerstören! Wenn Sie die Muße haben, sollten Sie sich auf den Weg aus dem Labyrinth einlassen, denn der Weg zur Mitte, heißt es, ist der Weg zur Kraft. Der Weg aus der Mitte ist der Weg zur Liebe."

Das Steinlabyrinth von Emmersdorf

Die Esel haben es sich nun wahrlich verdient, auf der Koppel ihrer eigenen Wege zu gehen. Auf den Besucher hingegen wartet die versprochene zweite Möglichkeit, die Reise in die Wachau anzutreten. Sie beginnt im Sporthafen von Emmersdorf. Der Ruder- und Zillensportler und staatlich geprüfte Rudertrainer Wolfgang Speckner lässt mit der *Naufahrt* eine alte Schifffahrtstradition wiederaufleben. Nauwärts bedeutet stromabwärts zu fahren. In dieser Richtung befördert Speckner bis zu zwölf Personen in einer beschaulichen Tour bis Spitz. Er zeigt ihnen vom Wasser aus die Schönheiten an der Donau, zum Beispiel während der Marillenblüte, wenn Weiß und Rosa die Ufer verzaubern, oder zur Weinlesezeit, wenn die Rieden in herbstlichen Farben glühen.

Das Fahrzeug ist die Wachowia, eine zehn Meter lange Spiegelzille, 2001 nach einem historischen Vorbild vom Bootsbauer Anton Witti (OÖ) angefertigt. Die Anregung zur Form

Beschauliche Naufahrt mit Wolfgang Speckner

des Bootes rührte von einem Schiffsfund bei Altenwörth im Jahr 2000 her. Die dort gefundene Zille war 1810 gesunken. Ihre Relikte sind im Schifffahrtsmuseum in Spitz ausgestellt. Gesteuert wird die Wachowia mit dem Donaubaum, einem mächtigen Ruder. Zur Sicherheit ist ein 50-PS-Motor eingebaut, der das leere Boot von Spitz oder Weißenkirchen wieder in den Motorboothafen nach Emmersdorf bringt. Die Passagiere reisen mit der Bahn zurück nach Emmersdorf.

WACHAUER ESELABENTEUER Karl Schroll, 3644 Rantenberg 4, Tel. 0664/134 59 56, www.wachauer.at **NAUFAHRT** Erlebnisfahrten entlang der Donau, Wolfgang Speckner, 3644 Emmersdorf 2, Tel. 02752/719 47, 0664/790 09 68, http://members.telering/Naufahrt **THEATER IM DORFHAUS GOSSAM, STEINLABYRINTH** Tourismusverein 3644 Emmersdorf, Tel. 02752/700 10 (Mai bis Sept. tägl. 15–19 Uhr), Gemeindeamt, Tel. 02752/714 69 (Okt. bis April), www.emmersdorf.at **ESSEN UND TRINKEN** Bauer und Wirt Langthaler, 3644 Pömling 14, Tel. 02752/714 27, www.gasthaus-langthaler.at (Naturkegelbahn, Abenteuerspielplatz, Streichelzoo) **WANDERN** Tachbergwarte, Schlüssel bei Frau Leitner, Rantenberg 5 (von Rantenberg aus 30 Min.), Eselwandern über Pömling mit Gasthaus Langthaler (ca. 5 Std.), große Eselrunde unter dem Motto „Mythen – Sagen – Legenden“ über Burgkircherl in Gossam (gut 7 Std.).

AUF DEM MAGDALENENWEG DURCH EMMERSDORF

Die Gastronomie des alten Marktes Emmersdorf an der Donau (seit 1259 Marktrecht) hat einiges zu bieten. Der Donauhof und das Restaurant Zum Schwarzen Bären bieten in gediegener Manier Kost und Logis. S'Felsengartl ist ein Heurigenrestaurant mit dem Schwerpunkt auf Wachauer Weinen. Überall dort kann man sich mit Informationsmaterial eindecken, um vorerst die nächste Umgebung zu erforschen.

Der *Magdalenenweg* führt weg vom Schwarzen Bären zu verschiedenen Kraftpunkten. Erste Station ist die *Magdalenenkapelle* vis-à-vis dem Restaurant, ein ansprechender gotischer Bau mit einem malerischen Stiegenaufgang zu einer Loggia als Vorhalle und einer Kapelle im ersten Stock. Dem Kellergewölbe dieses Gebäudes wird von Radiästheten positive Strahlung bescheinigt, weswegen es zu einem Meditationsraum ausgestaltet werden soll. Vom Eingang der Kapelle sieht man hinein in die Hauptstraße, an der entlang sich historische Fassaden reihen, eine schöner als die andere.

Die gotische Magdalenenkapelle in Emmersdorf

Zwischen den Häusern führt ein Durchgang hinauf zur Kolomanistiege. Man kommt zur Statue des hl. Koloman aus dem 19. Jahrhundert, von dort aus bietet sich ein schöner Blick auf Melk. Über die Bahn drüber geht's in den Ortsteil Hofamt und zur *Kirche St. Nikolaus.* Die spätgotische Pfeilerbasilika steht vermutlich an der Stelle einer älteren romanischen Saalkirche aus dem 12. Jahrhundert. Zwischen 1738 und 1771 erfolgte die Barockisierung, die dem Turm den geschwungenen Glockenhelm verpasste.

Über die Rote-Kreuz-Straße kommt man zu einer Gasse namens Stiftblick. Dem Haus Nr. 1 sieht man nicht an, dass es Stammhaus eines ganzen Theaters ist, der *Wanderbühne Johanna Imagoa*. Die Namensgeberin des Puppentheaters ist Intendantin und Stückeschreiberin, sie fertigt die Darsteller an und zieht auch selbst die Fäden. In einem fantastischen Ambiente werden die Sinne des zumeist sehr jungen Publikums angesprochen, wird die Fantasie angeregt.

Johanna Imagoa mit einer ihrer Puppen

Ganz in der Nähe wohnt der Kunstschaffende *Heinz Knapp*, den man bei rechtzeitiger Anmeldung in seinem Atelier in der Rote-Kreuz-Straße 22 besuchen kann. Knapp ist Mitbegründer des Wachauer Künstlerkreises und arbeitet derzeit intensiv an einer Großplastik, die nach erfolgreicher Finanzierung im Zentrum des Kreisverkehrs von Emmersdorf stehen soll: zwei Steinsäulen – hundert mal hundert Zentimeter stark und sieben Meter hoch –, die eine Edelstahlskulptur zum Thema Donau und Schifffahrt tragen.

INFO Tourismusverein 3644 Emmersdorf, Tel. 02752/700 10 (Mai bis Sept. tägl. 15–19 Uhr), Gemeindeamt, Tel. 02752/714 69 (Okt. bis April), www.emmersdorf.at **ESSEN/TRINKEN/SCHLAFEN** Hotel-Restaurant Zum Schwarzen Bären, Fam. Pritz, 3644 Emmersdorf, Marktplatz 7, Tel. 02752/712 49, www.hotelpritz.at, Auskunft über den Magdalenenweg; Hotel-Restaurant Donauhof, Fam. Pichler, 3644 Emmersdorf 40, Tel. 02752/717 77, www.donauhof.com; Hotel Donauhof – Heuriger, Luberegg 18, Tel. 02752/717 77-60; Gasthof Weidenauer, 3644 Emmersdorf 27, Tel. 02752/712 29; Heurigenrestaurant S'Felsengartl, 3644 Emmersdorf, Donaustraße 1, Tel. 02752/717 49, www.felsengartl.at **CAMPING** 3644 Emmersdorf, Tel. 02752/717 07, Mai bis September **PUPPENTHEATER** Johanna Imagoa, 3644 Emmersdorf, Stiftblick 1, Tel. 02752/721 59, www.puppentheater-imagoa.at **HEINZ KNAPP** Kunstschaffender, 3644 Emmersdorf, Rote-Kreuz-Straße 22, Tel. 02752/718 12

PETRI HEIL IN AGGSBACH MARKT

Während der Sommermonate ziehen Scharen von Radfahrern am linken Donauufer stromabwärts. Ein eigener Radweg führt von Emmersdorf die Donau entlang, vorbei an den Weilern Schallemmersdorf, Gossam, Grimsing bis zur Flur „Im Wört", einem lang gestreckten Augebiet. Der Name Wört bedeutet Insel, und eine solche soll hier im Rahmen eines LIFE-Projekts wieder entstehen. Geplant ist eine Öffnung des Altarmes der Donau bei Grimsing, um neues Leben in das zu ruhige Wasser

Flott unterwegs: Radfahrer in der Wachau

dieser Au zu bringen, ein Vorteil für Flora und Fauna, aber auch für diejenigen, die speziell den geschuppten Vertretern der Tierwelt nachstellen.

Die Lizenz zum Angeln gibt's in der nächsten Ortschaft, in Aggsbach Markt, im Fischereizentrum auf dem Gemeindeamt. Die Karte gilt für die im Weltkulturerbe Wachau gelegenen Donaureviere und kann auch tageweise gelöst werden. Man muss nicht zu den passionierten Petrijüngern gehören, um sich an einem der Fischgewässer als Angler zu versuchen. Experten geben Tipps zur richtigen Ausrüstung und zum richtigen Verhalten, wenn sich wider Erwarten nach stundenlangem Hocken im Morgentau doch ein Hecht, Zander oder Karpfen am Haken verbissen hat.

Zur Geschichte von Aggsbach Markt: Die Ansiedlung ist Teil einer Schenkung, die 830 dem Kloster Niederaltaich zugute gekommen ist (Ausführliches zu dieser Schenkung im Abschnitt über den Markt Spitz, S. 268 f.). 1285 finden sich die Ritter von Zaucha und im 14. Jahrhundert die Kuenringer als Herrn der Ortschaft, die 1441 zum Markt erhoben wurde.

Die *Pfarrkirche*, eine dreischiffige romanische Pfeilerbasilika, spiegelt die unterschiedlichsten Epochen wider, mit gotischem Kreuzrippengewölbe, einem barocken Hochaltar, Stuckmarmor im Chor aus 1780 und Volksaltar wie Ambo (Lesepult) aus 1993. Aggsbach Markt war einer der vielen (im 18. Jh. aufgelassenen) Wallfahrtsorte der Wachau.

Der obligate Spaziergang durch den Ort öffnet reizvolle Blickachsen zur Donau und nach Osten zur Ruine Aggstein.

Ein heißer Tipp: Im Ort, zwischen Radweg und Bundesstraße, ist ein *Milchautomat* aufgestellt, bei dem man sich jederzeit mit frischer, ausnehmend gut schmeckender Milch laben kann.

Ein Dinosaurier und ein Zwerg weisen den Weg in die Märchenwelt des *Hubhofs* im bergigen Hinterland von Aggsbach Markt. Anstelle von Kühen und Hühnern bevölkern Rieseninsekten und Märchenfiguren das Anwesen; mit deren Erforschung sind Kinder gut und gern einen halben Tag und länger beschäftigt. Die Geschichte das Gebäudes selbst reicht bis ins Jahr 1196 zurück, damals bestand dieser einzeln stehende Hof nördlich von Aggsbach Markt schon als Wehrhof der Herrschaft Leiben. Um 1338 wurde er gar landesfürstlich. Geblieben sind von der Bastion mit Turm der Mauerkern und zwei Schießscharten an der Eingangsfront.

Wenn man sich schon im Hinterland befindet, sollte man den Weg via Maria Laach und die Rotte Thalham nach *Köfering* nicht scheuen. Die Bauernhäuser dieses Dorfes, meist Dreiseithöfe, picken malerisch, wie die von italienischen Bergdörfern, am steilen Hang des Stickelberges. Entsprechend eng ist die Dorfstraße, die am Ortsausgang endet. Nachdem man am Haus Nr. 12 den Rest einer ornamentalen Sgraffitomalerei aus dem 16. Jahrhundert gebührend gewürdigt hat, führt der Weg hinunter ins nächste Dorf, nach Groisbach. An dieser alten Straße zeigt sich die Wachau in ihrer ganzen Vielfalt: Der Blick gleitet von der Ruine Aggstein auf der anderen Seite über die Fichtenpflanzungen oben bis zu den aufgelassenen Weinterrassen herunten an der Donau.

Märchenwelt am Hubhof

INFO Marktgemeinde 3641 Aggsbach Markt 48, Tel. 02712/214, www.tiscover.at/aggsbach **ESSEN/TRINKEN/SCHLAFEN** Gasthof-Pension Zum Kranz, 3641 Aggsbach Markt 161, Tel./Fax 02712/210, www.gastro-austria.at/zum-kranz **MILCHAUTOMAT** Kalte Frischmilch an der Donaulände – ein Tipp für Wanderer und Radfahrer **FISCHEN** Informationen und Kartenausgabestelle Marktgemeinde Aggsbach, Tel. 02712/214-12 (während der Amtszeiten), www.tiscover.at/aggsbach **KIRCHE** 3641 Aggsbach Markt, Tel. 02712/213 **MÄRCHENLAND** Fam. Hofbauer – Hubhof bei Aggsbach, Tel. 02712/241, www.maerchenland.at

Das Bergdorf Köfering

DER BESCHEIDENE FUNDORT WILLENDORF

Bei einem der Heurigen des Weinhauerdorfes Willendorf (Gem. Emmersdorf) steht die maßstabgerechte, fast lebensgroße Nachbildung der berühmten Venus von Willendorf. Sie wurde von den Willendorfern 1978 direkt an der Fundstelle aufgestellt. Beim Zugang zur Fundstelle informieren beschriftete Tafeln über die Ausgrabungen. Seit 1994 gibt es in unmittelbarer Nähe dazu ein kleines Museum, das ebenfalls in Eigenregie von den Ortsleuten eingerichtet wurde. Das Naturhistorische Museum Wien steuerte eine Kopie dieser nur wenige Zentimeter großen Statuette bei, die dort in der Prähistorischen Abteilung im Original zu sehen ist.

Der spätere Fundort der Venus war in Fachkreisen als archäologisch bedeutsam längst bekannt. In der Lössterrasse oberhalb des Ortes Willendorf befanden sich vier paläolithische Grabungsstätten, auf denen im Zusammenhang mit dem Bau der Donauuferbahn Anfang des 20. Jahrhunderts intensive Grabungen stattfanden. Man war auf zahlreiche Kulturschichten gestoßen, die zeigten, dass über viele Jahrtausende hinweg kleine Menschengruppen immer wieder diesen Ort aufgesucht hatten. Der Platz war ideal für die Jagd, da an der in unmittelbarer Nähe liegenden Mündung des Willendorfer Baches Tierherden zur Tränke zusammenkamen, die in der Enge des Donautales von den eiszeitlichen Jägern leichter verfolgt und erlegt werden konnten als in den offenen Lösssteppen des Weinviertels. Ihre Hinterlassenschaft besteht aus Steinwerkzeugen und Tierknochen, die die Grabungen zutage förderten.

Kopie der Venus von Willendorf

Am 7. August 1908 meldete ein Grabungsarbeiter den Fund einer elf Zentimeter großen Kalksteinfigur. Wegen ihrer unübersehbaren weiblichen Attribute wurde die urzeitliche Dame Venus getauft. Das Alter dieser Statuette, die einem Fruchtbarkeitskult zugeordnet oder als Symbol der Erdenmutter angesehen wird, schätzt die Wissenschaft auf 25.000 Jahre.

Wer war nun der Entdecker dieser Sensation? Die Grabungsleiter (Josef Szombathy, Josef Bayer, Hugo Obermaier) kamen überein, dreieinig als deren Finder aufzutreten. Der Arbeiter, der auf die Figur gestoßen ist, hieß übrigens Karl Heiss.

VENUS-MUSEUM, 3641 Willendorf 4, Tel.02712/768, www.willendorf.info, Anfang Mai bis Ende Oktober, Sa 14–16, So, Fei 10–11.30

und 14–16 Uhr **ESSEN UND TRINKEN** Gasthof Zur Venus, 3641 Willendorf 36, Tel./Fax 02712/290, www.gasthof-zur-venus.at; Venusheuriger, Fam. Weiser, 3641 Willendorf 5, Tel. 02712/294

KRAFTTANKEN IN MARIA LAACH

Der Markt *Maria Laach am Jauerling* (591 m) liegt, wie sein Beiname schon sagt, hoch oben, an den südlichen Hängen des *Jauerlings,* eines Beinahetausenders (960 m). Ein kurzer Uferstreifen an der Donau macht Maria Laach aber zur Wachaugemeinde. Der Abstecher in die Berge zahlt sich aus. Hier heroben ist man dem Himmel näher.

Wallfahrtskirche Maria Laach

Die Madonna auf dem *Gnadenbild* auf dem linken Seitenaltar der Wallfahrtskirche ist bekannt wegen der sechs Finger an ihrer rechten Hand. Sie schaut bekümmert drein. Kein Wunder. Die Menschen erzählen ihr täglich von ihren Sorgen und hoffen, dass eine Gnadenmutter mit sechs Fingern zu größerer Hülf' imstande ist als eine mit lediglich fünf.

Anziehungspunkt für Kunstexperten ist der Hochaltar, ein *Doppelflügelaltar* aus 1480. Er ist einer der ganz wenigen, die vollständig erhalten sind und zwei Flügel hintereinander aufweisen. In der Fastenzeit wird er einmal geschlossen, dann zeigt er acht Bilder aus der Leidensgeschichte und die Auferstehung. Im Advent wird er ganz zugemacht und ist dann nur mehr halb so groß, mit vier Bildern aus dem Leben der Gottesmutter. In der Mitte des Altars thront Maria als Himmelskönigin, im Arm das Kindl mit einem Zutzl, also einem Schnuller. Sie wurde von Wöchnerinnen und jungen Müttern verehrt.

Ein weitere Marienfigur stammt aus der Gotik, um 1400; sie hält einen Apfel in der rechten Hand, der sie als neue Eva ausweist, die den Fehltritt der „alten" Eva wieder gutmacht.

Maria Laach: Aufsatz des spätgotischen Flügelaltars

Die Besitzer der Herrschaft und des Kirchenpatronats, die Herren von Kuefstein, präsentieren sich mit prächtigen Totenschilden und einem Hochgrab mitten in der Kirche. Dieses gilt als das schönste Grabmal der Renaissance in Österreich. Hans Georg von Kuefstein war Protestant, den katholischen Habsburgern aber treu ergeben, so wirkte er als Vermittler zwischen den Parteien.

Kirtag in Maria Laach ist der 2. Juli, Mariä Heimsuchung (der Besuch Mariens bei Elisabeth, der Mutter Johannes des Täufers). Er wird mindestens so gefeiert wie der Ostersonntag, versichert der Pfarrer. Drei Messen gibt es an diesem Tag, an dem nicht gearbeitet wird. Die Kirche ist dabei immer voll, obwohl die Zahl der Ortsbevölkerung ständig abnimmt. „In einem Dörfel am Jauerling ist die jüngste Person siebzig Jahre alt", klagt der Seelsorger des Wallfahrtsortes Maria Laach, Pfarrer Franz Hofstetter, „vieles liegt brach, die einzige Einnahmequelle sind die Christbaumkulturen, die hier gedeihen."

Leben kommt in den Ort, wenn an den Samstagen von Februar bis Dezember am Marktplatz im Kerblerhaus *Bauern-*

markt ist. Die Gemeinschaft der „Jauerlinger Bauern" bietet Selbsterzeugtes aus Hof und Garten. Ein weiterer Bauernmarkt findet zweimal im Jahr im Sommer bei der Aussichtswarte am Burgstock, einem der Gipfel des Jauerlings, statt.

Im Sommer ist der Jauerling mit seinem *Naturpark* ein ideales Wandergebiet. Im Winter wird dort oben Ski gefahren, wobei eine Beschneiungsanlage für Schnee sorgt, wenn der Witterung nicht danach ist.

Die jüngste Attraktion der Marktgemeinde Maria Laach ist der *Kraftweg*, eine Idee des Wünschelrutengängers Edmund Binder. Auf einem beliebten Spazierweg hat Binder Erlebnisstationen eingerichtet. Naturenergie, Erdstrahlen und Geobiologie soll man selber spielerisch anhand von Experimenten erspüren. Ausgangspunkt ist der Brunnen im Ort. Sein Wasser kommt aus der örtlichen Wasserleitung, die von einem artesischen Brunnen gespeist wird, den Binder 1994 gefunden hat. Es handelt sich seiner Aussage nach um Wasser, das über fünfzig Jahre alt ist. Es ist mit Mineralien angereichert und enthält Eisen, das die elektrische Leitfähigkeit erhöht. Die Radiästhesie, die Edmund Binder betreibt, wird so zu einer praxisrelevanten Technik, die es erlaubt, Wasser zu finden, mit einer Erfolgsquote von an die achtzig Prozent.

Maria Laach: Edmund Binder auf dem Kraftweg

Als gestandener Waldviertler hat er als Eingang ein Portal aus groben Steinen hingestellt, das sich nach den Kraftlinien ausrichtet. Der Weg führt an der Kapelle bei der Kaiserlinde vorbei zum Sternzeichenplatz, zu Yin-Yang mit einem Kreuz davor und zu einigen Kraftbankerl für eine kurze Rast. Die letzte Station ist die Wallfahrtskirche. Im ersten Jahr waren es bereits etliche Tausend Besucher, so Binder, die auf anregende Weise die Kraftlinie zwischen Waldviertel und Wachau zu begreifen versucht haben.

In Loitzendorf, einem Ortsteil der Gemeinde Maria Laach, hat sich ein Wirtshaus erhalten, das zumindest seiner Form nach an Zeiten erinnert, als die Fuhrleute vor der Überfahrt über den Jauerling noch einmal zugekehrt sind, zum Abrasten für die Rösser. Es gibt noch eine alte Gaststube, die aber nicht mehr genutzt wird. Grad so gemütlich ist es im neuen Gastzimmer, wo Akkordeons und Knöpferlharmonikas die Wand entlang aufgestellt sind. Jeden letzten Freitag im Monat treffen sich in diesem „Harmonikamuseum" Musikanten zum Stammtisch, an dem der Bub der Wirtsleute, der zwölfjährige Patrick, auf seiner Steirischen bald den Ton angeben wird. Das musikalische Talent dazu hat er.

INFO Gemeindeamt 3643 Maria Laach am Jauerling 22, Tel. 02712/82 22, www.marialaach.at **KIRCHE** Pfarramt 3643 Maria Laach 1, Tel.

Loitzendorf: Aufgspielt wird im Harmonikamuseum

02712/83 39 **ESSEN/TRINKEN/SCHLAFEN** Landgasthof Weisse Rose, 3643 Maria Laach 5, Tel. 02712/82 71, www.weisse-rose.cc; Dorfhotel Grüner Baum, 3643 Maria Laach 3, Tel. 02712/83 03, www.hotel-ringl.at; Dorfwirtshaus, Fam. Lagler, Knöpferlharmonikamuseum, 3643 Loitzendorf 14, Tel. 02712/82 21, www.loitzendorf-inn.at; Haberghütte Zum Gießhübler, 3643 Gießhübl 2/1, Tel. 02712/685 39, 0664/184 79 03, www.haberghuette-camping.at; Gasthaus Mühlberghof, 3643 Zeissing 15, Tel. 02712/83 20, E-Mail: jauerling@aon.at; Schleinkhof, Fam. Buchegger, 3643 Maria Laach, Schleinkhof 55, Tel./Fax 02712/349, www.tiscover.at/buchegger-schleinkhof; Gasthof-Pension Waldruhe, 3643 Maria Laach, Felbring 11, Tel. 02712/83 12, www.gastro-austria.at/gasthofwaldruhe, **BAUERNMARKT** Kerblerhaus, Februar bis Dezember, jeden Sa 9–15 Uhr **KRAFTWEG** Spezialführungen, Info am Gemeindeamt **AUSSICHTSWARTE JAUERLING** 3620 Oberndorf, Tel. 02713/27 55, Ostern bis Allerheiligen tägl. 9.30–18 Uhr **SKIFAHREN** Jauerling Lift GesmbH, Schneetelefon 02713/28 74, www.jauerling.at

MÜHLDORF UND SEINE DREI RANNA

Vom Jauerling herab Richtung Westen führt die Straße nach Spitz an der Donau zurück. Über Christbaumkulturen hinweg öffnet sich weit der Spitzer Graben. Wie eine kleine Stadt liegt mitten in den Ausläufern der Weinhänge die Ortschaft *Mühldorf*, umgeben von vereinzelten Häusergruppen. Auf den ansteigenden Hügeln ist eine Kirche zu erkennen und dahinter, beinahe vom Wald verdeckt, die *Burg Oberranna*. Der ehemalige herrschaftliche Sitz war über Jahrhunderte Zentrum dieses Tals. Heute ist Burg Oberranna ein Romantikhotel.

In den 1930er-Jahren entdeckte der damalige Besitzer Laurent Deleglise im untersten Geschoß des Wehrturmes eine romanische *Krypta* von kaum ermesslicher kunsthistorischer Bedeutung, mit rundbogiger Blendarchitektur und Säulen mit wuchtigen Kapitellen mit menschlichen Figuren, die auf Kopf und Arm reduziert sind, und dazu Wandmalereien mit Heiligenfiguren und dem Greif, Wappentier der ersten bekannten Besitzer, Laßberg und Ranna/Grie (Anfang des 12. Jahrhunderts).

Innenhof von Burg Oberranna

Von der Krypta steigt man über schmale Stiegen hinauf in die Burgkapelle, die dem hl. Georg gewidmet ist. Dieser ungewöhnlich breite, doppelchörige Bau hat vermutlich der kleinen Burg dahinter als wirksame Verteidigungsanlage gedient.

Um Ordnung in die drei Ranna zu bringen: Neben der Burg Oberranna gibt es die Dörfer Nieder- und Unterranna.

In *Unterranna* sind noch dürftige Reste eines Klosters zu sehen, das Hans von Neidegg, Erbe von Oberranna, 1414 dem Orden der Pauliner Eremiten stiftete. Im Zuge der Reformationszeit war das Kloster verlassen worden, später wurde es wieder besiedelt und war im 17. Jahrhundert sogar ein viel besuchter Wallfahrtsort. Dem offiziellen Pfarrer war das geschäftstüchtige Treiben der seelsorgenden Mönche allerdings ein Dorn im Auge, zumal sie 1678 „extra limites monasteri", also außerhalb der Klostermauern, einen *Kalvarienberg* als zusätzlichen Anziehungspunkt für spendenfreudige Pilger anzulegen wagten.

Das Kloster in Unterranna wurde von Joseph II. aufgehoben. Angeblich hatte sich der Kaiser inkognito hier aufgehalten und dabei Gewissheit über die Nutzlosigkeit beschaulicher klösterlicher Gemeinschaften erlangt. Das Kloster verfiel und mit ihm der Kalvarienberg, bis sich 1985 der Verkehrsverein von Mühlbach zu seiner Revitalisierung entschloss. Die ausdrucksstarken Kreuzwegbilder stammen vom Weinviertler Künstler Hermann Bauch (1993).

In *Niederranna* wird in einer Urkunde um 1100 von einer Kirche bei der „Purk nahe Pranthof" berichtet. Dieser *Pranthof* wiederum wurde 1723 vom Stift Göttweig erworben und zu einem Schloss umgebaut, angeblich nach Plänen von Johann Lukas Hildebrandt.

Ober- und Unterranna

Ende des 19. Jahrhunderts wurde der „Prant-Hof" zu „Med. Dr. Eligius Hacker's Pension, diätischer und Wasser-Heilanstalt", einer Kuranstalt, deren Gäste Erholung suchten. Heute erfreut das Schlösschen seinen privaten Besitzer mit einer romantisch verwilderten Gartenanlage hinter hohen Mauern, deren eine gleichzeitig Friedhofs- bzw. Kirchhofsmauer der Pfarrkirche zur hl. Margarete ist.

Das Zentrum aller Ranna ist der Markt *Mühldorf*. Das Wasser des Spitzerbaches war kräftig genug, um eine Reihe von Mühlen anzutreiben, daher der Ortsname. Bis ins 19. Jahrhundert waren noch etliche davon in Betrieb. Dazu gab es bis weit herauf Weinrieden, von denen es sich ganz gut leben ließ, bis der Weinbau zurückging. Der Graphitbergbau, den der spätere Bürgermeister Ernst Vergani im Ort betreiben ließ, schuf für viele Familien eine neue Existenzgrundlage. Vergani war Abge-

Mühldorf: Buttenmacher Herbert Kausl

ordneter im niederösterreichischen Landtag und vertrat dort mit für die damalige Zeit fortschrittlichen sozialen Ansichten die Interessen der Bauern. 1886 gründete er in Mühldorf die erste *Raiffeisenkasse* Österreichs, um nach deutschem Vorbild billige Kredite für die Bauernschaft bereitstellen zu können. Elf Jahre später erfolgte die Gründung des Allgemeinen Verbandes landwirtschaftlicher Genossenschaften.

Der Graphitbergbau in Mühldorf wurde 1968 eingestellt. Weil damit auch keine Fässer zum Transport des Graphits mehr gebraucht wurden, hat sich die Auftragslage für den Mühlbacher *Fassbinder* Raimund Kausl empfindlich verschlechtert. Trotzdem hat sein Sohn Herbert denselben Beruf erlernt. Auch er genießt zwar längst seinen Ruhestand, kann aber das Fassbinden nicht lassen, beziehungsweise das Buttenmachen, das zu seiner Spezialität geworden ist. Im Weingarten wurden die hölzernen Traggefäße längst von den leichten Plastikbutten ersetzt, als Dekorationsstück in der Bauernstube sind sie aber gefragter denn je.

INFO Marktgemeinde 3622 Mühldorf, Markt 13, Tel. 02713/82 30, www.muehldorf-wachau.at **ESSEN/TRINKEN/SCHLAFEN** Hotel Burg

Oberranna, 3622 Mühldorf, Oberranna 1, Tel. 02713/82 21, www.hotelbetriebe-baden.at; Gasthof Weißes Rössel, 3622 Mühldorf, Markt 17, Tel. 02713/82 57; Vorspannhof, 3622 Mühldorf, Markt 18, Tel. 02713/82 02, www.medlinger.at; Gaststuben Landhof Fam. Buchberger, 3622 Mühldorf, Spitzer Straße 17, Tel. 02713/87 41 **ERLEBNISBAD MÜHLDORF** 3622 Mühldorf, Unterranna 6, Tel. 02713/81 00 **BUTTENBINDER** Herbert Kausl, 3622 Mühldorf, Wegscheid 14, Tel. 02713/84 52

SPITZ AM TAUSENDEIMERBERG

Die *Sonnwendfeier* am Samstag vor der Sommersonnenwende ist Höhepunkt der Tourismussaison in der Wachau. Den Anfang macht die Marktgemeinde Spitz. Mit Einbruch der Dunkelheit werden rund um Spitz etliche Tausend Fackeln angezündet, mit denen die Weingärten um den Ort, die Ruine Hinterhaus und der gesamte Tausendeimerberg in die Nacht gezeichnet werden. In das Knallen der Feuerwerke mischen sich die Signalhörner der Ausflugsschiffe – ein beeindruckendes Spektakel, das von der männlichen Jugend des Ortes mit Begeisterung veranstaltet wird.

Sonnwendfeier in Spitz an der Donau

Brauchtum wird in Spitz gepflegt, altes und neues. Zum neuen zählt der *Marillenkirtag*. Ende Juli sind die Wachauer Marillen geerntet und verarbeitet. Es ist Zeit zum Feiern. Der Kirchenplatz ist voller Standeln, die alle in irgendeiner Weise mit der Marille zu tun haben. Beim Marillenknödelautomaten erwirbt man eine hölzerne Münze, wirft diese in den Schlitz und wartet auf die Knödel, die mit einer aufgemalten Marille versehen wird.

Marillenknödel am Marillenkirtag

Jährlich wird bei diesem Fest eine Person, die sich in besonderer Weise um Spitz verdient gemacht hat, mit der Goldenen Marille ausgezeichnet, einer kunstvollen Arbeit des Spitzer Goldschmieds Friedrich Lössl.

Ob es Erntedank ist oder das Schifferlsetzen zum Nikolaustag, die Spitzer verstehen es zu feiern und lassen ihre Gäste von Herzen gern daran teilnehmen.

Die Ortschaft Spitz blickt auf eine über tausendjährige Geschichte zurück. Die reichen urgeschichtlichen Funde mit einbezogen, kommen noch ein paar tausend Jahre mehr dazu. Einer Urkunde zufolge ließ sich das bayerische *Kloster Niederaltaich* 830 von Ludwig dem Deutschen eine Schenkung seines Großvaters, Karls des Großen, bestätigen, wobei das Schenkungsgut als Locus Wachowa bezeichnet und umgrenzt wurde. Der „Ort" (Locus) erstreckte sich vom Mieslingbach stromaufwärts bis zum Buchenbach, das ist der heutige Endlingbach, der beim Gipfel des

Die goldene Marille

Pfarrkirche von Spitz

„Ahornic“, des Jauerlings, entspringt und dann bei Aggsbach in die Donau mündet.

1148 scheint der Name Spitz („in Spizze“) erstmals urkundlich auf. 1239 wird die Kirche St. Mauritius in „Spicze“ erwähnt, das sich zu einem Handelsort für Wein, Salz und Holz entwickelt. 1504 wurde der Markt, der bis dahin eine bayerische Enklave gewesen war, an Maximilian I. abgetreten. Die Pfarre wurde bis 1803 von Niederaltaich aus betreut. Das Marktsiegel von Spitz zieren noch heute die bayerischen Rauten.

Den Rundgang durch den Markt beginnt man am besten auf dem Kirchenplatz mit der spätgotischen *Pfarrkirche.* An ihrer Südwand sind Reste von Fresken aus dem 16. Jahrhundert zu erkennen, über dem Spitzbogenportal ist eine geheimnisvolle Kopfskulptur zu sehen. Das Sandsteinrelief „Christus am Ölberg“ wird der Donauschule (1530) zugeschrieben. Verschiedenfarbig glasierte Dachziegel ergeben einen Kranz von Kreuzen, der sich besonders schön von der Donau aus im schweren Licht des späten Nachmittags dem Auge darbietet. Im Inneren fällt auf, dass der Chor von der Achse stark nach links abweicht.

Jedes Stück der reichen Ausstattung wäre erwähnenswert, zu beachten sind aber auf jeden Fall Christus und die zwölf Apostel an der Empore. Die Holzfiguren, die in den letzten Jahren restauriert wurden, werden der frühen Gotik um 1380 zugeschrieben. Dass man sich auch in schweren Zeiten zu helfen wusste, davon zeugt die Kreuzigungsgruppe in der Taufkapelle. Während der Franzosenkriege wurden die kunstvoll geschnitzten Figuren mit weißem Lack angestrichen, um ihnen den Anschein von Gipsfiguren zu geben, als solche blieben sie erhalten, bis man bei einer Renovierung in den 1940er-Jahren wieder ihre wahre Natur zum Vorschein brachte.

Zum Schmunzeln ist die Geschichte um die Altäre an der Empore. Spitz wurde vom Kloster Niederaltaich aus mit genügend Geistlichen versorgt, von denen jeder seinen eigenen Altar zur Verfügung hatte, um täglich seine Messe lesen zu können. Die jungen Priester dürften damit jedoch nicht ausgelastet gewesen sein, denn es liegt eine Beschwerde vor, wonach sie sich die Zeit mit Weintrinken, Schabernack und der holden Weiblichkeit des Ortes vertrieben hätten.

Der Pfarrhof ist im Kern gotisch, wurde aber barockisiert. Der *Mauritiushof* auf der anderen Seite der Kirche hat dagegen den gotischen Breiterker und seinen malerischen Arkadenhof bewahrt. Von dort drinnen aus hat man den besten Fotoblick auf die Kirche und Gelegenheit, den Wein der Familie Gritsch zu probieren.

Ein Tipp für den weiteren Rundgang: Einfach durch die Gassen spazieren. Man findet die alten Häuser ganz so, wie sie schon vor hundert Jahren den Wachaumalern Modell gestanden sind.

Die Geschichte der *Greißlerei* in der Marktgasse, einem historischen Kaufmannsladen, lässt sich bis 1668 zurückverfolgen. Der letzte Greißler, Hans Hamberger, hat den Betrieb vor Jahren geschlossen, ihn aber als Museum wiedereröffnet; jetzt steht er hinter der Budel wie eh und je und erzählt den Leuten

die Geschichte seines Gewölbes. Die Regale sind voll mit Artikeln aus anno dazumal, in den Rechnungsbüchern liegen Bogen von Lebensmittelkarten und Bestätigungen von Weinlieferungen für das Burgtheater.

Das *ehemalige Rathaus* wird vom Viadukt der Donauuferbahn großteils verdeckt. Man muss nahe genug herangehen, um die Malereien am Eingang zu sehen, die von der großen Zeit künden, als Spitz noch privilegierte Salzlagerstatt war. Im Obergeschoß war lange Zeit die Volksschule untergebracht, heute stehen die Räume für diverse Veranstaltungen zur Verfügung. An der Front des Hauses im Zwickel zwischen Oberer Gasse und Hauptstraße weist eine *Wandmalerei* mit der Aufschrift „Bürger Spithall 1722" auf seine ursprüngliche Bestimmung hin. Die Stiftung existiert noch und wird von der Gemeinde verwaltet.

Wandmalerei am ehemaligen Rathaus

Im Grunde ist der Markt um den Burgberg, heute Tausendeimerberg, herum angelegt worden, erst später scheint er zur Donau hin gewachsen zu sein. Dort erhält man in der eleganten Vinothek von Hubert Fohringer einen ersten Überblick über das Weinangebot der Wachau. Vom Gasthof Goldenes Schiff aus schaut man dem Kommen und Gehen der *Rollfähre* zwischen Arnsdorf und Spitz zu. Die Fahrt über die Donau dauert an sich nicht lang, man kann aber die Zeit mit „kunst im öffentlichen raum niederösterreich" nützen, mit einer Installation des dänischen Künstlers Olafur Eliasson: Er hat auf der Fähre eine Camera obscura angebracht, mit der die Landschaft auf beiden Seiten der Donau in den abgedunkelten Passagierraum projiziert wird.

Von der belebten Bundesstraße am Donauufer geht man zurück in den alten Ort und dort die Hauptstraße entlang bis zur Ottenschlager Straße, vorbei an einigen prächtigen Bauten biegt man in den Ortsteil *Hinterhaus* ein und kommt zur ehemaligen herrschaftlichen Taverne, dem späteren Gasthaus zum Raben, mit seinem Runderker aus dem 16. Jahrhundert.

Rechts neben dem Spitzerbach erhebt sich der *Tausendeimerberg* oder *Burgberg*, wie die Spitzer ihn nennen, und das, obwohl keineswegs eine Burg oben steht. Die tatsächliche Burg, die Ruine Hinterhaus, befindet sich gegenüber. Sie war im 13. Jahrhundert eine Veste der Kuenringer, die in Spitz als Vasallen der bayerischen Herzöge auftraten. Seit dem 16. Jahrhundert war der Bau dem Verfall preisgegeben. Er steht nun im Besitz der Gemeinde, wird von einigen Idealisten seit Jahrzehnten in erstaunlich gutem Zustand gehalten und ist – erfreulich für alle Burgromantiker – frei zugänglich.

Auf derselben Seite des Baches liegt Auf der Wehr hinter einem kleinen Park der *Erlahof*. Ursprünglich war dies der Sitz der Freibauern Erla. 1309 sind bereits eine Kapelle, der Lesehof und der Verwaltungssitz der Abtei Niederaltaich nachgewiesen, bis zur Aufhebung des Stiftes im Zuge der Säkularisa-

Der nördliche Abhang des Tausendeimerberges

tion 1803 (Kloster- und Kirchenbesitz wurde damals „der Disposition der Landesherren“ überlassen). 1944 wurde der Erlahof Gemeindebesitz.

1970 fand in den Räumen des Erlahofes der sammlerische Nachlass des Spitzers Otto Meissinger einen Ausstellungsplatz. Entstanden ist daraus ein *Spezialmuseum für Ruder- und Floßschifffahrt* auf der oberen Donau von den Römern bis ins 19. Jahrhundert. Meissinger ließ Modelle dieser Schiffe bauen, nach den Angaben von Gewährsleuten, die noch selbst solche Fahrzeuge, vor allem für den Handel mit Wein (Export) und Salz (Import), benutzt hatten. Das florierende Transportwesen spielte sich großteils auf der Donau ab, in der Naufahrt, also flussabwärts, und in den Gegenzügen, mit denen Schiffe den Strom heraufgezogen wurden. Das anschaulichste Objekt des Handeltreibens ist das Wrack eines Schiffes, das 1810 bei Altenwörth gesunken und mit seiner gesamten Ladung bis 1975 unter dem Donauschotter begraben gewesen war (siehe auch S. 249 f.). Als Reminiszenz an die große Zeit der Schiffleute wird die Prozessionsstange der Schifferzunft zu Fronleichnam aus dem Museum geholt und feierlich durch Spitz getragen.

Seil und Winde im Schifffahrtsmuseum Spitz

Als der Spitzer Graben im Mittelalter noch eine tief eingeschnittene, mit Gestrüpp verwachsene Klamm war, gab es nur einen schmalen Steig, den Griessteig, der später gerade breit genug für ein Ochsengespann war. Der Name des Weilers Gut am Steg könnte sich von diesem Steig ableiten. Im Haus Gut am Steg 26, bei Franz Simhandl, hat sich eines der alten, für die Wachau typischen Handwerke erhalten. Simhandl ist *Zistelflechter*, er stellt noch immer in reiner Handarbeit die klassischen Pflückkörbe für die Wachauer Marille her. Ihre konische Form lässt sich praktisch zwischen die Zweige der Marillenbäume hängen und verhindert, dass die weichen reifen Früchte zerquetscht werden.

Ein kleines Stück weiter drinnen, im Spitzer Graben, in *Vießling* Nr. 31, weiß Josef Högl die Kunst des Zistelflechters zu schätzen. Unter der Marke *Marivino* (Marille und Wein) hat er sich mit Betrieben aus dem Spitzer Graben zusammengetan, gemeinsam will man so stärker auftreten und mit der örtlichen Gastronomie intensiv zusammenarbeiten, gleichzeitig soll die Motivation gestärkt werden, beispielsweise alte Marillensorten zu züchten oder die Weinterrassen zu erhalten, wie Ried Bruck oder Ried Schön, die besonders steil sind, dadurch aber Boden und Sonneneinstrahlung optimal nützen können. Högls Stolz ist der neue Felsenkeller zwanzig Meter unter der Oberfläche. Bis in diese Tiefe haben sich Wurzeln der Weinstöcke durch die Felsklüfte vorgearbeitet und holen sich aus dem verwitterten Glimmerschiefer die Mineralik, die den Wein aus dem Spitzer Graben auszeichnet.

Für die weitere Umrundung des Tausendeimerberges bieten sich zwei Möglichkeiten an: Die eine führt durch den Ortsteil *In der Spitz* hinauf, die anderen über den *Kirchensteig*. In jedem Fall gibt es entlang der Strecke Heurige zum Ausrasten und Weintrinken. Die beiden Wege treffen sich in *Radlbach* bei sehenswerten alten Hauerhäusern. Diese wurden seit der Gotik kaum verändert. Unverputztes Bruchsteinmauerwerk, Erker auf Steinkonsolen, der Kamin einer Rauchkuchl und eine Freitreppe schaffen ein unglaublich stimmungsvolles historisches Ensemble.

Mit der Friedhofstraße schließt sich die Runde um den Berg. Für viele Reisende ist es ohnehin ein Muss, den Friedhof eines Ortes zu besuchen. In diesem Fall ist der *Pastorenturm* mit der Kanzel für den Predikanten ein Hinweis auf ein wesentliches

Kapitel der Ortsgeschichte. Trotz inniger Beziehungen zum Kloster Niederaltaich war die Ortschaft Spitz in der Reformationszeit ein Bollwerk des Protestantismus. Ein Schlossprediger wurde besoldet wie der katholische Pfarrer, und ein protestantischer Schulmeister genoss ein so hohes Ansehen, dass er zwei Mal zum Marktrichter gewählt wurde. 1569 beherbergte das Schloss in Spitz den evangelischen Theologen David Chytraeus aus Rostock, der im Auftrag Kaiser Maximilians II. in aller Stille eine Organisation der evangelischen Kirche ausarbeitete, die „Christliche Kirchen Agenda: Wie die von den zweyen Ständen der Herrn und Ritterschafft, im Ertzhertzogthumb Oesterreich unter der Enns, gebraucht wird". Vom lutherischen Kirchenbau hinter dem Schloss von Spitz sind nur mehr ein paar Mauerreste vorhanden, die im Volksmund zum Judentempel mutiert sind.

Spätgotisches Haus in Spitz-Radlbach

Wo der Weg vom Friedhof herab zum Schloss in den oberen Ort einbiegt, ist in der Mauer ein kreisrunder Stein eingearbeitet, das Schießmäuerl. Die älteren Leute erzählen, dass sie vom Schloss aus Schießübungen mit dem Mäuerl als Ziel abgehalten haben.

In einem Teil des wiedererblühten *Schlosses*, einst Sitz der Kuenringer, der Herren von Kirchberg und Kuefstein, ist heute die Donau-Niederösterreich Tourismus untergebracht. Im (nicht öffentlich zugänglichen) Sitzungssaal wurden vor kurzem Wandgemälde (vermutlich 18. Jh.) freigelegt. Sie erzählen von der Reiselust der Spitzer Herrschaften mit Szenen aus der Neuen Welt.

Der neue Festsaal des Schlosses – es mussten dafür etliche Zwischenwände umgelegt werden – steht für Veranstaltungen wie Bälle, Konzerte, Weinpräsentationen, aber auch für private Feiern zur Verfügung.

Zuletzt wartet noch ein Spaziergang durch die Weinberge im Norden des Ortes zum weithin sichtbaren Wahrzeichen von Spitz. Das *Rote Tor* ist ein aus Bruchsteinen gemauerter Torbogen, dessen ursprünglicher Zweck nicht völlig geklärt ist. Es könnte Teil einer Verteidigungsanlage gewesen sein. Der Ausblick durch dieses Tor mit einem Bildstock im Vordergrund ist aber so perfekt, dass er eigens von einem Romantiker gebaut worden sein könnte.

INFO Tourismusverein 3620 Spitz, Mittergasse 3a, Tel. 02713/23 63, Fax 02713/29 88, www.tiscover.at/spitz, www.spitz-wachau.at; Arbeitskreis Wachau, 3620 Spitz, Schlossgasse 3, Tel. 02712/300 00, www.arbeitskreis-wachau.at **KIRCHE** Pfarramt 3620 Spitz, Kirchenplatz, Tel. 02713/22 31 **ESSEN/TRINKEN/SCHLAFEN** Gasthof Goldenes Schiff, 3620 Spitz, Mittergasse 5, Tel. 02713/23 26, www.goldenesschiff.at; Weinhotel – Restaurant – Weingut, Fam. Stierschneider, 3620 Spitz, Ottenschläger Straße 30, Tel. 02713/22 54, www.weinhotel.at; Hotel-Restaurant Wachauerhof, 3620 Spitz, Hauptstraße 15, Tel. 02713/23 03 www.wachauerhof-spitz.at; Hotel-Restaurant „Mari-

Rätselhaftes Rotes Tor in Spitz

andl", 3620 Spitz, Kremser Straße 2, Tel. 02713/23 11; Gasthof Ruine Hinterhaus, 3620 Spitz, Hinterhaus 8, Tel. 02713/28 31; Altes Schiffsmeisterhaus Gasthaus Prankl, 3620 Spitz, Hinterhaus 16, Tel. 02713/23 23, www.gasthaus-prankl.at; Terrassen-Restaurant Strandcafé, 3620 Spitz, Donaulände 7, Tel. 02713/23 20, E-Mail: strandcafe .spitz@aon.at; Café Donauprinzessin, 3620 Spitz, Rollfährestraße 9, Tel. 02713/21 00 **WEIN** Weingut Lagler, 3620 Spitz, Rote Torgasse 10, Tel. 02713/25 16, www.tiscover.at/weinberghof; Mauritiushof, Fam. Gritsch, 3620 Spitz, Kirchenplatz 13, Tel. 02713/24 50, www.mauritius hof.at; Weingut-Heurigenhof, Johann Donabaum, 3620 Laaben 15, Tel. 02713/24 88, www.wein gut-donabaum.at; Office „Kalmuck Wachau", Franz-Josef Gritsch, Tel. 0676/356 40 88, www.kalmuck.com; Marivino, Weingut und Marillenproduzent Josef Högl, 3620 Vießling 31, Tel. 02713/84 58, www.marivino.at; Vinothek IWB – Hubert Fohringer, 3620 Spitz, Donaulände 1A, Tel. 02713/20 29, www.fohringer.at

Herbst auf dem Tausendeimerberg

GOLD- UND SILBERSCHMIEDE Friedrich Lössl, 3620 Spitz, Kremser Straße 17, Tel. 02713/24 22 **ZISTELFLECHTER** Franz Simhandl, 3620 Gut am Steg 26, Tel. 02713/25 95 **SCHIFFFAHRTSMUSEUM** Schloss Erlahof, 3620 Auf der Wehr 21, Tel. 02713/22 46, April bis Oktober, tägl. 10–12 und 14–16, So, Fei 10–16 Uhr **HISTORISCHER KAUFMANNSLADEN** Hans Hamberger, 3620 Spitz, Hauptstraße 2, Tel. 02713/20 74 **AUTOFÄHRE** zwischen Spitz und Arnsdorf, Betriebszeiten: April bis Oktober **VERANSTALTUNGEN** Mai: Klingende Rieden-Weinwanderung, Juni: Sonnwendfeier, Juli: Fest zum Wachauer Marillenkirtag, September: Wachaumarathon, Oktober: Erntedankfest, Dezember: Schifferlsetzen-Nikolaustag **MARKTRUNDGANG** Große Runde durch den Ort, zur Ruine Hinterhaus, bis Vießling und um den Tausendeimerberg ca. 4 Std., Spaziergang vom Ortszentrum zum Roten Tor ca. 1 Std..

VINEA WACHAU
NOBILIS DISTRICTUS

Der Name Hirtzberger ist für Weinkenner gleichbedeutend mit großen Weißweinen aus den besten Rieden rund um Spitz. Gemeint ist Franz Hirtzberger jun., Obmann des Gebietsschutzverbandes Vinea Wachau Nobilis Districtus. „1983 wurde der Verband zum Schutz des Wachauer Weines gegründet", erzählt Hirtzberger, „weil wir doch schwierigere Anbaugebiete haben als anderswo." Zur besseren Anschaulichkeit führt er seine Gäste zum Singerriedel direkt hinter seinem Winzerhof, einem ehemaligen Schiffmeisterhaus.

Die Wanderung auf dem Wirtschaftsweg geht kräftig bergauf, bis man schließlich mit Balanceakten über schmale Stiegen von einer Terrasse zur nächsten klettert. Herunten sind die Mauern, errichtet in der Kunst der Trockenbauweise, noch alt, sie haben nur einige helle Flecken von Ausbesserungsarbeiten. Weiter oben sind sie neu, sauber Stein auf Stein gelegt. Die Weinstöcke sind noch jung – was der Wald erobert hatte, wird ihm, zum Wohle eines guten Tropfens wieder entrissen.

Weinrebe nach dem Schnitt

Der Ausblick auf den „Nobilis Districtus" ist selbstredend großartig. Die edle Bezeichnung stammt vom Kuenringer Leuthold I., von 1260 bis 1312 Oberster Schenk von Österreich, das Siegel der Vinea Wachau Nobilis Districtus zeigt ihn mit einem Weinbecher. Seine Besitzungen waren deckungsgleich mit dem heutigen, gesetzlich abgegrenzten Weinbaugebiet Wachau, das im Westen bei Willendorf aufgrund natürlicher Gegebenheiten beginnt, im Osten exakt mit der Riede Rothenhof vor der Stadt Stein endet.

Während des anstrengenden Aufstiegs stellt man sich vor, wie oft ein Weinbauer diese Mauern hinauf- und hinuntersteigen muss, ehe die Trauben in der Presse sind. „Es bedeutet den vier- bis fünffachen Aufwand", rechnet Hirtzberger vor, „im Vergleich zur flachen Gegend, wo man mit Traktor und Maschinen arbeiten kann."

Über 200 Mitglieder haben sich den Regeln des Weinzölibats verschrieben: Verwendet werden ausschließlich Trauben aus der oben bezeichneten Region. Der Betrieb muss seinen Sitz und den größten Teil der Anbaufläche in der Wachau haben. Der Wein ist unverfälscht, nicht aufgezuckert, und es gibt keine Mostkonzentration. Wer die Vorgaben einhält, dessen Wein kommt als Steinfeder, Federspiel oder Smaragd auf den Markt. Steinfeder ist ein federleichtes Gras, das in den steilen Weinbergen wächst und unter Naturschutz steht. Ebenso leicht ist der Wein (maximal elf Volumsprozent Alkohol).

Aufbinden des Weines
Reife Traube im Sonnenlicht

Weinterrasse im Spitzer Graben (links)

Mit dem Federspiel hat man, als die Herrschaften in der Wachau noch zur Jagd ausritten, den Beizvogel bei der Falkenjagd zurückgeholt. Als Wein zeigt das Federspiel bereits Rasse und Kraft (maximal 12,5 Volumsprozent Alkohol).

Der edelste der Wachauer ist der Smaragd, benannt nach der Eidechse, die sich an heißen Sommertagen auf den Steinen der Terrassen sonnt. Diese Weine haben die höchste physiologische Reife, werden in manchem Jahr erst Ende November oder Anfang Dezember gelesen. Wenn Smaragd geerntet werden soll, muss der Winzer beim Gemeindeamt um den amtlichen Mostwäger ansuchen, der nach Abschluss der Lese am lose geschütteten Traubenmaterial den Zuckergehalt bestätigt. Das Endprodukt ist ein trockener Weißwein mit ausgeprägter Mineralik, die sich der Stock tief aus dem verwitterten Urgestein, aus angeschwemmtem Löss oder lehmigen Böden holt.

Smaragdverkostung mit Franz Hirtzberger

Die Hauptsorten sind Grüner Veltliner, Riesling, Gelber Muskateller und Neuburger.

Dass es überhaupt möglich ist, erst im November zu lesen, verdanken die Wachauer einem ausgeprägten Kleinklima. Am Tag gibt es die entsprechende Erwärmung aufgrund des pannonischen Klimas, das abgestuft bis Spitz in die Wachau hineinreicht. Zucker wird in den Trauben auf-, Säure abgebaut. Bei Nacht strömt dagegen kalte Luft aus dem Waldviertel und dem Dunkelsteinerwald ins Donautal herab. Der Säureabbau wird gebremst, der Wein erhält Frucht und Frische. Durch den fließenden Strom wird die kalte Luft wieder abgezogen, und die neuerliche Tageserwärmung kann einsetzen.

Damit wird mit einem Schlag klar, was ein Wasserkraftwerk mit der Staustufe Rührsdorf (siehe auch S. 220 ff. und einer daraus folgenden ge-

ringen Fließgeschwindigkeit der Donau bedeutet hätte: möglicherweise das Ende des überaus sensiblen Weinbaugebietes Wachau, zumindest aber das Ende dieses wunderbaren klimatischen Mikrokosmos.

Dass für eine Flasche Wachauer ein angemessener Preis verlangt wird, versteht sich von selbst. Wein für Kenner, der seine Größe erst dann vollkommen offenbart, wenn man mit entsprechend geübtem Gaumen in der Lage ist, einen Singerriedel von einem Riede Klaus oder einem Loibenberg aufgrund der verschiedenen Böden, der unterschiedlichen Tageserwärmung und der differierenden Hangneigung genussvoll auseinander zu schmecken.

VINEA WACHAU NOBILIS DISTRICTUS 3620 Spitz, Schlossgasse 3, Tel. 02713/300 00-12, www.vinea-wachau.at **WEINGUT FRANZ HIRTZBERGER** 3620 Spitz, Kremser Straße 8, Tel. 02713/22 09, www.hirtzberger.com

DAS GLÖCKERL VON SCHWALLENBACH

Unter Wachaukennern nimmt das Märktchen Schwallenbach einen besonderen Rang ein. Von Spitz fährt man ein kleines Stück die Donau hinauf, hält sich an die alte Wachaustraße und wird auf ihr in eine wahre Zeitkapsel geführt. 1266 wird ein Haedewinus de Swallenbach genannt. 1419 wird das goti-

Das Dörfchen Schwallenbach

sche Kircherl mit dem auffallend seitlich versetzten Turm gebaut, und 1443 werden die paar Häuser zum Markt erhoben.

Am Hauptplatz gegenüber der Kirche breitet sich das ehemalige Schloss aus, das sogenannte *Glöckerl von Schwallenbach*, zu dem es eine Sage gibt, die die Ortsleute bereitwillig erzählen: Die Schlossherrin gab ihren Sohn auf die gegenüberliegende Burg Aggstein in die Dienste des berüchtigten Raubritters Jörg Scheck vom Wald, der im Volksmund nur der „Schreck vom Walde" oder „Schreckenwald" genannt wurde, um ihn dort Ritter werden zu lassen. Der junge Mann konnte aber bei den Grausamkeiten, mit denen der Burgherr die Gefangenen bedachte, nicht zusehen. Er brachte einem von ihnen zu essen und verhalf ihm schließlich zur Flucht; dafür wurde er selbst zum Tod verurteilt. Sein letzter Wunsch war, das Glöckerl von Schwallenbach noch einmal läuten zu hören. Er wollte so lange beten, bis es verstummte. Das Glöckerl hörte aber nicht auf zu läuten, läutete die ganze Nacht hindurch, bis Truppen des Landesfürsten am Morgen die Burg besetzten und den Raubritter gefangen nahmen.

Um 1920 wurde das Schloss zum Hotel umgebaut. Heute steht es in Privatbesitz und ist nicht zugänglich.

Schwallenbach: Die Zeit ist stehen geblieben

Jedes der Häuser von Schwallenbach ist in seiner Art bemerkenswert und ein stimmungsvoller architektonischer Zeitzeuge, ob mit Pyramidenkamin, Rauchkuchl oder dem steinernen Türstock. Auf dem Hauptplatz gibt es dazu eine Tafel mit den notwendigen Erklärungen.

Am Ortsende Richtung Willendorf werden neben frischem Obst Fruchtsäfte angeboten, die von Sabine Muthenthaler selber hergestellt werden. Sie weiß, was schmeckt, kennt sich aber auch mit dem Brauchtum und der Tracht aus: Sie ist eine der wenigen Wachauerinnen, die Goldhauben herstellen können. Die Nachfrage, stellt sie zufrieden fest, sei groß, und die Damen müssten sich schon entsprechend lange vorher anmelden, um aus ihrer Hand diesen wunderschönen, kleidsamen Kopfputz zu erhalten, eine Goldhaube, die längst zu einem nationalen Symbol für Österreich geworden ist – und im Übrigen die Vorderseite der Zehnschillingmünze zierte.

Glöckerl von Schwallenbach

WACHAUER GOLDHAUBEN, OBST UND FRUCHTSÄFTE Sabine Muthenthaler, 3620 Schwallenbach 50, Tel. 02713/27 35

MEMENTO MORI IN ST. MICHAEL

„Über den Toten- oder Eselsteig haben die Leute aus dem Waldviertel im Frühjahr ihre Toten nach *St. Michael* gebracht", so eröffnet Eveline Martinek ihre Führung durch St. Michael, Urpfarre und Mutterkirche der Wachau, die im 10. Jahrhundert weit ins südliche Waldviertel hinauf reichte. Sie wurde an eine der engsten Stellen des Tales östlich von Spitz hingesetzt. Der Felsen, dem man den Platz für Kirche und Befestigung abgetrotzt hat, reicht bis zur Donau.

Man betritt die gut erhaltene Wehranlage durch einen Rundturm (Sgraffito von Rudolf Pleban: Geschichte des Do-

Memento mori im Karner von St. Michael

nautales, 1958) von der Wachaustraße her und steht vor dem *Karner* von St. Michael, der 1395 von Seyfried Freitl, einem Wösendorfer im Dienste der Wallseer, und seiner Gemahlin Margarete gestiftet wurde.

An der (heutigen) Ausschmückung des Beinhauses wurde nicht gespart. Der Altar ist als Memento mori über und über mit Totenschädeln bedeckt. Einer davon weist einen Kopfschuss auf und stammt aus den Franzosenkriegen, ein Kinderkopf. „Vielleicht der Trommelbub, er hat noch Milchzähne", sagt Frau Martinek mit Blick auf das berührende Zeugnis der Sinnlosigkeit von Kriegen. Bei den *Witwenzöpfen* an der Sakramentsnische erzählt sie von den Frauen, die sich beim Tod ihrer Männer die langen Haare abgeschnitten und sie hierher gegeben haben.

Wilde Geschichten ranken sich um die im Karner befindlichen *Mumien*. Die jüngsten Erkenntnisse: Es muss sich um die ausgetrockneten Körper der Stifter handeln, da sich die Familie nie eine solche Kapelle ohne Bestattungsrecht erbauen hätte lassen.

Die *josephinischen Särge*, Särge mit ausklappbaren Böden, einer davon ein Kindersarg, waren keine Sparmaßnahme. Es ging dem Kaiser lediglich um die Hygiene. Die Leichen verwesen schneller, wenn man sie nackt, in einen Leinensack gesteckt und nur mit Kalk bedeckt, begräbt. Offiziell hießen diese Särge „gemeindeeigene Mehrfachtotentruhe", an denen aufgrund des kleinen Friedhofes in St. Michael Bedarf herrschte. Die vielen Grabsteine rund um die Kirche zeugen von dem großen Interesse, an dieser Stelle beerdigt zu werden.

St. Christophorus an der Außenmauer des Karners aus 1480, mit Herzogshut und Zügen Kaiser Maximilians I., ist von der Donau aus gut zu sehen.

An der Kirche gegenüber wurde 1995 ein Stück einer Wandmalerei freigelegt, protestantische Fresken aus der Reformationszeit, die überputzt gewesen waren. Die Pfarrer, Augustiner-Chorherren von Stift St. Florian, waren vor protestantischen Einflüssen nicht gefeit, so soll einer der Geistlichen die eigene Tochter in seiner Kirche getraut haben.

Wehrhaft ist der Kirchturm, dem man 1544 Zinnen aufgesetzt hat. Hoch oben wurde an seiner Ostwand eine gotische Madonna eingemauert.

Der Kirchenbau stammt aus 1530, erhielt 1631 ein neues Gewölbe und verstärkte Pfeiler. Die Pfarre verlor allerdings nach und nach an Bedeutung und wurde 1784 aufgelöst. Seitdem ist sie eine Filiale von Wösendorf. Aufgesperrt wird die Kirche für Taufen, Hochzeiten, Begräbnisse und Konzerte.

Sehenswert sind im Inneren ein eindrucksvoller gotischer Schmerzensmann aus 1420, eine Pietà der Donauschule aus 1500 – eine der seltenen Darstellungen, bei denen sich der Leichnam Jesu nicht auf dem Schoß, sondern auf dem Boden vor Maria befindet –, Christus und die Apostel an der Chorbrüstung (Anf. 16. Jh.), von denen aller-

Gotischer Schmerzensmann in der Kirche St. Michael

St. Michael: Geheimnisvolle „Hasen" auf dem Kirchendach

dings drei dem Orgelprospekt weichen mussten, und der Altar von 1690, an dessen Rückseite sich zwei Türln befinden, bei denen die Bauern bei der Sonntagskollekte Naturalien wie Eier und Geselchtes hineingelegt haben. Die Heilige Familie auf dem linken Seitenaltar wird Martin Johann Schmidt zugeschrieben, datiert mit 1734.

Von der Kirche weg steigt man, teils über Stiegen, teils auf einem schmalen Steig, den Michaeler Berg hinauf, um die berühmten *Hasen* zu sehen, die auf dem First des Daches gen Osten laufen. Welche Vermutungen man auch immer anstellt, ob es die Wilde Jagd ist, eine Gruppe christlicher Figuren mit dem deutlich erkennbaren Hirsch als Symbol für Christus oder ob es Hasen sind, die einer Sage nach das Tauwetter verschlafen und sich nach starkem Schneefall dort oben selbst gefangen haben – die Tonfiguren, deren Originale sich im Weinstadtmuseum in Krems befinden, geben ihr Geheimnis nicht preis.

Ein Rundweg nimmt von hier seinen Ausgang, über den *Atzberg* – eigentlich Arz- oder Erzberg, weil dort zuerst Kupfer, dann Eisen abgebaut wurde –, vorbei an verwilderten Weinterrassen der Riede Atzberg. Jammerschade, dass diese breit nach

Süden ausgerichteten Weingärten aufgelassen wurden. Die buntmetallische Note ihres Terroirs wird uns wohl vorenthalten bleiben, denn die Erschließung wäre, so die Meinung der Winzer, unwirtschaftlich, weil zu aufwendig. Oberhalb des Mieslingbaches oder an ihm entlang erreicht man die Buschandlwand mit Gipfelkreuz und Aussichtswarte und kommt über den Geißberg herab zurück ins *Thal Wachau,* so hieß ab 1150 der Zusammenschluss der Orte St. Michael, Wösendorf, Joching und Weißenkirchen. 1838 wurde der Verband aufgelöst, weil sich die Ortschaften selbstständig machen wollten. 1972 wurden die Orte wieder zusammengelegt, die zuständige Gemeinde ist seither Weißenkirchen.

FÜHRUNGEN Eveline Martinek, 3610 St. Michael 6, Tel. 02713/28 56, 1. April bis 1. Nov. Mo bis Fr 9–17, Sa, So, Fei 9–12 und 13–17 Uhr, im Winter und Gruppen gegen Voranmeldung **ESSEN/TRINKEN/SCHLAFEN** Weinschenke St. Michael, 3610 St. Michael 1, Tel. 02713/20 55, www.gafko.at; Weinbau/Gästezimmer Fam. Huber, 3610 St. Michael 10, Tel. 02713/22 82, www.gaestehaushuber.at **KIRCHENKONZERTE** in St. Michael, Informationsstelle 3610 Weißenkirchen 262, Tel. 02715/26 00 (1. April bis 31. Okt. Mo bis Sa 10–13 und 15–18 Uhr), www.weissenkirchen.at, Marktgemeinde 3610 Weißenkirchen 32, Tel. 02715/22 32-0 (Nov. bis März), www.weissenkirchen-wachau.at **WANDERN** Atzbergrunde, ca. 3 Std. 30 Min., St. Michael – Rotes Tor – Spitz – St. Michael, ca. 2 Std.

WEIN UND BROT IN WÖSENDORF

Am Weg donauabwärts durch die Weingärten von St. Michael in den Markt Wösendorf bemerkt man in den Mauern der Terrassen grobe steinerne Ringe, in denen Pflöcken stecken. Fragt man nach der Herkunft dieser archaisch anmutenden Befestigung, wird man auch vom ältesten Weinbauern nur die Antwort bekommen, dass diese Steinringe schon sein Urgroßvater so vorgefunden hätte.

Bei einem auffällig breiten Marterl, einem sogenannten Breitpfeiler, beginnen die Häuser des Marktes Wösendorf (Gemeinde Weißenkirchen). Als Namensgeber wird ein Ansiedler namens

Fronleichnam in Wösendorf

„Wesilo" um 960 vermutet. Seit dem 12. Jahrhundert sind Besitzungen einer Reihe von Klöstern belegt: Admont, St. Nikola in Passau, Zwettl, Melk und St. Florian. Sie haben Lesehöfe gebaut und auf den sanft ansteigenden Hängen im Norden der Ansiedlung beste Lagen für ihre Weinstöcke vorgefunden. Die Höfe stehen noch, deren durchwegs spätmittelalterliches Aussehen wird von den jetzigen Besitzern liebevoll erhalten.

Selten erlebt man Wösendorf festlicher und dennoch so unmittelbar wie zu *Fronleichnam*. Die Straßen sind dick mit frischem Gras bestreut, in den Fenstern der Hauerhöfe stehen Heiligenbilder zwischen Blumen und Kerzen, an ihren Wänden lehnen Sträucher als Spalier für die Prozession. Voran zieht die Trachtenkapelle, die obligate Steinfeder am Hut, es folgen Kinder und Jugend; die Buben mit den Trachtenanzügen und den breiten Hüten sind ungewöhnlich ernst, der eine darf den geschmückten Bischofsstab tragen, die anderen halten Kreuze mit geflochtenen Kränzen in den Händen. Die Mädchen im Dirndl tragen Blumenkissen. Mit dem Pfarrer kommt der Kirchenchor; die meisten der singenden Damen tragen die Goldhaube als Zeichen ihrer Frauenwürde gegenüber den unverheirateten Mädchen mit der einfacheren Mädchenhaube. Ein paar Radfahrer, denen der Weg durch Wösendorf versperrt ist, bleiben fasziniert stehen, schauen zu, während alle anderen, auch die Gäste und Freunde der Wösendorfer, ergriffen an der Zeremonie teilnehmen.

Nach dem Ende der Prozession öffnen sich wieder die Tore der Hauerhäuser für die durchziehenden Gäste. Die *Kirche* kann nun in Ruhe besichtigt werden, mit den Malereien an der Decke, die Anton Mayer, ein Schüler des Kremser Schmidt, ausgeführt hat. Vom Meister selbst stammen die Bilder auf dem Hochaltar und den beiden Seitenaltären.

Aus dem *Haus Nr. 13* duftet es nach frisch geröstetem Kaffee. In der Einfahrt stehen Gläser mit Marmelade und schlanke Flaschen mit Schnaps. Johanna und Markus Wieser haben im ehemaligen Lesehof des Stiftes Melk einen kleinen, aber feinen Betrieb aufgebaut. Ohne großen Personaleinsatz werden Spezialitäten der Wachau erzeugt. Die Schnapsbrennerei stand am Beginn, dazu kam Marmelade und selbst gerösteter Kaffee, weil dem Feinspitz Wieser kein anderer gut genug war. Erweitert wurde zuletzt das exquisite Angebot um handgemachte Schokolade und kaltgerührte Seifen. Verkauft wird in eigenen Läden in Dürnstein und Melk und in einer der großen Handelsketten.

Wösendorf: Frisch gerösteter Kaffee von Wieser

Schaut man durch irgendeines der Hoftore, um einen Arkadenhof zu bewundern, wird man mit großer Wahrscheinlichkeit vom Hausherrn angesprochen und zum Weinkosten eingeladen – was hier als Warnung für all diejenigen angemerkt sei, die mit dem Auto anreisen. In den Kellern lassen sich verlockende Schätze entdecken, wie der seltene Frührote Veltliner bei Familie Schwarz auf Nr. 67 oder ein rassiger Riesling Harzenleiten bei Familie Pichler auf Nr. 68.

Wösendorf: Wachauerlaberl vom Bäck´ ums Eck

Brot & Wein ist das Motto von Josef *Salomon,* dem Bäck' ums Eck. „In der Weinbauschule habe ich von der alkoholischen Gärung gelernt, in der Berufsschule habe ich beim Brot dasselbe gehört", bringt der junge Bäckermeister und Winzer seine beiden Berufe in Einklang. Eile ist für ihn ein Fremdwort: „Was langsam gärt, wirkt geschmacksbildend." Der Wein darf in seinem Keller bei 19 Grad in aller Ruhe ausgären und bis Februar im Fass liegen. Um ein *Wachauerlaberl* zu erhalten, muss man sich in den ersten Stock seines Hauses bemühen. Aus gutem Grund wird seit Generationen diese Wachauer Spezialität, ein semmelgroßes helles Gebäck mit knuspriger Rinde und flauschigem Kern, in sicherer Höhe erzeugt – die Hochwassermarken am Stiegenaufgang sind die Antwort auf das Warum.

Stift St. Florian, dessen Chorherren in St. Michael Pfarrdienst versahen, hatte im *Florianihof* seinen wirtschaftlichen Stützpunkt in der Wachau. Im Kern stammt das Gebäude aus dem 15. Jahrhundert. Die Prälaten von St. Florian genossen Sommeraufenthalte inmitten ihrer Weinberge und haben dazu den Lesehof entsprechend ausgestattet. Über dem Portal prangt das Stiftswappen. Das Obergeschoß, das im 17. Jahrhundert aufgesetzt wurde, ist der Würde dieser geistlichen Herren angepasst, mit reichem Stuck, Deckenmalereien und einem Kachelofen aus 1780. Seit 1978 ist der Florianihof ein vielfach ausgezeichnetes Restaurant.

INFO Informationsstelle 3610 Weißenkirchen 262, Tel. 02715/26 00 (1. April bis 31. Okt., Mo bis Sa 10–13 und 15–18 Uhr), www.weissenkirchen.at, Marktgemeinde 3610 Weißenkirchen/Wachau 32, Tel. 02715/22 32-0 (Nov. bis März), www.weissenkirchen-wachau.at **ESSEN UND TRINKEN** Florianihof, 3610 Wösendorf 74, Tel. 02715/22 12, www.florianihof-wachau.at; Schaubäckerei & Ladenverkauf, Weinbau Fam. Salomon, 3610 Wösendorf 71, Tel. 02715/22 71, www.brotwein.at **WEIN** Weinhof Johann und Theresia Schwarz, 3610 Wösendorf 67, Tel. 02715/25 06; Weingut Franz und Maria Pichler, 3610 Wösendorf 68, Tel. 02715/23 07; Weingut Rudi Pichler, 3610 Wösendorf, Marienfeldweg 122, Tel. 02715/22 67, www.rudipichler.at

JAMEK UND JOCHING, UNTRENNBAR VERBUNDEN

Allein dass man die Hauptstraße des Dorfes Joching nach *Josef Jamek* benannt hat, spiegelt die Wertschätzung und gleichzeitig die Bedeutung dieses großen alten Mannes wider. Er ist einer der Kämpfer für die Wachau, war gestellt, wenn es um die Verhinderung des Donaukraftwerks ging, setzte sich ein, dass der Schwerverkehr aus diesem landschaftlichen Juwel verbannt wurde, und war einer der Ersten, die das Potenzial des Wachauer Weines erkannten und in ihrer

Dorfstraße in Joching

Art dessen Charakter prägten. Was längst internationaler Standard ist, wurde von ihm bereits in den 1960er-Jahren praktiziert: den Wein so natürlich wie nur möglich sorten- und lagenrein vom Weingarten ins Fass zu bringen. Er ließ jeden Arbeitsgang, von der Lese bis zum Abfüllen, in Gegenwart eines Notars durchführen, was damals einer Revolution gleichkam.

„Dass Qualität so viel Tradition hat, haben lange Zeit nur die Insider gewusst", sagt Jutta Altmann, seine Tochter. Sie führt mit ihrem Mann Hans den Weinbaubetrieb und ein Restaurant. Sie pflegen und erweitern das Erbe von Josef Jamek, der 1919 in Joching geboren ist und sich 1996 mit gutem Recht zur Ruhe gesetzt hat.

Das zweite Restaurant in Joching ist wegen seiner auffälligen barocken Putzfärbelung nicht zu übersehen. Der *Prandtauerhof* wird 1308 als Lesehof des Augustiner-Chorherrenstiftes St. Pölten errichtet. 1444 bekommt er eine Kapelle, deren Glocke seither dreimal am Tag die Jochinger zum Gebet ruft. Sein heutiges Aussehen und den Namen erhielt der Hof 1696 vom großen Barockbaumeister Jakob Prandtauer, der die vierflügelige Anlage mit Arkaden an zwei Seiten des Innenhofes

Unverkennbar: der Prandtauerhof

plante. Als Bauherr verewigte sich Chorherrenpropst Christoph Müller von Prankenstein im Wappen über dem Portal, direkt unter dem wachsamen Blick des hl. Hippolyt, des Namenspatrons von St. Pölten.

Joching: Jutta Altmann in der Ried Klaus

1968 wurde der Hof von der Familie Holzapfel erworben und in zweiter Generation von Barbara und Karl Holzapfel als Restaurant, Weinkellerei und Schnapsbrennerei geführt. Der Weißburgunder, den Karl Holzapfel zur Verkostung präsentiert, durfte nach langsamer Gärung zwei Jahre im Fass ruhen, um respektgebietende Kraft und außergewöhnliche Harmonie zu entfalten. Geerntet wurden seine Trauben auf der Riede Vorder-Seiber, eine unbekannte, aber gute Lage, mit viel Lehmlöss auf Urgestein und guter Sonneneinstrahlung. Sechs der besten Schnapsbrennereien Österreichs haben sich zur Vereinigung Quinta Essentia zusammengeschlossen. Das Weingut Holzapfel ist eine davon und kann auf eine Reihe von Auszeichnungen für seine Edelbrände verweisen.

Das Restaurant bietet selbstverständlich Wachauer Spezialitäten wie das Hühnerleberparfait mit Essigmarillen oder die Topfennockerln mit Marillenröster, ein Rezept, das die Hausfrau Barbara Holzapfel gerne weitergibt:

Topfennockerln mit Marillenröster

250 g Topfen
1 Ei
1 EL Öl
2 EL Mehl
1 Prise Salz
180 g Butter
150 g Weißbrotbrösel

Die Zutaten in einer Rührschüssel gut durchrühren. Anschließend 1 Stunde kalt stellen.
Nun mit einem Esslöffel Nockerln formen, in kochendes Salzwasser einkochen und 10 Minuten ziehen lassen.
Butter schmelzen und Brösel darin leicht bräunen. Die Nockerln darin wälzen und auf Marillenröster anrichten. Zum Schluss noch mit etwas Staubzucker bestreuen.

Marillenröster
500 g Marillen
100 g Gelierzucker

Die Marillen in Spalten schneiden und mit dem Gelierzucker in einer Kasserolle erhitzen. 5 Minuten köcheln lassen, anschließend vom Feuer nehmen und auskühlen lassen.

INFO Informationsstelle 3610 Weißenkirchen 262, Tel. 02715/26 00 (1. April bis 31. Okt. Mo bis Sa 10–13 und 15–18 Uhr), www.weissenkirchen.at, Marktgemeinde 3610 Weißenkirchen/Wachau 32, Tel. 02715/22 32-0 (Nov. bis März), www.weissenkirchen-wachau.at **ESSEN UND TRINKEN** Weingut und Restaurant Jamek, 3610 Joching 45, Tel. 02715/22 35, www.jamekweingut.at; Weingut Holzapfel – Gutshofrestaurant Prandtauerhof, 3610 Joching 36, Tel. 02715/23 10, www.holzapfel.at **WEIN** Weingut Schmelz, 3610 Joching, Weinbergstraße 14, Tel. 02715/24 35, www.schmelzweine.at

DIE GESCHLECHTERTÜRME VON WEISSENKIRCHEN

Man meint, in einen Mariandlfilm geraten zu sein: Wie einst im Mai tuckern Autos aus den 1950er-Jahren durch die engen Straßen des Marktes *Weißenkirchen* in der Wachau. Manche der Fahrer scheinen mit ihren Fahrzeugen alt geworden zu sein, einer zumindest hat sein Äußeres mit mächtigem Schnurrbart und Lederhaube auf das Baujahr seines Autos abgestimmt. Behutsam werden die chromblitzenden Prachtstücke für die jähr-

Weißenkirchen: Oldtimerrennen auf den Seiber

lich stattfindende Bergrallye eingefahren, gilt es doch, mit den wenigen PS den Seiber mit 601 Meter Seehöhe gleich mehrere Male zu bezwingen. Es geht nicht darum, der Schnellste zu sein, sondern gleichmäßige Zeiten zu fahren.

Die Begleitung der Rennpiloten hat währenddessen Zeit, sich im Ort umzusehen, zwischen historischen Höfen zu schlendern und Geschichten zu erfahren, die weit älter sind als jeder noch so gepflegte Oldtimer. Unentbehrlicher Begleiter ist ein Heftchen mit dem Titel „Historisches Thal Wachau", das es in der Trafik zu kaufen gibt; es bietet eine kurze, aber gründliche historische Einführung und führt zu den wichtigsten Gebäuden des Marktes.

Um 955 wurden die höher gelegenen Teile des Ortes befestigt, mit der Wehrkirche und einer Fluchtburg, der *Scheib'n*, im Ortsteil „Auf der Burg", der über steile Stiegen und durch enge Gassen erreichbar ist. Wie eine Wagenburg drängen sich die Häuser mit ihren abweisenden Fronten um den gemeinsamen Mittelpunkt, was einst bestimmt in der Absicht geschah, unerwünschte Eindringlinge aus diesem Ring draußenzuhalten. Böse Zungen in Weißenkirchen behaupten, in der Mitte hätte sich das gemeinsame Klosett dieser Häuser befunden.

Lychtenkirchen, wegen der Kirche aus hellem Stein im Gegensatz zu den dunklen Holzkirchen des Mittelalters, war der ursprüngliche Name, der sich in seiner Bedeutung nur geringfügig zu Weißenkirchen verändert hat. In einer Urkunde aus 1258 kann man bereits von einer „Wachowe ze der Weissen Chirchen" lesen. Maximilian I. verlieh das Marktwappen mit weißer Kirche auf blauem Feld. Man muss nur den Blick heben, dann kann man an strahlenden Sonnentagen in natura das Wappen sehen, wenn sich die Kirche vom Himmel abhebt.

Rund um das Gotteshaus haben sich Teile der *Wehranlage* erhalten, gerühmt als bedeutendste Kirchenfestung des Lan-

Weißenkirchen:
Rieslingfest im Teisenhoferhof (ganz oben)
Wandmalereien am Haimingerhof (oben)

Raffelsbergerhof (links)

des, in der eine der ältesten noch aktiven Schulen Niederösterreichs untergebracht ist. Seit 1385 werden dort die Weißenkirchner in die Urgründe des Lesens, Schreibens und Rechnens eingeführt.

Weißenkirchen: gedeckter Aufgang zur Kirche

Durch den gedeckten Stiegenabgang betritt man den Marktplatz mit dem hl. Johannes Nepomuk. Links gelangt man durch ein eher unscheinbares Tor in den *Teisenhoferhof*, ein Kulturzentrum von Weißenkirchen. Um 1335 wurde ein gotisches Gebäude als wehrhafter Abschluss des Marktplatzes errichtet, das im 15. Jahrhundert von Heinrich Teisenhofer vergrößert und umgebaut wurde. Wegen der Schießübungen mit der Armbrust erhielt das Haus seinen zweiten Namen: Schützenhof. Die wehrhaften Türme und die zinnenbekrönte Mauer wurden im 16. Jahrhundert hinzugefügt.

Damals gab es einen Tanzsaal. Heute wird im Hof im Freien gefeiert, zum Beispiel beim alljährlichen Rieslingfest im August, bei dem die besten Rieslinge von Weißenkirchen verkostet werden und der Rieslingorden verliehen wird. Im Wachaumuseum im Obergeschoß hängen Werke der Wachaumaler, wie sie um die Wende vom 19. zum 20. Jahrhundert geschaffen wurden, und in wechselnden Ausstellungen stellen zeitgenössische Künstler ihre Arbeiten vor. In den restlichen Räumen des Hofes werden Weinseminare und Malkurse abgehalten.

Nach dem Äußeren der Weißenkirchner Häuser zu schließen, war ein guter Teil der Bevölkerung zumindest von niederem Adel. Was in der Toskana die Geschlechtertürme sind, gibt es auch hier, nur weniger auffällig. Haus Nr. 60 kann seine Vergangenheit als Burg nicht verleugnen, ebenso wenig das verträumte Gasthaus zur Weißen Rose gegenüber, das um 1376 mit den beiden angrenzenden Häusern ein gotisches Kastell der kuenringischen Dienstmannen bildete, oder der Thurnhof (Hausnrn. 76, 77), der Sitz von Lehensrittern war, bevor er zum Gemeindekotter umgebaut wurde.

Nahezu jedes der Häuser in Weißenkirchen hat einen Namen und kann eine interessante Geschichte erzählen.

Den drei lang gestreckten Häusern an der Bundesstraße sieht man deutlich ihre ursprüngliche Verwendung als Lagerhäuser an. Die *Salzstadel* stammen aus der Zeit, als in Weißenkirchen reger Handel von der Donau zum Hinterland betrieben wurde. An der massiven Holzkonstruktion im Inneren hat sich nichts Wesentliches verändert. Wie weit sich das Warenangebot gewandelt hat, ist schwer zu sagen. Heute jedenfalls setzt man auf Wein & Keramik. Die Mitglieder der Familie Schneeweiß bringen dazu die nötigen Talente mit. Mutter Helene ist Malerin, ihr künstlerisches Erbe wird von Tochter Sabine weitergeführt. Sie ist Keramikerin, mit Lehre in der Firma Wachauer Keramik und Absolventin einer Meisterschule in Graz.

Weinkühler von Sabine Schneeweiß

Im Salzstadel wurde eine kleine Werkstatt eingerichtet, mit Töpferscheibe und Brennofen. Während Sabine Schneeweiß mit wenigen geübten Griffen aus einem Batzen Ton ihr patentiertes Logo, eine Smaragdeidechse, formt, kommt sie ins Plaudern: „Kunst und Wein haben immer schon zusammengehört“, sagt sie und setzt die Eidechse auf einen Weinkühler. Die nächste Echse wird sich auf einem mit

Trauben verzierten Weinkrug herumtreiben. Für dessen Füllung ist Vater Anton Schneeweiß zuständig, der Weinmacher des Hauses. Geerntet wird auf den prominentesten Rieden um Weißenkirchen: Achleiten, Steinriegl und Lichtgarten.

Ist man einmal an der Donau herunten, gibt es die Möglichkeit, hervorragenden Fisch zu speisen, im *Restaurant Heinzle*. Der Küchenchef Gerhard Heinzle empfiehlt Saibling gebraten mit Buttermandeln.

Saibling gebraten mit Buttermandeln

4 küchenfertige Saiblinge (je ca. 300 g)
feines Meersalz
frisch gemahlener Pfeffer
Saft von einer Zitrone
etwas Mehl
50 ml Erdnussöl
120 g Butter
60 g Mandeln

Kiemen entfernen, mit kaltem Wasser gründlich abspülen und mit Küchenpapier trocknen, innen und außen salzen, pfeffern und mit Zitronensaft einreiben, in Mehl wenden und überschüssiges Mehl abklopfen. Eine große Pfanne mit Erdnussöl erhitzen und bei nicht zu starker Hitze auf beiden Seiten circa 4 Minuten goldbraun braten.
Bratenfett abgießen, Butter aufschäumen lassen und Mandeln bräunen.
Über den Saibling gießen.
Dazu Petersilerdäpfel und mit Zitronenscheiben servieren.

Wachau zum Mitnehmen gibt es in der *Gärtnerei Hick* an der Bundesstraße. Weinstöcke und Marillen- und Mandelbäumchen werden zu einer praktischen Größe im Topf vorgezogen, damit sie noch ins Auto passen. Laut Ste-

Mandelblüte

fan Hick gedeihen sie bei entsprechender Pflege überall. Sein Wort in Gottes Ohr und dazu ein grüner Daumen, um fern von der Wachau deren frische Marillen ernten zu können.

Der Bürgermeister von Weißenkirchen hat seinen Sitz im Armenhaus. 1424 wurde es als Bürgerspital für „die armen geprechthaften Leuthe im ganzen Thal Wachow“ erbaut, ist aber schon seit 1554 Rathaus und Gemeindekanzlei. Anton Bodenstein ist Bürgermeister der seit jeher sehr selbstbewusst auftretenden Bevölkerung: Die Winzer waren nicht Bauern, sondern Bürger, zunftfähig, mit bürgerlichen Rechten. Sie haben seit dem 13. Jahrhundert Privilegien gesammelt, bis zur Rechtsprechung in der Thalschaft Wachau, die dem heutigen Gemeindegebiet von Weißenkirchen entspricht, mit den Katastralgemeinden Joching, Wösendorf und St. Michael. Es gab circa vierzig verschiedene klösterliche und bischöfliche Eigentümer, deren Besitz aber weit weg und deswegen schlecht zu betreuen war. Daher wurde das Recht normiert, im *jus montanum de vinea*, dem Bergrecht, das erstmals in einer Salzburger Urkunde des 10. Jahrhunderts in der Wachau aufscheint. Es verpflichtete zwar zu materiellen Leistungen, beinhaltete aber kein persönliches Abhängigkeitsverhältnis.

Toni Bodenstein im Himmelreich

Geboren ist Toni Bodenstein im Weinviertel, Wachauer wurde er durch Einheirat in das renommierte Weingut Prager in Weißenkirchen. Er selbst sieht sich als Homo rusticus, der seine bodenständige Weisheit nicht für sich behält, sondern in einer Reihe von Publikationen weitergegeben hat. Was den Wein betrifft, gilt für ihn der alte Spruch nomen est omen. „Ich bin ein Terroirist“, lacht Bodenstein, „und wenn man so heißt wie ich, dann muss man sich mit dem Boden und den Steinen beschäftigen.“

Sein Schwiegervater Franz Prager gilt als ausnehmend erfolgreicher Winzer. Sein Schwiegersohn hat Weingärten dazugekauft und eine Qualitätsoffensive gestartet, wobei er sich wissenschaftliche Erkenntnisse zunutze macht. Um das jüngste Projekt zu sehen, muss man ins Himmelreich hinaufsteigen, so heißt der oberste Streifen in der Riede Achleiten. Dort hat er einige Terrassen dem Wald entrissen und nach Jahrzehnten der Hochkultur wieder die niedrigen Stöcke gesetzt, eine Art Arche Noah für den Grünen Veltliner, mit an die hundert verschiedenen Selektionen. Bodenstein sieht in dieser Rückentwicklung die Zukunft des Wachauer Weines. Bisher wurde auf reichen Ertrag gesetzt, auf große Trauben und Beeren mit dünnen Schalen. „Heute, wo man den entsprechenden Preis für eine Flasche Wein zu zahlen bereit ist, können wir uns wieder dicke Schalen, kleine Beeren und Trauben leisten", ist er überzeugt.

Das Himmelreich erreicht man über den ausgeschilderten Panoramaweg Achleiten. Man steht in einem natürlichen Amphitheater, mit Blick auf Dürnstein und Göttweig, vor sich in der Tiefe die Donau, dazwischen, wie eine mächtige Freitreppe, die Weinterrassen, deren üppiges Grün den vielen Kleinwinzern zu verdanken ist, die sich gegen einen oft mittelmäßigen Traubenpreis die Arbeit im Weinberg antun.

INFO Informationsstelle 3610 Weißenkirchen 262, Tel. 02715/26 00 (1. April bis 31. Okt. Mo bis Sa 10–13 und 15–18 Uhr), www.weissenkirchen.at, Marktgemeinde 3610 Weißenkirchen/Wachau 32, Tel. 02715/22 32-0 (Nov. bis März), www.weissenkirchen-wachau.at **ESSEN/TRINKEN/SCHLAFEN** Restaurant Heinzle – Fischspezialitäten, 3610 Weißenkirchen, Wachaustraße 280, Tel. 02715/22 31, www.heinzle.at; Kirchenwirt, 3610 Weißenkirchen, Kremser Straße 17, Tel. 02715/23 32, www.weissenkirchen.at/kirchenwirt; Gasthaus Weiße Rose, 3610 Weißenkirchen 24, Tel. 02715/23 71; Donauhof, 3610 Weißenkirchen, Wachaustraße 298, Tel. 02715/23 53, www.tiscover.at/hotel-garni-donauhof; Restaurant Zum alten Zechhaus, 3610 Weißenkirchen, Bachgasse 83, Tel. 02715/24 43, www.roisl.at; Konditorei Elisabeth, 3610 Weißenkirchen 49, Tel. 02715/23 02; Raffelsberger Hof, 3610 Weißenkirchen 54, Tel. 02715/22 01, www.raffelsbergerhof.at; Gästehaus „Thurnhof", Fam. Denk, 3610 Weißenkirchen,

Thurnhof 76, Tel./Fax 02715/25 03, www.weingut-thurnhof.at **WEIN** Weingut Prager, Ilse und Toni Bodenstein, 3610 Weißenkirchen 48, Tel. 02715/22 48, www.weingutprager.at; Freisingerhof, Fam. Leitner, 3610 Weißenkirchen 55, Tel. 02715/23 20, www.freisingerhof.at; Kartäuserhof, Weingut Karl Stierschneider, 3610 Weißenkirchen, Kremser Straße 6, Tel. 02715/23 74, www.stierschneider.at **VINOTHEK** Thal Wachau, 3610 Weißenkirchen 262, Tel. 02715/26 00 **DER WEINSTOCK IM BLUMENTOPF** Gärtnerei Hick, 3610 Weißenkirchen 191, Tel. 02715/22 91-0, www.hick.cc **WEIN UND KERAMIK** in den alten Salzstadeln, Fam. Schneeweiß, 3610 Weißenkirchen, Wachaustraße 233, Tel. 02715/22 14, www.wachauerwein.at **TEISENHOFERHOF** Wachaumuseum, 1. NÖ Weinakademie, Malschule (auf Anfrage), 3610 Weißenkirchen 177, Tel. 02715/22 68, 1. April bis 31.Oktober Di–So 10–17 Uhr **AUTOFÄHRE** Weißenkirchen, Tel. 02715/26 00, 02715/22 32 **WANDERN** Panoramaweg Achleiten (ca. 1,5 Std.), Weinwanderweg Weißenkirchen – Wösendorf – St. Michael – Weißenkirchen (ca. 3 Std.), Weißenkirchen – Cholerakreuz – Seiber – Buschandlwand – Wösendorf – Weißenkirchen (ca. 4,5 Std.)

MARIANDL IM TEISENHOFERHOF

Es gehört zur Wachau wie der Strom und der Wein, das Mariandl. 1947 wurde der berühmte Film „Hofrat Geiger" mit Waltraud Haas als Mariandl gedreht. 1961, in einem Remake („Mariandl"), war sie erneut zu sehen, diesmal in der Rolle der Mutter (von Conny Froboess).

2005 ist das Mariandl wieder in die Wachau zurückgekehrt, mit den Sommerfestspielen im Teisenhoferhof. Marcus Strahl, der Sohn von Waltraud Haas und Erwin Strahl, organisierte ein Wiedersehen mit dem Hofrat Geiger. Seine Eltern ließen sich gerne überzeugen und standen im Sommer Wochenende für Wochenende auf der Bühne im Arkadenhof und spielten und sangen vor ausverkauftem Haus die Geschichte vom Mariandl.

„Österreich war besetzt, die Wachau in der russischen Zone", erinnert sich die Schauspielerin an die nicht unproblematischen Dreharbeiten, „man hat uns zwar in Ruhe gelassen, aber genau beobachtet, dass nicht schlecht über die russischen Besatzer gesprochen wurde." Es war der Wachauer Wein, der Paul Hörbiger zu einem Liedl animierte. Waltraud Haas weiß noch die Schlusszeile: „‚Und der Krampus und der Nikolo sind miteinander nach

Russland gangen und sind bis heut no net do', das hat er gesungen und wir haben alle gelacht." In der Nacht darauf, die 18-jährige Waltraud Haas war mit ihrer Filmmutter Maria Andergast in einem Zimmer untergebracht, „pumpert's plötzlich ganz fürchterlich an der Tür. ‚Aufmachen! Aufmachen!' Die Andergast hat gesagt: ‚Das ist doch eine Schweinerei!' Das haben die Russen verstanden, dass das was Böses ist." Frau Andergast musste mitgehen. Ihre beiden Hunde Powidl und Tatschkerl übergab sie an Waltraud Haas. „Wir waren beide im Nachthemd. Ich hab gwusst, dass ich meiner Filmmutter helfen muss." Paul Hörbiger schnarchte im Nebenzimmer und war nicht wachzukriegen, Hans Moser sagte nur „Ui!" und schloss schnell wieder die Tür. Haas: „Ein zauberhafter Mensch, der Moser, aber ängstlich." Sie selber war mutiger und schlich zum russischen Jeep, wo Andergast wegen der „Schweinerei" verhört wurde. Im Nebenhaus wohnte der Produktionsleiter, das fiel Waltraud Haas in diesem Moment ein: „Der hatte einen Schrieb von der russischen Kommandantura bei sich, dass wir Artisten sind und unter ihrem Schutz stehen." Sie klopfte den Produzenten heraus. Der konnte das Schreiben gerade noch rechtzeitig vorweisen, denn der Jeep mit Maria Andergast war bereits im Abfahren begriffen. Die Dreharbeiten konnten fortgesetzt werden.

Waltraud Haas und Erwin Strahl im Teisenhoferhof

Die Vorstellungen im Teisenhoferhof kann schlimmstenfalls der Regen stören, dann wird eben übersiedelt und in der Wachauhalle gespielt. Regisseur Erwin Strahl: „Bei Inszenierungen im Freien habe ich immer ein wenig Bauchweh. Aber hier in Weißenkirchen spielen sogar die Schwalben mit."

WACHAUER SOMMERFESTSPIELE im Teisenhoferhof, 3610 Weißenkirchen, www.wachaufestspiele.com

DER WEINBERG IM DÜRNSTEINER STADTWAPPEN

1986 wurde der Kirchturm des Klosters in Dürnstein renoviert. Man war entsetzt: Himmelblau!, und ahnte nicht, wie nah man der Wahrheit war. Bei der Führung durch das ehemalige *Augustiner-Chorherrenstift* erfährt man, dass barocke Kunst die Funktion hatte, die christliche Lehre sichtbar zu machen. Das Gebäude selbst ist ockergelb wie die Erde. Der Turm dagegen ist blau und weiß und steht für den geistigen, geistlichen Bereich, das ist auch die Originalfarbe aus der Zeit des barocken Neubaus unter Propst Hieronymus Übelbacher, ausgeführt von Josef Munggenast.

Deren Erbe ist der einzige barocke *Kreuzgang* in Österreich, mit einem Krippenaltar von Johannes Schmidt, Vater des Kremser Schmidt, eine Schnitzarbeit von selten hoher künstlerischer Qualität, und mit dem Heiligen Grab. Färbige Glaskugeln beleuchten dramatisch eine trauernde Muttergottes – die Arbeit des Italieners Galli Bibiena, eines Bühnenbauers.

Eine Weltrarität ist der *Tabernakel* in Form einer sich drehenden Kugel, ein Geniestreich von Johannes Schmidt. Die 44 ge-

Botschafter der Wachau: Dürnstein

Stift Dürnstein: Krippenaltar

schnitzten und mit Blattgold belegten Reliefbilder, mit denen diese Kugel bedeckt ist, sind eine Biblia pauperum, die in der Gegenreformation geschaffen wurde, um in der Frage der Eucharistie den Gegensatz zwischen Evangelen und Katholiken klarzustellen.

1788 wurde das Stift vom aufgeklärten Kaiser Joseph II. aufgehoben und dem Augustiner-Chorherrenstift Herzogenburg als Pfarre inkorporiert. Das markante Gebäude blieb stehen und bildet mit dem Hotel Richard Löwenherz und dem Schloss Dürnstein die Schaufront der Stadt zur Donau hin.

In der Stadt Dürnstein herrscht seltene Einigkeit über die nationale Bedeutung dieses Ortes. Die junge Bürgermeisterin Barbara Schwarz, der Pfarrer oder Johann Schendl, Gastwirt vom Viersternehotel Sänger Blondel, sie alle sind auf ihre Weise um das Gedeihen ihrer Gemeinde bemüht, und unisono heißt es, dass 930 Einwohner nicht aus eigener Kraft erhalten können, was allein 1,7 Millionen Tagestouristen jährlich besichtigen. Dazu kommen Staatsbesuche und andere offizielle Gäste, die selbstverständlich ein bestens erhaltenes historisches Dürnstein erleben wollen, und kaum einer fragt sich, ob es sich in einem Museum leben lässt. Dazu ein Stimmungsbild, von dessen atmosphärischer Richtigkeit sich jeder unbefangene Besucher an einem x-beliebigen Sommertag überzeugen kann: Angebimmelt vom ungeduldigen Bummelzug ziehen Ströme von Menschen hinter jungen Leuten mit Fähnchen und Tüchern durch die engen Gassen, lassen sich die Geschichte der Stadt erzählen, besuchen kurz das Kloster, erwerben eines der originalen Wachauerlaibchen in der Bäckerei Schmidl und sind wieder dahin. Der Autobus wartet.

Zum Glück gibt es Genießer, die Dürnstein persönlich erleben wollen und bei geschickter Wahl der Besuchszeit voll auf ihre Rechnung kommen. Der gedruckte Stadtführer ist praktisch, übersichtlich, gut bebildert und unerlässlich, wenn man die Stadt auf eigene Faust erkunden will.

Dürnstein:
Apsis des ehemaligen Klarissinnenklosters

Der Rundgang beginnt am *Kremser Tor,* danach geht's rechts hinauf zum Friedhof, wo im Karner die Gebeine der Vorvordern wohlgeordnet ihrer Erweckung am Jüngsten Tag harren. Vorbei am Pranger, durch einen Torbogen, trifft man auf das Hotel *Sänger Blondel,* erkennbar am kunstvoll gemalten Firmenschild mit dem Laute klimpernden Minnesänger, links davon befindet sich das Romantik-Hotel *Richard Löwenherz.* Die beiden Häuser verdanken ihre Namen einer Episode aus der Zeit der Kreuzzüge. Beim dritten Kreuzzug 1190 fühlte sich der Babenberger Leopold V. vom englischen König Richard Löwenherz um seine Beute betrogen. Auf dem Heimweg wird Löwenherz in Wien erkannt und festgenommen. Herzog Leopold überlässt den Gefangenen seinen treuen Vasallen, den Kuenringern, die ihn in Dürnstein gefangen halten. Im März 1193 übergibt der Babenberger seinen Gefangenen an Kaiser Heinrich VI. Dieser forderte für die Freilassung 150.000 Mark Silber, eine für die damaligen Verhältnisse ungeheuer große Summe, von der der Babenberger 50.000 Mark als Anteil erhält. Viel lieber erzählt man aber die romantische Legende vom treuen Sänger Blondel, der seinen gefangenen Herrn, König Richard Löwenherz, in Dürnstein aufstöbert. Man hat ihr an der Wachaustraße unterhalb des Watsteins 1958, unübersehbar, ein Denkmal gesetzt.

Garten im Hotel Richard Löwenherz

Diese Mär war Teil der romantischen Kraft, die vor mehr als hundert Jahren eine Schar von Malern in die Wachau gezogen hat. Emil Jakob Schindler (1842–1892), Robert Russ (1847–1922) und Franz Seraph (1844–1906) gelten als die Entdecker der Wachau. Nach ihnen kamen Johann Nepomuk Geller (1860–1954) und Maximilian Suppantschitsch (1865–1953). Beide studierten Landschaftsmalerei bei Eduard Peithner von Lichtenfels (1833–1913), der ab 1888 mit seinen Schülern regelmäßig die Wachau besuchte.

Für die Bevölkerung waren die Künstler bald die Wachaumaler, denen man gerne gegen eines ihrer Werke Kost und Logis gewährte. 1890 warb der Gasthof Thiery in Dürnstein bereits mit der Bezeichnung „Künstlerheim" und erhielt um 1900 vom Maler Emil Strecker zum Dank den klingenden Namen „Zum Richard Löwenherz". Dort saß man abends am Künstlerstammtisch beisammen und genoss von der Marillenblüte an bis zum Novembernebel die arbeitsreiche „Sommerfrische".

Barockengerl am Kellerschlössl

Mit etwas Glück trifft man an diesem Stammtisch einen Nachfahren dieser Künstler, den Maler und *Burgweingärtner* Wilhelm Schwengler, Ehrenbürger zu Dürnstein. In seinem Werk „Unsere Weinbibel" verbindet er kunstvoll beide Leidenschaften. Seine Landschaftsbilder zeigen die Wachau von ihrer schönsten Seite, ganz im Sinne der von ihm verehrten Wachaumaler, dazu kommen Gedanken zur Vinea Wachau Nobilis Districtus (mehr darüber auf S. 279 ff.), einer Idee von Wilhelm Schwengler.

Burgweingärtner Wilhelm Schwengler

Der Önologe Schwengler war 35 Jahre Geschäftsführer der Winzergenossenschaft, der jetzigen *Freien Weingärtner Wachau.* Mit der Rekultivierung eines Weingartens innerhalb der Burgmauern hat er das ursprüngliche Stadtbild wiederhergestellt. Schon im Wappen von 1476 sind die Terrassen eingezeichnet, die so steil sind, dass man Steigeisen braucht. „Wenn man ausrutscht, kugelt man bis zur Donau hinunter", warnt der rüstige alte Herr seine Begleiter, bevor er sie auf schmalem Pfad zu seinen Rieslingstöcken hinaufführt, die bisher immer einen „Smaragd" geliefert haben, „und weil ich nicht den ganzen Wein selber trinken kann, wird er in etlichen Spitzenrestaurants angeboten".

Wenn man schon einmal auf dem Weg ist, sollte man den Anstieg bis zur *Burgruine Dürnstein* fortsetzen, von der aus deutlich das große Dreieck der mittelalterlichen Befestigung zu erkennen ist, das Stadt und Berg umschließt. Die Burg wurde von den Kuenringern erbaut, 1645 von den Schweden zerstört.

Die Wanderung kann von der Ruine weg fortgesetzt werden, mit den Zielen Fesslhütte, Starhembergwarte und Klettergarten (ca. 3 Std.). Durch den *Wunderburggraben* gelangt man ins Tal zurück. Man sollte sich nicht wundern, wenn nach einsetzender Dämmerung, exakt zum Zeitpunkt des astronomischen Sonnenunterganges, eigenartige Klänge durch diesen Graben bis zur Donau dringen. Ohrenzeugen berichten, dass beim Erklingen dieser Klang-Raum-Installation des Schweizer Komponisten Walter Fähndrich mit einem Schlag der Gesang der Vögel verstummte. Die Menschen sind hinsichtlich dieses Kunstwerks geteilter Meinung. Die einen empfinden diese Initiative der Kunsthalle Krems und der NÖ Kultur/Kunst im öffentlichen Raum als akustische Zwangsbeglückung, die anderen schwärmen, dass die „Komposition reiner Klang ist und dabei allenfalls auf seine sanfte Weise Assoziationen hervorruft. Der Blick auf die Felsen und das Grün ändert sich mit der Dämmerung, mit dem Klang. Und damit das Hören und Fühlen. Die Natur scheint einem mit erneuter Schönheit entgegen." (Roland Schöny)

1663 gelangte die Herrschaft Dürnstein in den Besitz der Starhemberger, die 1937 das Schloss an die Familie Thiery ver-

Herbstliche Farbenpracht im Donautal bei Dürnstein

kauften. Raimund, der Vater des jetzigen Schlossherrn Johann Thiery, hatte ein herabgekommenes Gebäude übernommen. Es war zweckentfremdet. Zehn Parteien wohnten darin. Hinten in den Höfen waren Schweineställe. Nach und nach wurde aber um- und aufgebaut, bis zum heutigen Hotel Schloss Dürnstein mit fünf Sternen, mit allem Luxus, den sich ein Gast erwarten kann. Jeder Eingriff im Baugeschehen muss allerdings mit dem Bundesdenkmalamt abgesprochen sein.

Die Hausherrin Rosemarie Thiery führt die Gäste in das elegante Fürstenzimmer, das seinem Namen mehr als gerecht wird. Könige und ihre Familien, der Hochadel aus Kunst und Kultur sowie Bundespräsidenten und Regierungschefs bei Staatsbesuchen, sie alle haben hier genächtigt, sogar ein regierender Kaiser. Während der Wiener Türkenbelagerung 1783 war Graf Starhemberg Stadtkommandant von Wien. Kaiser Leopold I. lag in Dürnstein mit einer kleinen Flotte und wohnte in diesem Schloss, als ihm die Nachricht vom Sieg über die Türken überbracht wurde.

Hans-Georg Schwarz, Obmann der Freien Weingärtner Wachau

In den Weingärten im Osten außerhalb der Stadt, vom Kloster aber bequem zu Fuß zu erreichen, ließ Propst Hieronymus Übelbacher von Jakob Prandtauer das *Kellerschlössl* aufstellen. Um den Zweck gleich von vorneweg anzuzeigen, wurde in die Sonnenuhr auf der Fassade eine Kartenpartie gemalt, mit dem Propst, dem Architekten, dem Grundherren und dem Maler Wolfgang Ehrenreich Priefer von Miesbach. In der gleichen Tonart geht es drinnen weiter, mit prallem Leben auf

Weinschlössl bei Dürnstein

den Deckenfresken und einer beachtlichen Sammlung von Drucken und Stichen an den Wänden. Über allem schwebt der Leitspruch des Propstes: „Wein ist alles, und Wein ist über alles.“

Der edle Tropfen lagerte in ausgedehnten Kellern unter dem Schlössl, genau dort, wo heute der Wein der Freien Weingärtner Wachau zu schöner Qualität reift. An die 700 Mitglieder zählt die Genossenschaft. Sie bewirtschaften siebzig Prozent der gesamten Weinbaufläche der Wachau und sind als Kollektiv Mitglied der Vinea Wachau und damit deren strengen Vorgaben unterworfen. Hans-Georg Schwarz ist Obmann und sieht es als eine seiner Aufgaben, darauf zu achten, dass die Aufwendungen dieser kleinen Betriebe einigermaßen gedeckt sind und sich auch die nächste Generation noch die Mühe macht, die steilen Terrassen zu bearbeiten. Er fragt sich aber, ob die Konsumenten verstehen, dass Terrassenwein teurer ist als anderer Wein.

Daher gehören neben kommentierten Verkostungen in gemütlichen Separees im modernen Verkaufsraum oder im barocken Ambiente des Kellerschlössls auch *Riedenwanderungen* zum Marketing der Freien Weingärtner. Die Leute sollen ruhig

Wertvolle Drucke und Stiche im Weinschlössl

in den eigenen Wadln spüren, wo der Wein wächst. Schmale Treppen aus grobem Stein verbinden die einzelnen Terrassen. Die Wände, deren Steine durchwegs ohne Mörtel in der alten Kunst der Trockenbauweise zur massiven Mauer gelegt wurden, strahlen die Sonnenwärme auf die heranwachsenden Trauben zurück. Wie in einem Labyrinth wird man von den verdrahteten Reihen in die Breite gelenkt, zu verfallenen Weingartenhütten, vorbei an den Pitzen oder Brunnstuben, so werden die Erdgruben genannt, in denen sich das Regenwasser sammelt. Auf Umwegen findet sich wieder der Durchschlupf zum nächsten Aufstieg, immer hin und her, bis man oben ist und über die Blätterdecke hin nur mehr die Donau unter sich sieht.

Die Fortsetzung dieser „Wanderung" ist nach der Rückkehr ins Kellerschlössl der genüssliche Abstieg in die Kellergewölbe aus 1719 mit einer wahren Bildergalerie kunstvoll geschnitzter Fassböden. In einem gemütlichen Winkel steht ein grober Tisch, unauffällig, und doch ist er ein legendäres Möbel unserer jüngeren Geschichte. Hier sind sie gesessen und haben den Staatsvertrag verhandelt. Leopold Figl besaß einen Schlüssel für diesen Keller. Wenn es in Wien nur mehr „njet" geheißen hat, wurde zur gemeinsamen Entspannung die Wachau aufgesucht und reiner Wein eingeschenkt. Es ist doch was dran, an den Saufgeschichten um den österreichischen Staatsvertrag. Als dieser 1955 im Schloss Belvedere unterzeichnet wurde, hat man den werten Gästen logischerweise einen Dürnsteiner Katzensprung kredenzt, einen typischen Wein aus dieser Gegend.

Hinter dem Kellerschlössl erhebt sich der Kellerberg und die Riede „Küss den Pfennig". Jeder Pfennig, der für den unter diesen schwierigen Umständen gewonnenen Wein bezahlt wurde, war es wert, geküsst zu werden. Die Mühe war offenbar doch zu groß oder der Pfennig zu klein. Aus dem Weinberg wurde ein *Trockenrasen,* mit der ganzen Vielfalt eines solchen Biotops, vor allem mit der geschützten Steinfeder.

Dürnstein: Reiterstandbild beim Watstein

Immer wieder drängt sich auf dieser Wanderung ein sonderbares Steingebilde ins Blickfeld, das *Franzosendenkmal.* Es ist weitgehend unbekannt, dass Napoleon, besser gesagt ein Teil seiner Armee unter dem Kommando von General Mortier, am 11. November 1805 bei Loiben durch österreichische und russische Truppen eine Niederlage erlitt. Die Schlacht hatte kaum Auswirkungen auf den weiteren Feldzug des Franzosen, aber zum Tod von Tausenden Menschen geführt und ein für Jahrzehnte verwüstetes Loiben hinterlassen.

1905, hundert Jahre nach der Schlacht und neun Jahre vor dem Ersten Weltkrieg, wurde das Mahnmal errichtet, als Ergebnis eines Kompromisses aus drei Entwürfen. Frankreich steuerte den unteren Teil bei, Österreich den Mittelteil, und die Spitze des Denkmals stammt aus Russland.

INFO Stadtgemeinde 3601 Dürnstein/Wachau 25, Tel. 02711/219, Dürnstein-Information, 3601 Dürnstein 132, Tel. 02711/200, www.duernstein.at **AUGUSTINER-CHORHERRENSTIFT** 3601 Dürnstein 1, Tel. 02711/375 (April bis Okt.) oder 227 (Nov. bis März), www.stiftduernstein.at, 1. April bis 31. Oktober Mo–Fr 9–18, So, Fei 10–18 Uhr **ESSEN/TRINKEN/SCHLAFEN** Hotel Schloss Dürnstein, 3601 Dürnstein 2, Tel. 02711/212, www.schloss.at; Hotel Sänger Blondel, Fam. Schendl, 3601 Dürnstein 64, Tel. 02711/253, www.saengerblondel.at; Romantik-Hotel Richard Löwenherz, 3601 Dürnstein 8, Tel. 02711/222, www.richardloewenherz.at; Gartenhotel & Weingut Pfeffel, 3601 Dürnstein 122, Tel. 02711/206, www.hotel-duernstein.at; Christl's Radtreff, 3601 Dürnstein am P2, Tel. 02711/473; Wachauerstube, Fam. Lux, 3601 Dürnstein, Unterloiben 24, Tel. 02732/859 50, www.wachauerstube.at.tt; Bäckerei, Konditorei, Weingut Franz Schmidl, 3601 Dürnstein 21, Tel. 02711/224, www.weingut-schmidl.at **VINOTHEK** Kellerschlössel, Freie Weingärtner Wachau, 3601 Dürnstein 107, Tel. 02711/371, www.fww.at **FÄHRE** Dürnstein–Rossatz, „Eine Erlebnisüberfahrt“, 3602 Rossatz, Rossatzbach 40, Tel. 0699/11 44 15 85, E-Mail: herbert.oberleitner@gmx.at **BUMMELZUGFAHRTEN** durch Dürnstein und Loiben, Ernst Riesenhuber, Tel. 0699/17 18 00 02

LOIBEN, DIE LIEBLICHE GEGEND

Im Osten von Dürnstein wird der Wachaubesucher von den Dörfern Unter- und Oberloiben (Gem. Dürnstein) empfangen. In beiden Ortsteilen trifft man bei jedem der gediegenen *Lesehöfe* auf Namen, die die Augen jedes Freundes eines erlesenen Weißen zum Leuchten bringen: Weingut Bäuerl, F.X. Pichler, der Urbanushof von Paul Stierschneider und der Stockingerhof in Oberloiben, Weingut Alzinger, der Tegernseerhof, der Heurigenbetrieb Edlinger-Dinstlhof und natürlich das Weingut Emmerich Knoll in Unterloiben.

Das Haus *Knoll* bringt einen Kultwein nach dem anderen auf den Markt, unverkennbar das Etikett mit dem hl. Urban, entworfen vom Wachaumaler Siegfried Stoitzner – Wein vom

Pfarrkirche von Loiben

Knoll! Emmerich Knoll hat vom Vater das Weinmachen gelernt und ist von der Philosophie des Weinpioniers Jamek beeinflusst: Man kann gegen den Zeitgeist erfolgreich sein, mit der Arbeit in den Terrassen und mit Beschränkungen, die für Emmerich Knoll der einzig gangbare Weg sind, um die Natürlichkeit des Weines in die Flasche zu bringen.

Die *Kirche zum hl. Quirin* wurde vor kurzem restauriert. Ein kleiner Kirchenführer stellt die Schätze vor, die sich im zumeist versperrten Gotteshaus befinden: Das Hochaltarbild mit dem Martyrium des hl. Quirinus vom Kremser Schmidt 1782, eine Madonna mit dem Jesukind auf einem Seitenaltar und eine Pietà aus 1400. Bis 1803 war Unterloiben eine Pfarre des Benediktinerstiftes Tegernsee (daher ist der dortige Schutzheilige St. Quirin hier Patron) und wird heute vom Pfarrer in Dürnstein betreut.

Der gute Name Knoll steht auch hinter dem *Loibnerhof.* Die Chefleute Josef und Margarethe, Souschef Josef Knoll jun. und seine Frau Jutta empfangen ihre Gäste mit Köstlichkeiten, die auf raffinierte Weise mit dem herrlichen Wein dieser Region kombiniert werden, wie die Wachauer Veltlinersuppe, deren Geheimnis an dieser Stelle preisgegeben wird.

Wachauer Veltlinersuppe

Zutaten (6 Personen):

1/4 l trockener Grüner Veltliner mit wenig Säure
1 l kräftige Hühnersuppe
40 g Schalotten oder Zwiebel
20 g Butter
1/4 l Obers
4 Eidotter
ca. 1 Kaffeelöffel Kartoffelstärke
Salz, Pfeffer
1 Messerspitze Zimt

Die klein geschnittenen Schalotten in Butter anlaufen lassen, mit dem Wein aufgießen und bis auf 2 Esslöffel einkochen. Die Reduktion mit dem Hühnerfond auffüllen und eine Viertelstunde kochen lassen. Obers, Eidotter und Stärke abrühren und auf einmal in die nicht mehr kochende Suppe einrühren. Suppe nochmals erhitzen. Vor dem Anrichten mit einem Stabmixer aufschäumen und in heiße Tassen füllen.

Am Fuß des Loibner Berges, einer Weinriede, die im Burgrechtbüchel Dürnstein mit dem Jahr 1381 verbunden wird, liegt das *Dinstlgut Loiben*. Tausend Jahre ist sein grob in den Felsen gehauener Keller alt, und noch immer ist er ein guter Platz für die Lagerung von Wein, zum Trinken und Feiern und zur historischen Rückschau zu den Wurzeln der Ortschaft Loiben.

Dinstlgut Loiben: Elisabeth Altenriederer

Der Ortsname stammt aus dem Slawischen und beschreibt ganz einfach die Umgebung: Loiben – liebliche Gegend. 860 wurde Loiben zusammen mit einem Ort namens Wachowa, mit Hollenburg und

Fronleichnam in Loiben

Traismauer genannt. 1002 wurden zwei Huben „in oriente in loco Liupna" dem bayerischen Benediktinerkloster Tegernsee und seinem Heiligen Quirin geschenkt. 800 Jahre stand Unterloiben kontinuierlich unter dieser einen Herrschaft, bis 1803 durch die Säkularisation (ohne kirchliche Genehmigung erfolgte Einziehung oder Nutzung kirchlichen Eigentums) das bayerische Klosterwesen und damit auch Stift Tegernsee ein jähes Ende fanden.

Das Vakuum wurde unzulänglich aufgefüllt, mit Glücksrittern, die freigewordene Herrschaften wohlfeil erwarben und dazu beitrugen, dass die Wachau im 19. Jahrhundert einen wirtschaftlichen Niedergang erlitt. So musste ein Graf Geniceo 1830 sein kurz zuvor erworbenes Gut am Loibner Berg wieder verkaufen; die Herrschaft Dürnstein erhielt den Zuschlag und verschleuderte es kaum ein Jahr später an Herrn Ignaz Kaiser aus Krems. Nach dessen Tod übernahm sein Schwiegersohn, Ferdinand Dinstl sen., die gekauften Güter. Er war ein honoriger Mann: Abgeordneter des Parlaments in Frankfurt und Bürgermeister der Stadt Krems. Das Gut blieb nun einige Generationen lang im Familienbesitz. Nach dem Tod von Hedwig

Dinstl 1930, wurde das Dinstlgut von einer Genossenschaft erworben. Wirtschaftliche Erfolge stellten sich mit dem Verkauf von Dopplern (Wein in der Zweiliterflasche) ein. Das ist lange her, denn längst setzt man auch im Dinstlgut Loiben auf Qualität und nicht auf Masse, wofür die Geschäftsführung unter Elisabeth Altenriederer bürgt.

304 Genossenschaftsmitglieder liefern die Trauben, wobei die Ernte per Handlese von der Chefin generalstabsmäßig geplant und penibel auf sorgfältige Selektion nach Rieden und Rebsorten und genaue Qualitätssortierung geachtet wird.

Kaum verändert seit Jahrhunderten: Haus am Rothenhof

Die teuersten Weine werden neben herkömmlichem Kork mit dem hochwertigen Schraubverschluss Stelvin angeboten. Für ein solches Ausschwenken aus der Tradition ist in der Weinbranche eine gute Portion Selbstbewusstsein nötig. Angesichts der nationalen und internationalen Auszeichnungen des Dinstlguts verstummen Einwände, und erst recht, wenn sich Weingenießer im Rahmen einer der Vernissagen oder Lesungen im Felsenkeller persönlich von der hohen Qualität überzeugt haben.

Unmittelbar vor dem östlichen Ende des Weinbaugebietes Wachau ducken sich ein paar Häuser in den Felsen des Pfaffenberges. Der *Rothenhof* war Wein- und Wirtschaftshof des bayerischen Benediktinerstiftes Tegernsee und wird 1250/60 als Landhaus neben einer Schiffsmühle erwähnt. Aus der bunten Reihe der Besitzer hinterließ der Passauer Bürger Wolfgang Rothofer seinen Namen. Allein und deswegen auffällig liegt in den Weingärten zwischen dem Rothenhof und Unterloiben der *Biglhof* (Pigl- oder auch Pichelhof) als Juwel unter den einstigen klösterlichen Lesehöfen mit spätbarocker Malerei im Zwerchgiebel.

Nur wenige Schritte nach dem Rothenhof, Richtung Stein-Krems, prangt am Felsen neben dem Radweg in Augenhöhe ein bekannter Schriftzug: Kyselak. Der Wiener Hofkammerbeamte Joseph Kyselak (1799–1831) ging, so wird berichtet, eine Wette ein, dass innerhalb eines Jahres jedermann in Österreich seinen Namen kennen würde. Er gewann die Wette, durch eine frühe Graffitiaktion. Kyselak durchwanderte das Land und malte ganz einfach seinen Namen an möglichst exponierten Stellen in großen Buchstaben auf, angeblich in einem unbeobachteten Augenblick sogar am Schreibtisch des Kaisers, als ihn dieser wegen der Schmierereien zur Rede stellte.

Kyselak war hier!

INFO Stadtgemeinde 3601 Dürnstein/Wachau, Tel. 02711/219, Dürnstein-Information, Tel. 02711/200 (Mai bis Okt.), www.duernstein.at **ESSEN UND TRINKEN** Loibnerhof – Restaurant und Weingut, Fam. Knoll, 3601 Dürnstein, Unterloiben 7, Tel. 02732/828 90, www.loibnerhof.at **WEINGÜTER** Emmerich Knoll, 3601 Dürnstein, Unterloiben 10, Tel. 02732/793 55, E-Mail: weingut @knoll.at; Dinstlgut Loiben, 3601 Unterloiben 51, Tel. 02732/855 16, www.dinstlgut.at; Bäuerl, 3601 Oberloiben 28, Tel. 02732/755 55, www.baeuerl.at; F.X. Pichler, 3601 Oberloiben 27, Tel. 02732/853 75, www.fx-pichler.at; Urbanushof, Paul Stierschneider, 3601 Oberloiben 17, Tel. 02732/727 50; Stockingerhof, 3601 Dürnstein 240, Tel. 02711/384, www.stockingerhof.at; Edlinger-Dinstlhof, 3601 Unterloiben 6, Tel. 02732/706 00, www.edlinger-dinstlhof.at; Alzinger, 3601 Dürnstein, Unterloiben 11, Tel. 02732/779 00, www.alzinger.at; Tegernseerhof, 3601 Unterloiben 12, Tel. 02732/853 62, www.tegernseerhof.at **FRITZ GALL** Weinskulpturen-Wanderweg auf der 1. Loibenbergstraße

Langenlois
Krems an der Donau (203)
Dürnstein (209)
Weißenkirchen in der Wachau (224)
Spitz (223)
Mautern an der Donau (201)
Stein an der Donau
Rossatz (225)
Senftenberg
Lengenfeld
Stratzing (352)
Egelsee
Imbach
Rehberg
Gneixendorf
Rohrendorf bei Krems
Hadersdf. am Kamp
Straß im Straßertale
Etsdorf am Kamp
Traismauer (187)
Krustetten
Nußdorf ob der Traisen
Paudorf (257)
Furth bei Göttweig
Palt
Hollenburg
Brunnkirchen
Mühldorf (398)
Albrechtsberg an der Gr. Krems (686)
Lichtenau im Waldviertel (639)
Nöhagen (620)
Wenizierl am Walde
Stixendorf
Reichau
Ostra
Droß
Priel
Gobelsburg
Zeiselberg
Kammern
Haindorf
Zöbing
Schönberg-Neustift
Lengenfelderamt
Droßeramt
Senftenbergamt
Gr. Krems
Donau
Kamp
KREMS NORD
KREMS MITTE
KREMS SÜD
HOLLENBURG
TRAISMAUER NORD
Dachsberg 470
Spießberg 426
Loiser Berg 381
Schilterner Berg 364
Galgenberg 374
Sandl 723
Seekopf 671
Giritzer 397
Mühlberg 725
Oberloiben
Unterloiben
Mauternbach
Unterbergern
Oberbergern
Schenkenbrunn
Mitterarnsdorf
Oberarnsdorf
Wösendorf in der Wachau
Joching
St. Michael
Rührsdorf
St. Lorenz
Rossatzbach
Lerchenfeld
Neustift
Stratzdorf
Theiß
Angern
Thallern
Göttweiger Sattel
Stift Göttweig
Höbenbach

Statutarstadt Krems-Stein und das Kremstal

Künstlerisches Stein an der Donau – Förthof bei Stein – Motorradveteranen in Egelsee – Kunstmeile Krems – Der edle Kern von Krems – Krems genussvoll – Gneixendorf, op. 130 – Jüdische Mahnmale in Stein und Krems – Rehberg an der Krems – Die Nonnen von Imbach – Der Ehrenfels von Senftenberg

KÜNSTLERISCHES STEIN AN DER DONAU

Die Tore der Stadt Stein stehen heutzutage offen, ihre Funktion haben die Wehranlagen aber nicht verloren. Sie beschützen ihre Stadt gegen die Degradierung des Ortsnamens Stein zum Synonym für die dort stationierte Justizanstalt. Am Kremser Tor streift man solch düstere Assoziationen ab und taucht unbefangen ein in das zauberhafte Ambiente dieser historischen Stadt. Ihre Bürger waren Kaufleute, Handwerker und Weinhauer, deren Häuser sichtbares Zeichen des Wohlstands, der auf der geografisch begünstigten Lage der Stadt und auf einer Reihe von Privilegien beruhte, deren sich die Doppelstadt Krems und Stein erfreute. Die Herren von Krems und Stein waren die Landesfürsten, ihnen lag das Gedeihen dieser beiden Städte verständlicherweise am Herzen.

Krems-Stein liegt am Kreuzungspunkt wichtiger Handelswege. Stein verfügte über einen günstigen Landeplatz für die Donauschiffe am nordöstlichen Ende der Wachau und über ein Urfahr (Überfuhr) für den Nord-Süd-Verkehr, das 1463 durch eine *Donaubrücke* ersetzt wurde. In Krems gab es keinen Hafen, dafür aber genug Platz zum Siedeln und Handeltreiben.

Damit war ein wahrscheinlich weltweit einzigartiger Zustand entstanden. Zwei Städte standen unter einer Verwaltung und besaßen ein gemeinsames Stadtrecht. Die Babenberger schätzten diesen Handelsplatz so sehr, dass sie in Krems ihre erste Münze errichteten. Bis 1190 wurde der Kremser Pfennig ge-

Wahrzeichen von Stein an der Donau: die beiden Kirchtürme

schlagen. Stein erhielt von Mautern das Zollrecht und in diesem Zusammenhang den überaus gewinnbringenden Salzhandel. Zwischen Minoritenplatz und Donaulände wurde der *Salzstadel* angelegt. Das klobige Äußere und der Name sind geblieben, untergebracht sind darin heute ein Wirtshaus und eine Bühne, die ein vielseitiges Musik- und Kabarettprogramm bietet.

Ist es die Stadt selbst, die nach Kunst schmeckt, oder sind es die Künstler, die ihr dieses Flair verleihen? Auf einem kleinen Rundgang kann man etliche Werkstätten und Ateliers besuchen. Hinter dem launigen Kürzel *K.U.H.* steht der Verein Künstler und Handwerker Stein mit Sitz in der Steiner Landstraße 30. Obmann Peter Gattermann, Architekt und Designer, verfolgt die Idee und Initiative seines Vaters Albert Gattermann, die historisch einzigartige Stadt Stein nicht nur baulich zu revitalisieren, sondern als Handwerkerstadt der Wachau wiederzubeleben. In der K.U.H. erhält der stets willkommene Besucher eine wertvolle Liste mit den Adressen der Steiner Künstler und Handwerker, die diesem Ruf gefolgt sind.

Den Anfang macht der Obmann selbst. Im Vereinslokal der K.U.H. ist es bisher noch niemandem gelungen, angesichts eines Gattermann nicht zu lachen. Seit seinem Architekturstudium betätigt sich Peter Gattermann erfolgreich als Karikaturist. Bevorzugtes Ziel seiner humorvollen Attacken sind Weinfreunde, zu denen auch er sich zählt. Im Humoristen und Mundartdichter Gustl Mayer hat der Karikaturist einen ebenso trefflichen Wortkünstler gefunden, der sich mit ihm durch ein ganzes langes Buch, „Von der Weinseeligkeit zum Katznjaumma“, durchkostet.

Gleich beim Kremser Tor, Steiner Landstraße 11, trifft man auf den *Wachauer Trachten- und Heimatverein,* ohne dessen Mitwirken kein Fest in der Stadt vorstellbar ist.

Schräg gegenüber, auf Nummer 14, im Gleinkerhof (1483 urkundlich belegt), laden Andrea Brunner und Friederike Grühbaum in ihrem offenen Atelier *funkundküste* die Menschen ein, sich in irgendeiner Form künstlerisch auszudrücken. Die beiden Frauen arbeiten an Projekten mit psychisch Kranken und sind damit gleichzeitig Therapeutinnen. Das „Funk“ im Ateliernamen steht für die Kommunikation, um die es in ihrer Arbeit geht, das „Küste“ für das Zusammentreffen verschiedener Lebensräume wie Land und Meer.

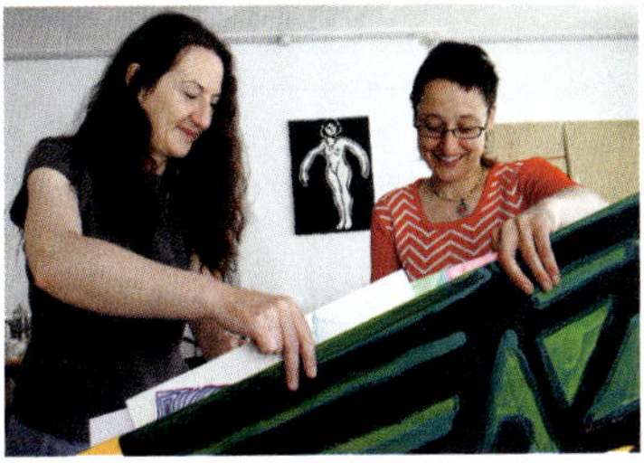

Offenes Atelier in Stein: funkundküste

In einer kleinen Werkstatt in der Steiner Landstraße 24 werkt Schneidermeisterin Gerda Gartler an einem *Kalmuckjanker* und hat Zeit für eine Plauderei. „Der Janker war die Arbeitskleidung für die Männer wie das Blaudruckdirndl für die Frauen“, sagt die Expertin in Trachtenmode, während sie weiß-braun-schwarz karierten Stoff zuschneidet. Im Moment ist der Kalmuck für männliche Wachauer einfach ein Muss, der je nach Anlass sogar zur Jeans getragen wird. Der Stoff ist aus reiner Baumwolle und wird derzeit aus Tirol geliefert, die großen Perlmuttknöpfe bezieht sie aus dem Waldviertel, aus der einzigen Perlmuttdrechslerei in Österreich. Benannt ist der Kalmuck angeblich nach den Kalmücken, einem westmongolischen Nomadenstamm. Der dunkel karierte Stoff sei deren Stammeszeichen gewesen. Mit den Schiffleuten, die für ihre Oberbekleidung strapazfähigen Stoff benötigten, dürfte er die Donau herauf in die Wachau gelangt sein und hat sich dort im Weingarten ebenso gut bewährt wie vordem auf dem Wasser.

Der Kalmuckjanker wird in Stein genäht

Aus dem dunklen Gewölbe der Steiner Landstraße 25 starren irritierende Augen auf den Spaziergänger. „Sie schauen einen an, bis ganz hinein. Es gibt nichts mehr, was man wegnehmen könnte", unterstreicht der Maler *Erich Kres* die Wirkung seiner Arbeiten, die durch gewaltvolle Thematik und den brutal einfachen Strich auffallen.

Die Welt von ihrer freundlichen Seite zeigt dagegen *Hubert Bauer,* Bildhauer, Maler, Vergoldermeister und Restaurator. Die Werkstatt in Krems hat er seinem Sohn Markus Bauer übergeben, er selbst ist mit seinen Arbeiten in das Atelier in die Kollmanngasse 1 nach Stein übersiedelt. Aufgrund der Vielseitigkeit seines grundsoliden Könnens, der lebenslangen handwerklichen Erfahrung und neuer Ideen ist der elegante Herr mit dem weißen langen Haar gerade bei heiklen Restaurierungen gefragter denn je.

Nach und nach kommt man auf dieser Atelierrunde zu den Sehenswürdigkeiten der Stadt wie der *Pfarrkirche* zum hl. Nikolaus. Der heutige Kirchenbau verrät auf den ersten Blick seine gotischen Wurzeln (15. Jh.). Der Bau wurde barockisiert und schließlich um 1901 regotisiert. Aus dieser jüngsten Phase stammt der Hochaltar, in dessen Aufsatz sich die Figur des hl. Nikolaus erhebt.

Einen malerischen Stiegenaufgang (die Frauenbergstiege) höher sitzt wuchtig die ehemalige *Frauenbergkirche* Mariae Himmelfahrt mit dem „alten Michl", wie die Steiner den Turm der Frauenbergkirche nennen. An dieser Stelle soll ursprünglich eine Kirche zum hl. Michael gestanden sein. Die Frauenbergkirche wurde in josephinischer Zeit entweiht. Zwischen 1963 und 1965 wurde sie restauriert und in ein Ehrenmal für die Gefallenen beider Weltkriege umgewandelt.

An der Frauenbergkirche vorbei steigt man hinauf zum *Rebentor,* dem wohl schönsten Aussichtsplatz der Stadt. Dahinter zieht sich an der Stadtmauer entlang die Kellergasse, und ein kleines Stück weiters geht's in die Weinterrassen der Rieden Steiner Goldberg und Steiner Hund. Heurigenkränze erweisen sich als Versuchung, der man nicht zu widerstehen braucht.

Der Malerwinkel von Stein

Im Weingut *Hamböck* hat die Kunsthandwerkerin Doris Hamböck eine Verkaufsausstellung eingerichtet. Ihr Gewerbe ist die Gürtlerei, was jedoch nur wenig mit dem Gürtel zu tun hat. Ihre Erzeugnisse sind witzige Broschen von Affe bis Zebra, Katzen in allen Varianten und Sternzeichen, alles in Buntmetall wie Kupfer, Messing und Neusilber, und alles von ihr selber entworfen.

Nach wie vor in Betrieb: eine alte Weinpresse

Ein paar Häuser weiter in der Kellergasse sitzt man beim Heurigen Josef Pichler unter der *alten Weinpresse.* An der Wand hängt ein Bild, das eine heitere Heurigengesellschaft in diesem Presshaus zeigt, es dürfte an die hundert Jahre alt sein, und man stellt fest, wie wenig sich in diesem Kellerhaus verändert hat.

Zur Lesezeit werden Tische und Bänke weggeräumt, die Presse mit dem mächtigen Baum aus 1864 wird in Betrieb genommen. Der Presskorb wird mit gerebelten Trauben gefüllt, mit Brettern abgedeckt und mit Vierkantklötzen der Kreuzstoß darüber aufgebaut. Anstelle der einstigen Holzspindel senkt und hebt eine elektrisch betriebene Südbahnwinde (erstmal in der Weinbauregion an der Südbahn eingesetzt) den Pressbaum, dessen Auf und Ab mit Holzpackeln und schlanken Riegeln gesteuert wird. Aus den Fugen des Presskorbes quillt der Most in das Auffangbecken und wird per Schlauch in den Keller geleitet. Beim Öffnen des Presskorbes bleibt der Presskuchen übrig, der wird aufgekramperlt (mit einer Harke aufgelockert) und kommt wieder in den Korb zurück, um ein zweites und ein drittes Mal gepresst zu werden.

Auf dem Pressbaum prangt ein Hiatastern, ein Hüterstern, wie er früher vor der Lese am Eingang zum Weingarten angebracht wurde – ab der solchermaßen markierten Stelle durften Unbefugte nicht weitergehen. Sie liefen Gefahr, vom Hüter gestellt und möglicherweise als Traubendieb verdächtigt zu werden.

Die Steiner Kellergasse mündet in die Reisperbachtalstraße, von der nach dem Bahnübergang eine enge, gewundene Gasse zum Schlossberg hinauf abzweigt, zu einer Häusergruppe, die sich an der Stelle befindet, wo früher die landesfürstliche Burg stand. Gegenüber, auf dem Geländesporn zwischen Reisperbachtal und dem Donautal, liegt die Riede Altenburg, auf der sich Siedlungsspuren ab der frühen Bronzezeit finden, direkt am nördlichen Brückenkopf gegenüber dem Römerlager in Mautern, wo man gewiss bestrebt war, beide Seiten des Donauüberganges entsprechend zu sichern.

Weinfest in den Gassen von Stein

Durch das Linzer Tor betritt man wieder den Altstadtbereich und trifft nach wenigen Schritten auf Spuren des bekanntesten aller Steiner Künstler, des großen Barockmalers Martin Johann Schmidt, genannt der *Kremser Schmidt* (1718–1801). Das Haus Steiner Landstraße 122 war ab 1756 sein Wohnhaus. Bilder aus seiner Hand oder zumindest aus seiner Werkstatt finden sich nahezu in jeder Kirche in der Wachau. In der Pfarrkirche von Stein sind es das ehemalige Hochaltarbild „Der hl. Nikolaus rettet Schiffbrüchige“ und in einer Seitenkapelle „Die Glorie des hl. Johannes Nepomuk“, die von ihm persönlich signiert wurden.

Exquisite Handwerksprodukte im Haus der Regionen

Begraben ist Martin Johann Schmidt auf dem Friedhof von Stein, gekennzeichnet ist sein Grab mit einem schlichten Stein und einer von Kunstfreunden gewidmeten Gedenktafel.

Hier im Westen der Stadt, in der Steiner Landstraße 100–102, wird von der Familie *Bailoni* Schnaps gebrannt und Marillenlikör hergestellt. Gegründet wurde die Firma 1872, sie ist seit 1930 in dritter Generation zu hundert Prozent in Familienbesitz. Während der Öffnungszeiten sind Besucher zu einer Führung durch die Destillerie eingeladen.

An der Donaulände 56 steht ein Haus auf drei Säulen, natürlich nur im übertragenen Sinn: 2004 hat man hier, im *Haus der Regionen*, einen Treffpunkt der europäischen Volkskultur eingerichtet. Die drei Säulen sind 1. Musik und Literatur, 2. Volkskunst und 3. Essen und Trinken. Mit der jüngsten Erweiterung der Europäischen Union verfügt Europa über gezählte 250 politisch anerkannte Regionen mit ihren jeweils spezifischen gesellschaftlichen und kulturellen Besonderheiten. Die Regionen werden nach und nach eingeladen, sich im Sinne des Dreisäulenmodells im Haus der Regionen zu präsentieren, frei nach dem Motto: Es kann nicht genug Kultur ausgetauscht werden.

In der angeschlossenen Galerie werden typische Erzeugnisse der Regionen neben exquisiten Produkten handwerklicher Kleinbetriebe aus Österreich zum Kauf angeboten. Für den kulinarischen Kulturaustausch sorgt im Haus der Regionen das Gasthaus zum Elefanten.

Für die gesamte Stadtrunde empfiehlt sich als praktischer Begleiter der Stadtplan von Krems-Stein. Er enthält, übersichtlich nummeriert und mit einer kurzen Beschreibung versehen, die wichtigsten Sehenswürdigkeiten der Stadt Stein, vor Ort sind diese überdies mit informativen Tafeln versehen, wie die Kirche des ehemaligen Minoritenklosters, die im Rahmen der Kunstmeile Krems als vielseitiger Veranstaltungsraum Verwendung findet (s. S. 342).

Der Große Passauerhof (Steiner Landstraße 76) wurde erstmals 1263 als Zehenthof des Bischofs von Passau genannt und im 15. und 16. Jahrhundert ausgebaut. Am ehemaligen kaiserlichen, landesfürstlichen Mauthaus (Steiner Landstraße 84) traten bei der jüngsten Restaurierung Freskodekorierungen aus der Bauzeit (1536) zutage. Am Mazettihaus auf dem Schürerplatz (Nr. 8), ein Barockjuwel, befindet sich eine Gedenktafel

Gotischer Erker am Karlingerhof in Stein

für Ludwig Ritter von Köchel, bekannt durch sein Verzeichnis der Werke Wolfgang Amadeus Mozarts. Das Rathaus (Rathausplatz) verdankt seine barocke Fassade einem Umbau aus 1779, an den Seitenfronten sind Wandmalereien (nördl. Justitia, südl. Urteil Salomonis) von Martin Johann Schmidt aus 1781 zu sehen.

Das Gasthaus Klosterstüberl, Steiner Landstraße 24, verspricht „ziemlich gute Küche, meistens freundlicher Wirt". Untergebracht ist es in einem Haus mit Tradition: Das Stiftswappen von Kremsmünster über dem Tor wurde laut Inschrift bereits 1502 erneuert, und seit 1691 beherbergt das Gemäuer ein Wirtshaus, damals hieß es Zum Grünen Kranz.

Man braucht durchaus freundschaftliche Hinweise, um wenigstens ein paar der vielen reizvollen Details zu entdecken, die sich hinter den Toren verstecken. Der Melkerhof mit seinen von Blumen überwucherten Arkaden ist nur eines dieser Beispiele. Die Sensation schlechthin birgt diesbezüglich der *Göttweigerhof* in seiner Marienkapelle; den Schlüssel dazu erhält man gegen Hinterlegung eines Lichtbildausweises im Büro von Krems Tourismus, Undstraße 6.

Mindestens von der ersten Nennung, 1286, an und bis 1839 stand dieser Hof im Eigentum des Stiftes Göttweig. Er war die Sammelstelle für Körperdienste und Weinabgaben aus der Kremser Umgebung und der Besitzungen im Weinviertel, sozusagen der transdanubische Stützpunkt des Klosters auf dem Berg gegenüber. Über der Toreinfahrt wurde, wie es sich für die geistlichen Herren geziemt, Anfang des 14. Jahrhunderts eine Kapelle mit Vorraum und Oratorium eingefügt.

Mitte des 20. Jahrhunderts wurde in diesen Sakralräumen ein ungewöhnlich reicher Freskenschmuck freigelegt. Er hatte sich über die Jahrhundert fast vollständig erhalten. Dort, wo die Farbe abgeblättert ist, gibt es immerhin noch die vorgeritzten Konturen, rote Vorzeichnungen und blaue Hintergründe, genauso wie Reste von Terrakottaeinlagen, mit denen offenbar eine plastische Wirkung erzielt werden sollte.

Grandiose Aussicht vom Steiner Kreuz

Gegenständliche Darstellungen sind in illusionistische Ornamentierung eingebunden. Diagonalwürfelung und Blumenmuster, darüber Zickzackbänder in Rosa und Blau, Diamantquader und rote Streifenmuster füllen die Wände. Dazwischen werden Heiligengeschichten erzählt, wie die seltene Matthiaslegende mit den zornigen Worten des Apostels: Wenn ihr nicht glaubt, fahrt zur Hölle! Geschrieben sind sie in einer Mischung aus Latein und Griechisch, weswegen daneben drastisch der Höllenschlund dargestellt ist, damit es auch jeder versteht.

Wer die Künstler dieser Malereien waren, ist nicht bekannt. Gefunden wurden Parallelen zur Malerschule des Stiftes St. Florian. Weitergehende Vergleiche sind schwer möglich, weil es sich bei der *Göttweigerhof-Kapelle* um ein in dieser Vollständigkeit einzigartiges Beispiel frühgotischer Wandmalerei handelt.

INFO Krems Tourismus, Pegasus Incoming Ges.m.b.H., 3504 Krems-Stein, Undstraße 6, Tel. 02732/826 76, www.krems.info **PFARRE ST. NIKOLAUS** Steiner Landstraße 55, 3500 Stein, Tel. 02732/822 92 **ESSEN/TRINKEN/SCHLAFEN** Steigenberger Avance Hotel Krems, 3500 Krems, Am Goldberg 2, Tel. 02732/710 10, www.krems.steigenberger

.at; Salzstadl, Wirtshaus und Bühne, 3504 Stein, Donaulände 32, Tel. 02732/703 12, www.salzstadl.at; Gasthaus zum Elefanten, 3504 Stein, Schürerplatz 9, Tel. 02732/850 16, www.zum-elefanten.at; Klosterstüberl, Fam. Sedlacek, 3504 Stein, Steiner Landstraße 24, Tel. 02732/757 80, www.klosterstueberl.at; Brückentor Weinschenke, 3504 Stein, Landstraße 110, Tel. 02732/732 75; Bailoni, 1. Wachauer Marillen-Destillerie, 3500 Stein, Steiner Landstraße 100–102, Tel. 02732/822 28, www.bailoni.at **WEINBAU** Josef Pichler, 3504 Stein, Reisperbachstraße 3, Tel. 02732/746 27; Fam. Brenner, 3504 Stein, Hintere Fahrstraße 15, Tel. 02732/738 88; Erich Hamböck, 3504 Stein, Kellergasse 31, Tel. 02732/845 68 **K.U.H.** Künstler und Handwerker, Informationsbüro und Galerie, 3504 Stein, Steiner Landstraße 30, Tel./Fax 02732/770 03, www.k-u-h.at **WACHAUER TRACHTEN- UND HEIMATVEREIN** 3504 Stein, Steiner Landstraße 11, Tel. 02732/718 52, E-Mail: brauchtum@wavenet.at **HAUS DER REGIONEN** 3504 Stein, Donaulände 56, Tel. 02732/850 15, www.volkskultureuropa.org **GALERIE ERICH KRES** Maler und Zeichner, 3504 Stein, Minoritenplatz 1, Tel. 02732/777 87, www.kres.at **ATELIER PROF. HUBERT BAUER** Restaurator, Vergoldermeister, 3504 Stein, Kollmanngasse 1, Tel. 02732/837 68 **GERDA GARTLER** Maß- und Trachtenschneiderei, 3504 Stein, Steiner Landstraße 24, Tel. 02732/863 60 **ATELIER FUNK UND KÜSTE** 3504 Stein, Steiner Landstraße 14, Tel. 02732/823 62, 0650/505 09 55, E-Mail: funkundkueste@aon.at **DORIS HAMBÖCK** Leder und Schmuckanfertigung, Tel./Fax 02732/721 50, www.lederstrumpf.at

FÖRTHOF BEI STEIN

Gar zu gern wird der *Förthof* übersehen, eine Häusergruppe im Westen von Stein, unterhalb der Riede Altenburg und nach dem Bahnhof Stein-Mautern. Feinschmecker kennen das Hotel Am Förthof. Der Gourmettempel liegt jedoch, wie sein Name schon sagt, am Förthof, also neben dem ausgedehnten Gebäude des Förthofs, der 1220 erstmals urkundlich erwähnt wird.

Derzeit sind es 13 Familien, die im Förthof eine Agrargemeinde bilden, mit einem Obmann, der für jeweils sechs Jahre gewählt wird. Gegründet wurde der Zusammenschluss 1804 mit dem Ziel, Bedürftigen und Behinderten den Aufent-

Innenhof des Förthofs bei Stein

halt im Armenhaus der Stadt Stein zu finanzieren. Aufgebracht wurde der Betrag durch Holzarbeit, für die jede Familie ein Mitglied abstellen musste. An diesem Brauch hat sich bis heute im Wesentlichen nichts geändert. Wer an der gemeinsamen Waldarbeit nicht teilnehmen will oder kann, leistet eine Abschlagszahlung.

Im Förthof erhält man den Schlüssel zur *Filialkirche,* in der am 24. Februar für den Kirchenpatron die Matthiasmesse gelesen wird. Das kleine Gotteshaus ist eine Gründung von Rapoto von Urvar, dem Namen nach ein Ferge (Fährmann), der an dieser günstigen Stelle mit seiner Überfuhr sicherlich gute Einnahmen erzielte. 1280 ist als Jahreszahl überliefert. Der Sage nach hat bereits Karl der Große auf seinem Awarenfeldzug an dieser Stelle ein Kirchlein errichten lassen, mit täglicher Messe, um für seine Mannen während des Übersetzens ins gegenüberliegende Furth die Seelsorge zu gewährleisten.

Im Inneren der gotischen Kapelle sind noch Reste von Wandmalereien erhalten geblieben – angesichts der immer wieder bis hierher vordringenden Hochwasser ein Wunder. Die Überschwemmung von 2002 hat eine umfangreiche Sanierung des Mauerwerks notwendig gemacht und der Agrargemeinschaft Förthof beachtliche Ausgaben beschert.

INFO Schlüssel zur Kirche bei Renate Luef **ESSEN/TRINKEN/SCHLAFEN** Gourmet-Hotel Am Förthof, 3504 Krems-Stein, Förthofer Donaulände 8, Tel. 02732/833 45, Fax 02732/833 45-40, www.tiscover.at/gourmethotel

MOTORRADVETERANEN IN EGELSEE

Markierte Wanderwege verlocken zu Fußmärschen ins Hinterland der Stadt Stein, beispielsweise durchs Reisperbachtal hinauf zum *Alois-Scholz-Naturlehrpfad*, weiter zum Roten Kreuz und durchs Schweintal zum *Scheibenhof*, einem ehemaligen Kuenringerhof. Sein stattliches schlossartiges Aussehen erhielt das Gebäude im 16. Jahrhundert. Im hofseitigen Portal verrät eine Lutherrose (eine heraldische Rose, mit der Martin Luther seine Schriften kennzeichnete), dass der Scheibenhof Sitz eines Protestanten gewesen ist. Die niederösterreichischen Landstände, also Ritterschaft, Städte und geistliche Würdenträger, vertraten zum großen Teil die neue Lehre und hatten

Motorradmuseum Egelsee: ein Oldtimer, bereit zur Ausfahrt

im versteckten Scheibenhof um 1570 eine Druckerei eingerichtet.

Nächster Orientierungspunkt der Wanderung ist wiederum ein Rotes Kreuz. Linker Hand beginnt die mit Marterln gesäumte Straße entlang der Dürnsteiner Waldhütten zum Sandl (723 m) mit der Weiglwarte und dem Kletterparadies Falkenwände. Rechts geht es über die Rotte Kaltenbrunn nach Egelsee, einem hoch gelegenen Ortsteil der Stadtgemeinde Krems.

Hauptattraktion dieses Dorfes ist das *Motorrad-Museum*. 1960 hatte der Motorradmechaniker Herbert Kirchmayer mit dieser Sammlung begonnen, zu einer Zeit, als die Leute das Motorrad gering schätzten, weil sie sich endlich ein Auto leisten konnten. Sohn Christian und Bruder Rudolf führen das Museum mit dem Schwerpunkt auf österreichischen Marken. Wer kennt heute noch eine Bock & Hollender, eine Delta-Gnom oder eine Wertal und York? Die Maschinen werden zu Oldtimertreffen ausgefahren, wobei sehr auf das passende Outfit geachtet wird, was Rudolf Kirchmayer Aufmerksamkeit und die Mitwirkung im Film „Das alte Eisen“ als Double von Guido Wieland eingebracht hat.

Diese Liebe zum Erhalten und Bewahren hat Rudolf Kirchmayer dazu veranlasst, die Vergangenheit von Egelsee zu erforschen und die Ergebnisse niederzuschreiben. Weinbau war und ist trotz der Höhenlage der Haupterwerb im Ort. Daneben wurden Milch und Eier verkauft, die auf dem „Mülliamperlsteig“ (Mülliamperl = Milchkanne) von den Frauen hinunter nach Krems getragen wurden. Herr Kirchmayer hat sie noch selber gesehen, die Bäuerinnen, die, ein Schaffel mit Milchkannen auf dem Kopf, in der Hand noch einen Korb trugen. Aus dem Mülliamperlsteig ist ein Wanderweg geworden, und so hat sich zumindest im Namen ein Stück Vergangenheit erhalten.

Das Wahrzeichen von Egelsee ist seit 1884 die *Donauwarte*, ein historistisches zinnenbekröntes Türmchen auf dem Brauns-

Zinnenbekrönte Donauwarte bei Egelsee

dorfer Berg oberhalb von Stein, mit einem beinahe unbegrenzten Panorama, wobei man sich am besten entweder an Stift Göttweig als nahen oder am Kahlenberg bei Wien als fernen Fixpunkt orientiert.

MOTORRAD-MUSEUM 3500 Egelsee, Ziegelofengasse 1, Tel. 02732/414 24, 0664/829 61 43, www.motorrad-museum.at, April bis Oktober Sa, So, Fei 9–17 Uhr **KIRCHE** Pfarramt 3500 Egelsee, Sandlstraße 2, Tel. 02732/414 91 **ESSEN UND TRINKEN** Landgasthof und Weinbau Fam. Lechner, 3500 Egelsee, Sandlstraße 11, Tel. 02732/412 01, E-Mail: landgast.lechner@aon.at **FREIZEIT** Freizeit- und Spielpark (jederzeit frei zu benutzen) **NATUR UND WANDERN** Reisperbachtalweg Stein (Schiffsstation) – Reisperbachtal mit Alois-Scholz-Naturlehrpfad – Rotes Kreuz – Marienhof – Egelsee – Donauwarte – Steiner Goldberg – Weinbergweg – Stein (3,5 Std.), Rundwanderweg Egelsee – Scheibenhof (3 Std.), Rundwanderweg Alauntal (1,5 Std.), Mülliamperlsteig von Egelsee nach Krems (1 Std.), Info zu Aussichtswarten beim Österr. Touristenklub, Bäckerstraße 16, 1010 Wien, Tel. (01) 512 38 44, E-Mail: zentrale.oetk@telekom.at

KUNSTMEILE KREMS

Die spitzen Bögen und die schlanken Säulen des gotischen Gewölbes der *Minoritenkirche* in Stein werden von rotem, dann wieder von grünem und gelbem Licht nachgezeichnet. Der Raum darunter ist dunkel, man sieht kaum, dass dort auf Pölstern Leute hocken. Musiker, die sich zwischen ihnen bewegen, werden zu Schatten. Metallstangen fallen klirrend zu Boden, ein Sessel wird quietschend über die Steinplatten geschoben, und von draußen dringen gedämpfte, monotone Klänge von Blechbläsern in die musikalische Darbietung des Ensembles Zeitkratzer vorne im Chor. Ein ganzer Stadtteil von Stein wird zum Hörplatz der architektonischen Symphonie „Beams", einer Idee von Alvin Curran, Komponist, Klang-, Performance- und Installationskünstler. Im Rahmen des Donaufestivals hat sie 2005 ihre Weltpremiere erlebt.

„Genau diese Kombination macht den Klangraum Krems aus", strahlt Joe Aichinger nach der Aufführung, „mit diesem Raum in seiner Eigenschaft als Kirche oder Kunstraum, als Arbeitsraum für Künstler, zu arbeiten." Er ist künstlerischer Leiter von Glatt&Verkehrt (siehe S. 236) und *Klangraum Krems,* zwei Veranstaltungsschienen, die mit dem Donaufestival zur NÖ-Festival Ges.m.b.H. zusammengeschlossen wurden. Sein Traum ist der Artist in Residence, der anwesende Künstler, der über zwei Wochen die Minoritenkirche als Instrument nützen kann und über die Zeitgrenzen einzelner Veranstaltungsschwerpunkte wie Imago Dei in der Karwoche hinweg dem Publikum die Konfrontation oder Begegnung mit moderner Gesamtkunst ermöglicht.

Zur Geschichte des Minoritenklosters nur ein paar Daten: gegründet um 1223, Weihe der spätromanisch-frühgotischen Basilika 1264, 1754 Einbau der Krypta, 1796 Aufhebung des Klosters und Profanierung der Kirche.

Thomas Zierhofer-Kin ist künstlerischer Leiter des *Donaufestivals,* das sich an drei Wochenenden von April bis Mai nach Eigendefinition als Ouvertüre zu einer anderen Art von Festival,

Kontrapunkt zur Massenunterhaltung: das Donaufestival

Theater, Performance, Medientheater, Architektur, Literatur, Film, Video, HipHop, Klangkunst, Postrock, Diskursiver Pop, Elektronik und Punk versteht und sich an Massenpopkultur und Fernsehphänomenen reibt.

Das NÖ-Festival selbst ist wiederum Teil des Kulturkonzentrates *Kunstmeile Krems*, der sowohl künstlerischen wie geografischen Verbindung der Doppelstadt Krems-Stein.

Die *Kunst.Halle.Krems* stand mit ihrer Eröffnung 1995 als ehrgeiziges Projekt am Beginn eines Museumsbooms, der die derzeitige Dichte an Kunsthallen und Museen eingeleitet hat. Die Kunsthalle Krems ist jedoch „nur" Halle geblieben und kein Museum geworden, das heißt, sie verfügt über kein Depot und damit über keine Tauschmöglichkeit. Trotzdem schafft es ihr Leiter, Tayfun Belgin, mit den Ausstellungen seine Intentionen zu verwirklichen: „Ich möchte Geschichten erzählen, nicht nur Bilder herzeigen. Jede Ausstellung ist didaktisch, doch nie mit erhobenem Zeigefinger." Die Namen der Künstler sind klangvoll und bürgen für Kunstgenuss.

Zum Lachen ist das Museum gegenüber der Kunsthalle. Spitze Zacken an der Front und ein Empfangskomitee von zwei grässlich lustigen Leuten aus Bronze lassen das Schlimmste befürchten – es wird gnadenlos zugestochen. Die Waffe ist die spitze Feder der Karikatur, der in Krems ein eigenes Museum gewidmet wurde. Jutta M. Pichler ist seit 2006 künstlerische Direktorin der vom Land Niederösterreich aufgebauten Karikaturensammlung. Zur ebenen Erd trifft man in Wechselausstellungen bekannte oder besonders interessante Meister des gezeichneten Humors. Im ersten Stock gewährt Manfred Deix einen bekannt schonungslosen Einblick in die Abgründe und Untiefen der österreichischen Seele. Das Ironimus-Kabinett zeigt Politik aus der Sicht des Karikaturisten und Architekten Gustav Peichl. „Wir erschließen damit der Jugend die Geschichte Österreichs", sieht die Direktorin einen positiven Nebeneffekt im Schmunzeln, „und außerdem verringern wir mit dem *Karikaturmuseum* die Hemmschwelle zur ernsten Kunst vis-à-vis", zu der die Leute mit dem Kombiticket gelockt werden.

Jutta M. Pichler, Karikaturmuseum

Kunst zum Ausborgen in der Artothek

Wem kurzfristiges Betrachten von Kunst zu wenig ist, dem bietet die *Artothek* im Nebenhaus eine überaus günstige Möglichkeit, ein Kunstwerk mit nach Hause zu nehmen. Die besten Werke zeitgenössischer Kunst, die vom Land Niederösterreich angekauft wurden, können von jedermann nach Vorlage eines Lichtbildausweises und eines Meldezettels für ein halbes oder auf Wunsch für ein ganzes Jahr gemietet werden.

Am nördlichen Ende des Philosophensteiges, einem Spazierweg von Stein zur Alauntalstraße, breitet sich auf dem

Gelände der ehemaligen Tabakfabrik seit 2005 der Campus der *Donau-Universität* aus, die sich als europäisches Kompetenzzentrum für Weiterbildung mit einem umfangreichen Angebot an postgradualen Studienprogrammen vorstellt. 3000 Studierende besuchen über hundert Studiengänge.

Die *Österreichische Filmgalerie* ist in den Campus Krems eingebettet. Das ehemalige Kesselhaus der Tabakfabrik wurde 2005 zu einem Musterkino mit hundert Sitzplätzen umgebaut, mit Filmbar, digitaler Filmothek, mit Räumen für Lehre und Forschung und für digitale Filmrestaurierung mit dem gesamten Maschinenpark. Für Besucher interessant sind in diesem Zusammenhang die Veranstaltungen im Rahmen des Wachaufilmfestivals, das in der neuen Location und, wie schon bisher, auch in und vor der Dominikanerkirche in Krems und in der Minoritenkirche in Stein stattfinden wird. Gezeigt werden sowohl Premieren als auch Retrospektiven mit thematischen oder geografischen Schwerpunkten aller filmischen Genres. Filmevents mit Livemusik, Literatur und neuen Medien, Gespräche mit Filmschaffenden, Podiumsdiskussionen und Symposien erweitern das Angebot.

Vom Film zum Schreiben – Letzteres erhielt seine Plattform im unabhängigen Literaturhaus NÖ, einem ebenso wesentlichen Teil der Kunstmeile wie das ehemalige Kapuzinerkloster Und mit seinen Tagungs- und Seminarräumen und dem Sitz der Informationsstelle von Krems Tourismus.

Man kann sich also in der Kunstmeile Krems mit allem Möglichen infizieren, mit Malerei, Film und sogar mit dem Virus Wein. In der Undstraße 6 hat die *Weinakademie Österreich* ihren Sitz. Die Idee dazu wurde im burgenländischen Rust in den frühen 1990er-Jahren geboren. Wein sollte richtig genossen werden, und dazu braucht man Grundwissen; die Devise lautet, je mehr ein Gast vom Wein versteht, desto besseren und damit teureren Wein wird er kaufen. Österreichweit sind es jährlich 25.000 Gäste, die ihren Genusshorizont im Zuge von Schnuppertagen oder Wine-&-Cheese-Weekends erweitern und bei entsprechendem Ehrgeiz in diversen Seminaren bis zum Weinakademiker oder Master of Wine aufsteigen können.

Beim Schnuppertag lernt der Teilnehmer zuerst Sortenkunde, es folgt in angenehmer Atmosphäre ein Workshop über die Kombination Wein und Essen und am Nachmittag eine Exkursion zu einem Winzer mit Keller- oder, je nach Wetter, Weingartenbesuch, Abschluss bildet ein Weinquiz.

INFO Krems-Tourismus, Pegasus Incoming Ges.m.b.H., 3504 Krems-Stein, Undstraße 6, Tel. 02732/826 76, www.krems.info **ESSEN UND TRINKEN** Museumswirtshaus Hofbauer Franz, 3504 Stein, Steiner Landstraße 5, Tel. 02732/822 61, www.museums-wirtshaus.at; m.kunst.genuss, 3500 Krems, Franz-Zeller-Platz 3, Tel. 02732/90 80 10-21, www.moerwald.at; Restaurant Mörwald „Kloster Und", 3500 Krems, Undstraße 6, Tel. 02732/704 93, www.moerwald.at **KUNST.HALLE.KREMS** 3500 Krems, Franz-Zeller-Platz 3, Tel. 02732/90 80 10, www.kunsthalle.at, tägl. 10–18 Uhr **KARIKATURMUSEUM** 3500 Krems, Steiner Landstraße 3a, Tel. 02732/90 80 20, www.karikaturmuseum.at, tägl. 10–18 Uhr **ARTOTHEK,** 3500 Krems, Steiner Landstraße 3, Tel. 02732/90 80 22-60, Di–So 14–18 Uhr, www.artothek.cc **UNABHÄNGIGES LITERATURHAUS** 3500 Krems, Steiner Landstraße 3, Tel. 02732/728 84, www.ulnoe.at **ÖSTERREICHISCHE FILMGALERIE** 3500 Krems, Dr.-Karl-Dorrek-Straße 30, Campus Krems, Tel. 02732/893-3550, www.filmgalerie.at **DONAU-UNIVERSITÄT KREMS** 3500 Krems, Dr.-Karl-Dorrek-Straße 30, Tel. 02732/893-2246, www.donau-uni.ac.at **NÖ-FESTIVAL GES.M.B.H.** 3500 Krems, Körnermarkt 13, Tel. 02732/90 80 30-0, E-Mail: office@noe-festival.at, www.noe-festival.at, www.donaufestival.at, www.klangraum.at, www.glattundverkehrt.at **WEINAKADEMIE ÖSTERREICH** 3500 Und, Undstraße 6, Tel. 02732/876 12, www.weinakademie.at

DER EDLE KERN VON KREMS

Der erste Weg ins historische Krems führt üblicherweise durch das *Steiner Tor.* Über der Durchfahrt prangen die Buchstaben AEIOU, das Motto des Hauses Österreich. Die Stadt Krems hatte stets nur hohe Herren, schon in einer Urkunde aus 995, in der die „orientalis urbs quae dicitur Chremisa", die Burg

Piaristenkirche in Krems

Krems im Ostland, als Besitz Kaiser Ottos III. ausgewiesen wird. Es folgten die Babenberger und diesen die Habsburger. Als Handels- und Weinmetropole war Krems derart bedeutend, dass der arabische Geograf Idrisi es auf seiner Weltkarte 1153 zu den wichtigsten Donaustädten zählte.

Ihre Würde ist der Stadt (seit 1305) bis heute nicht abhanden gekommen. Das moderne Krems ist vor den Mauern gewachsen. Seinen edlen Kern hat es bewahrt. Man braucht sich nur in der *Oberen Landstraße* umzuschauen. In den niederen Gewölben sind geschickt kleine Lokale untergebracht, Barock- und Renaissancefassaden folgen aufeinander links und rechts der belebten Einkaufsstraße, ausgetauscht wurden lediglich die alten Zunftzeichen. Sie sind verständlicherweise den Geschäftsschildern der jetzigen Betriebe gewichen.

Die erste Gasse nach dem Steiner Tor, die Schmidgasse, führt rechts hinauf zum Körnermarkt mit dem *Weinstadtmuseum* im ehemaligen Dominikanerkloster. Am Museumsshop kann man sich mit dem nötigen Rüstzeug für den folgenden Rundgang ausstatten, vor allem mit dem praktischen Stadtplan von Krems und Stein, der über alle wichtigen Sehenswürdigkeiten der Doppelstadt übersichtlich Auskunft gibt. In den Räumen des ehemaligen Klosters wartet eine Fülle gut präsentierten Wissens. Dazu wird Schaugenuss geboten, an den Werken von Martin Johann Schmidt, dem Kremser Schmidt (1718–1801), dem die schuldige Reverenz erwiesen wird. Kreuzgang und Kirche sind für wechselnde Ausstellungen adaptiert und werden fleißig bespielt. Gezeigt werden Malerei, Grafik, Fotos, wobei neben großen Namen immer wieder lokale Künstler und Sammler zum Zug kommen.

Krems, die Stadt der Türme

Bei Festen lebt Krems spürbar seine Geschichte, beispielsweise zu Fronleichnam, wenn die Fahne und die Statue des hl. Paulus (1500) vom Zechvater der ältesten Hauerinnung Mitteleuropas für die Prozession aus dem Museum abgeholt werden.

Wie der Alltag eines einstigen Stadtbewohners ausgesehen haben mag, ist Gegenstand von Forschungen im *Institut für Realienkunde des Mittelalters und der frühen Neuzeit* der Österreichischen Akademie der Wissenschaften, am Körnermarkt 13, unmittelbar neben dem Weinstadtmuseum, gegründet vom Historiker Harry Kühnel (1927–1995). Schrift- und vor allem Bildquellen, Literatur und Fundgegenstände aus ganz Mitteleuropa werden dort ausgewertet. Ein wichtiges Standbein ist die fotografische Erfassung und die Aufbereitung für das Internet. Anhand von 20.000 Bildquellen taucht man ins Mittelalter ab: Wie hat wann welche Kleidung ausgesehen? Was haben die Leute gegessen? Wie haben sie gelebt? Auf diese und viele andere Fragen erhält man Antwort.

Trotz seines so wunderbar anschaulichen Gegenstandes ist das Institut in Krems das einzige seiner Art in Europa, dementsprechend oft wird es für Diplomarbeiten und Dissertationen, von Heimatforschern, Gemeinden, die bei einem Jubiläum einen historischen Festumzug veranstalten wollen, oder auch für Kochrezepte zurate gezogen.

Am Körnermarkt allein gibt es etliche Häuser, die Erwähnung verdienen, so das *Mesnerhaus* Nr. 8 mit der Apotheose des hl. Johannes Nepomuk (18. Jh.) oder das Haus Nr. 4 *Zu den Vier Jahreszeiten.* Seine spätbarocke Fassade gilt als die schönste der Stadt, sein Portal ist vom Rokoko beeinflusst. Durch die Fabergasse gelangt man zurück in die *Obere Landstraße,* die Lebensader des historischen Krems, mit ihren bemerkenswerten Gebäuden. Damit man's nicht übersieht: Im *Gasthof zur Alten Post,* im urgemütlichen Arkadenhof aus dem 16. Jahrhundert, kurz hinsetzen, in den *Fellner Hof* (Nr. 10) mit seinem sehenswerten Renaissanceinnenhof aus 1618 mit toskanischen Säulen im ersten Obergeschoß unbedingt hineingehen. Weitere wichtige Stationen: die *Bürgerspitalkirche* aus 1470, das *Rathaus* mit Runderker aus der frühen Renaissance (1548) und rechts am Tägli-

Renaissanceinnenhof im Fellner Hof

chen Markt das *Göglhaus*. Gekennzeichnet ist dieser Gebäudekomplex mit einem gotischem Erker. Hier wurden mehrere mittelalterliche Häuser um 1520 mit einer gemeinsamen Fassade zugefasst. Der Blick auf deren bemerkenswert reiche Wandmalerei wird allerdings durch das rücksichtslos ausladende Dach einer neuen öffentlichen Toilette verdeckt.

Die Marktgasse verbindet die Landstraße mit dem Pfarrplatz. In der *Pfarrkirche* zum hl. Veit kommen Verehrer des Kremser Schmidt auf ihre Kosten. Von ihm stammen Wand- und Deckenbilder, die Blätter von zwei Wandaltären und das Altarblatt „Enthauptung des hl. Johannes" in der Johanneskapelle. Weitere Altarblätter stehen zumindest mit seiner Werkstatt in Verbindung. Die Fortsetzung folgt nach dem kleinen Aufstieg zur *Piaristenkirche* zu unserer Lieben Frau am Frauenbergplatz, wiederum mit Altarbildern des Kremser Schmidt.

Zurück in der *Oberen Landstraße* trifft man auf Nr. 2 die *Mohrenapotheke* mit dem Wilden Mann im Relief. An der Gabelung zur Wegscheid wird die stimmungsvolle Einkaufsmeile zur Unteren Landstraße. Gekennzeichnet wird der Übergang vom *Simandlbrunnen*, einem Denkmal erfolgreicher Emanzipation (das

Krems: Großes Sgraffitohaus

Simandl ist die süddeutsche Bezeichnung für den Pantoffelhelden). Das *Gattermannhaus* mit Runderker in der Unteren Landstraße wird gemeinhin als bedeutendstes Renaissancehaus der Stadt bezeichnet. Dabei nur ja nicht Nr. 41, ein weiteres *Haus zu den vier Jahreszeiten,* übersehen, und schon gar nicht *Nr. 69* mit seinem reichen *Sgraffitoschmuck* aus 1561 mit Darstellungen aus dem Alten Testament.

Schwibbögen in der Drinkweldergasse

An diesem Ende der Stadt befindet man sich unter der Burg, von der lediglich die Straßenbezeichnung geblieben ist. Man nimmt jedoch an, dass auf diesem Sporn oberhalb der Landstraße die erste Befestigung gestanden ist, in deren Schutz eine Kaufmannssiedlung entstehen konnte, mit dem heutigen Hohen Markt als Handelsplatz. An eine düstere Festung gemahnt die *Gozzoburg,* benannt nach dem Stadtrichter Gozzo (zwischen 1249 und 1282), der das „feste Haus" ausbauen ließ. Mit seiner Loggia erinnert die Gozzoburg an italienische Rathäuser. Mediterrane Leichtigkeit wird der Bau aber erst nach der mittlerweile angedachten Renovierung ausstrahlen. Von der Terrasse des in der Gozzoburg untergebrachten gleichnamigen Restaurants aus bietet sich eine wunderbare Aussicht.

Haus Althangasse Nr. 2 beeindruckt den Spaziergänger durch seinen überreichen Sgraffitoschmuck *(Großes Sgraffitohaus).* Die Bildergeschichten setzen sich in der Althangasse fort, in der man wieder zum Hohen Markt zurückkehrt, mit dem Institut der Englischen Fräulein, dem traditionsreichen Ort feiner Erziehung junger Damen.

Krems: Dreifaltigkeitssäule

Langsam ist man hoch genug hinaufgestiegen, um auf Dächer und Kirchtürme herabschauen zu können. Im Osten hat sich als Relikt der Stadtbefestigung der *Pulverturm* erhalten. Durch die Wachtertorgasse verlässt man die sichere Stadt und trifft am Ende des Stadtgrabens auf den *Hundssteig*. Hier heroben dürften frühe Besucher der Gegend gelagert haben; diese Meinung vertreten Archäologen, denen dort 2005 ein Sensationsfund gelungen ist: Laut Bundesdenkmalamt handelt es sich um 27.000 Jahre alte Relikte einer Bestattung – der älteste derartige Fund in Niederösterreich –, mit zwei vollständig erhaltenen Skeletten von Säuglingen, die behutsam unter dem Schulterblatt eines Mammuts beigesetzt worden sind.

Relikt der Stadtbefestigung: der Pulverturm

Nicht weit davon entfernt, in Krems Rehberg, genau an der Grenze zum Nachbarort Stratzing, wurde 1988 von Christine Neugebauer-Maresch in der Lagerstelle von Eiszeitjägern eine kleine Frauenfigur gefunden. Diese weibliche Plastik des Aurignacien, einer Kulturperiode der Jungsteinzeit, gilt mit ihren 32.000 Jahren als ältestes Kunstwerk Österreichs. Aufgrund bestimmter Merkmale – linke Brust in Seitenansicht, ein Spitzoval als Gravur und eine Ausnehmung zwischen den Beinen als Vaginasymbol – wurde sie in die Reihe der Venusstatuetten aufgenommen. Ihre Armhaltung wurde als Tanz interpretiert, daher der Name *Fanny vom Galgenberg*, benannt nach der Tänzerin Fanny Elßler.

Damit sich ein Zeitgenosse des 21. Jahrhunderts ein Bild vom Leben eiszeitlicher Jäger machen kann, wurde auf dem

Galgenberg ein Lager dieser Nomaden aufgebaut und ein Urzeitwanderweg angelegt. Eine Kopie der Fanny ist im Weinstadtmuseum zu sehen, das Original befindet sich im Naturhistorischen Museum Wien.

Fanny vom Galgenberg

WEINSTADTMUSEUM KREMS 3500 Krems, Körnermarkt 14, Tel. 02732/801-567, -571 od. -572, www.weinstadtmuseum.at **KIRCHEN** Pfarramt St. Veit, Pfarrplatz 5, 3500 Krems, Tel. 02732/832 85 **ESSEN/TRINKEN/SCHLAFEN** Hotel Klinglhuber, 3500 Krems, Wiener Straße 10, Tel. 02732/821 43, www.klinglhuber.com; Kaiser von Österreich, 3500 Krems, Körnermarkt 9, Tel. 02732/860 01, www.kaiser-von-oesterreich.at; Hotel-Restaurant zur Alten Post, 3500 Krems, Obere Landstraße 32, Tel. 02732/822 76, www.altepost-krems.at; Restaurant Gozzoburg, 3500 Krems, Margarethenstraße 14, Tel. 02732/852 47, www.gozzoburg-krems.at; Schwarze Kuchl, 3500 Krems, Untere Landstraße 8, Tel. 02732/831 28; Gasthaus Jell, 3500 Krems, Hoher Markt 8–9, Tel. 02732/823 45, www.amon-jell.at **RADFAHRERJUGENDHERBERGE** 3500 Krems, Ringstraße 77, Tel. 02732/834 52, www.oejhv.or.at **FAHRRADSERVICE** Radstudio Krems, 3500 Krems, Hafnerplatz 5, Tel. 02732/818 80, www.radstudio.at **EISZEITWANDERWEG** Marktgemeinde 3552 Stratzing, Untere Hauptstraße 1, Tel. 02719/82 87

KREMS GENUSSVOLL

Die Schmiede sind aus der Schmidgasse verschwunden, ebenso wie die Glockengießer am anderen Ende des Körnermarktes aus der Schmelzgasse verschwunden sind. Es ist aber noch vorhanden, das Handwerk in der Stadt. Am Dreifaltigkeitsplatz 3 hat der *Geigenbaumeister* Jacob Saunders, ein Engländer, seine Werkstatt eingerichtet. Die Aussicht auf den stimmungsvollen Platz hat ihn zum Bleiben bewogen. Im Balkon zum Innenhof baumeln an der Wäscheleine frisch lackierte Violinen zum Trocknen, eine durchaus nicht alltägliche Bereicherung der Altstadt.

Eine Rast wird in der Café-Konditorei *Hagmann* anempfohlen. Vater Karl-Heinz und Sohn Thomas Hagmann trösten

Kremser Seelen mit ausgefallenen Schokokreationen. Original Wachauer Schokolade steht auf der Schleife, echt und unverfälscht, vor allem handgeschöpft. Der Fantasie der beiden Konditormeister sind offenbar keine Grenzen gesetzt. Sie scheuen nicht zurück vor gewagten Schokokombinationen mit Rotwein oder Bier und bereichern damit das Angebot wohl sortierter Delikatessenläden in Wien und in der Wachau.

Handgeschöpfte Schokolade bei Hagmann

Draußen vor den Toren von Krems, in der Missongasse 33, werden Marillen gekonnt betrunken gemacht. Wie es gelingt, dass die im Marillenlikör und Marillenbrand eingelegten Früchte knackig bleiben, ist das große Familiengeheimnis der Firma *Hellerschmid.* Franz Hellerschmid begann 1948 mit der Veredelung reifer Wachauer Marillen. Sie wurden zu Schnaps gebrannt und als Likör verarbeitet. In den harten Aufbaujahren nach dem Krieg haben die Leute einen süßen Schluck zu schätzten gelernt, noch dazu, wenn er ihnen von einer feschen Wachauerin mit strahlendem Lächeln angeboten wurde. Das freundliche Mädchen mit der Goldhaube ist nach wie vor Markenzeichen der Firma, die nun von Hardt Hellerschmid in zweiter Generation geführt wird. Waren am Anfang Rohstoffe nur im Schleichhandel zu bekommen, so verhindert derzeit eine selbst auferlegte Beschränkung eine allzu schnelle Expansion. Es werden ausschließlich Wachauer Marillen verwendet, und diese Früchte sind eben nicht unbeschränkt lieferbar.

Die neueste Entwicklung des Hauses Hellerschmid ist der Marillenfruchtsirup. Der Dicksaft ist äußerst vielseitig einsetzbar, verdünnt als Durstlöscher oder als raffinierte Würze für Grillsaucen und Salatmarinaden.

Dazu ein Rezepttipp:
Für den original Wachauer Salat werden frischer Blattsalat, Karotten- und Gurkenscheiben, Paprikastreifen, Sonnenblumen- oder Kürbiskerne gemischt. Die Marinade wird aus Essig, Öl, Salz, Pfeffer und Marillenfruchtsirup (ca. 50 ml für 1/4 l Dressing) angerührt und direkt vor dem Servieren über die Salatmischung gegossen. Zum Garnieren eignen sich geröstete Weißbrotwürfel oder Marillenspalten.

Inmitten der Sandgrube, einer bereits im 11. Jahrhundert erwähnten Riede im Nordosten von Krems, hat die Winzergenossenschaft Krems ihren Sitz, bekannt unter dem Namen *Winzer Krems, Sandgrube 13*. In einer modernen Kellerei werden die Trauben verarbeitet, die von 1338 Mitgliedern im Idealzeitpunkt handgelesen und sortiert geliefert werden.

Weinerlebniswelt bei Winzer Krems, Sandgrube 13

2005 wurde die Kellerei in der Sandgrube 13 zu einem touristischen Anziehungspunkt ausgebaut. Wein-Sinn lautet die Devise, nach der Besucher durch den Betrieb geführt werden. Sie sollen dabei den Wein in seiner ganzen Komplexität erleben, mit Besuch des Weingartens, kommentiertem Kosten und einem Geruchskino, damit möglichst alle Sinne für den Weingenuss sensibilisiert werden.

Der *Holzschnitzer Markus Dunst* aus Krems bereichert mit seiner Kunstfertigkeit die entsprechend stimmungsvolle und vor allem traditionelle Ausgestaltung der Wachauer Weinkeller. In seiner Werkstatt entstehen zünftig verzierte Fassböden, die für diverse besondere Anlässe bestellt werden, oder die Fasslkatz oder *Kellerkatze,* die nach altem Winzerbrauch auf dem Fass mit dem besten Wein sitzt. Gefragt sind auch die Statuen von Bischof Altmann, dem Gründer von Stift Göttweig, und dem Winzerpatron Urban, den beiden Heiligen, die wie eh und je angerufen werden, um dem Wein ihren himmlischen Beistand angedeihen zu lassen.

INFO Krems-Tourismus, Pegasus Incoming Ges.m.b.H., 3504 Krems-Stein, Undstraße 6, Tel. 02732/826 76, www.krems.info **GEIGENBAUMEISTER** Jacob Saunders, 3500 Krems, Dreifaltigkeitsplatz 3, Tel. 02732/824 73 **HOLZBILDHAUER** Markus Dunst, 3500 Krems, Landersdorferstraße 58, Tel. 02732/853 66, E-Mail: markus.dunst@aon.at **SCHOKOLADENERZEUGUNG** Café-Konditorei Hagmann, 3500 Krems, Untere Landstraße 8, Tel. 02732/831 67, www.wachauer-schokolade.at **DIE WACHAUER PRIVATDESTILLERIE HELLERSCHMID** 3500 Krems, Missongasse 33, Tel. 02732/831 84, www.hellerschmid.com **WINZER KREMS** 3500 Krems, Sandgrube 13, Tel. 02732/855 11, www.winzerkrems.at

GNEIXENDORF, OP. 130

Hobbypiloten reisen per Flugzeug in die Wachau und landen auf dem Fluglatz in Gneixendorf, einem Ortsteil von Krems, der als Originalschauplatz des Films „Stalag 17" von Billy Wilder zweifelhaften Weltruhm erlangte. Wilder beschreibt darin mit viel Humor, ohne dabei die Ernsthaftigkeit des Themas zu vernachlässigen, den Lageralltag amerikanischer GIs in einem Kriegsgefangenenlager des Zweiten Weltkriegs. Gekennzeichnet ist die Stelle mit einem großen Fragezeichen aus Metall an den vier ehemaligen Eckpunkten, ein Projekt des Künstlers Christian Gmeiner als Beitrag zur Kunst im öffentlichen Raum.

Ludwig van Beethoven, Büste von Edmund Kneifel

Dreht man das Rad der Zeit ins Jahr 1826 zurück, trifft man hier einen älteren mürrischen Herrn, der, von Krankheit gezeichnet, schreiend und mit den Händen fuchtelnd durch die Felder läuft und Ochsen verschreckt. So beschreibt eine Anekdote Ludwig van Beethoven während seines Aufenthalts auf dem Gut Gneixendorf, das sein Bruder Johann, ein Apotheker, erworben hatte. Der Komponist wollte ursprünglich die Einladung seines Bruders nicht annehmen und antwortete auf ein Schreiben, das dieser mit „Gutsbesitzer“ gezeichnet hatte, mit einem klaren: „Komme nicht, dein Bruder Hirnbesitzer.“ Familiäre Gründe hatten die Reise doch notwendig gemacht. Nachdem sich Beethoven mit seiner Schwägerin zerstritten hatte, war er vom Schloss gegenüber ausgezogen und in das Wirtschaftsgebäude übersiedelt. Für ihn wurden ein Arbeitsraum, ein Speisezimmer und ein Schlafraum eingerichtet. Am 1. Dezember 1826 soll er mit einem offenen Milchwagen nach Wien gefahren sein, wo er wenige Monate später, am 26. März 1827, starb.

Gneixendorf: Beethovengedenkstätte

Betreut wird die Gedenkstätte von Maria Gettinger. Ihr Urgroßvater August Kneifel erwarb 1860 das Gut, das ursprünglich Lesehof des Stiftes Berchtesgaden gewesen war. Die Büste von Beethoven hat ihr Großvater Edmund Kneifel geschnitzt.

Die Räume, die Beethoven bewohnt hat, wurden nicht mehr benützt, „außer 1945 von den russischen Soldaten“, sagt Frau Gettinger. „Die haben geahnt, dass Beethoven jemand Großer ist. Aber wenn sie betrunken waren, haben sie Noten verbrannt, die herumgelegen sind." Dabei dürfte es sich um Handschriften, persönliche Notizen des Meisters zum Streichquartett op. 130, an dem er hier gearbeitet hat, gehandelt haben.

Die Gneixendorfer Verwandtschaft mag für den Meister störend gewesen sein. Die Landschaft, die Wachau, dürfte ihn versöhnt haben. In einem Brief an Schott, seinem Verleger, am 13. Oktober 1826 schreibt Beethoven: „Die Gegenden, worin ich mich jetzt aufhalte, erinnern mich einigermaßen an die Rheingegenden, die ich so sehnlich wieder zu sehen wünsche, da ich sie schon in meiner Jugend verlassen."

BEETHOVENZIMMER Besichtigung nach Voranmeldung bei Maria Gettinger, Tel. 02732/868 76 **FLUGPLATZ** Krems-Langenlois, Flughafenstraße 2, 3500 Gneixendorf, Tel. 02732/834 00, www.usfc-krems.com **WEINBAU** Ewald und Martin Walzer, 3500 Gneixendorf, Hauptstraße 16, Tel. 02732/871 48, www.winzerhof-walzer.at

JÜDISCHE MAHNMALE IN STEIN UND KREMS

Ein grober Marmorblock am Eingang des Friedhofes der Stadt Stein, im Schatten der Justizanstalt mit hohen Betonmauern und Wachtürmen, trägt die Aufschrift „An der Schwelle zur Freiheit sind 386 Opfer des Hitler-Faschismus am 6. April 1945 im Kerker zu Stein niedergemetzelt worden."

Schweigen.

Nur die Kunst kann noch darüber reden. Sie spricht leise, im Gedenken an die Angehörigen einer Religion, die dem Bilderverbot unterliegt, in verbindenden Symbolen.

Steiner Tor in Krems: Der Jüdin Anna Lambert glückte 1939 mit zwei Kleinkindern die Flucht nach England. Die Erinnerung daran sind eine Gedenktafel und zwei in das Steiner Tor eingemauerte Metallkuben mit einer Erklärung gegen Antisemitismus und Rassismus, unterzeichnet von rund 500 Personen. Künstler: Leo Zogmayer, eingeweiht 1995.

Jüdischer Friedhof 1995: Unter der Brücke der Schnellstraße, Höhe Wiener Straße 133, mitten im Verkehrsgeschehen und

Jüdischer Friedhof in Krems

trotzdem übersehen. Ein Metallband von 148 Meter Länge spannt sich über das Areal. Ausgeschnitten sind daraus die Namen der in Krems von den Nazis ermordeten Juden. Künstler: Hans Kupelwieser.

Jüdischer Friedhof 2004: Die erste Bibliothek auf einem Friedhof wird eingerichtet. Die Bücherregale haben die Größe und Form eines Grabsteins mit Glastüren. Sie enthalten eine sorgsam ausgewählte Sammlung von Büchern, die der jüdischen Philosophie und der Geschichte des Todes gewidmet ist. Ein Denkmal für die einstmals blühende jüdische Gemeinde in Krems. Künstler: Clegg & Guttmann.

INFO www.judeninkrems.at

REHBERG AN DER KREMS

Das Kremstal ist die kleine Schwester der Wachau. Zwischen steilen Weinhängen schlängelt sich der Fluss Krems vom Waldviertel herab zur Donau. Man meint, die Stadt Krems schon hinter sich gelassen zu haben, wenn links auf einer Anhöhe Burg und Kirche des Ortes *Rehberg* sichtbar werden. Dass man sich seit 1501 des Marktrechts erfreut und sogar seit 1373 die Winzerzeche existiert, konnte nicht verhindern, dass Rehberg 1938 der Stadt Krems eingemeindet wurde.

Erster nachgewiesener Burgherr (1141) ist Hartwig von Rechberg. Die Burg wurde im 13. Jahrhundert landesfürstlich und kam im 16. Jahrhundert in den Besitz der protestantischen Familie der Thonradl. 1822 setzte der Verfall ein. Die Anlage ist nicht zugänglich. Beliebt für Hochzeiten ist die imponierend auf einem Felssporn sitzende Kirche von Rehberg, die erstmals 1316 als Johanneskapelle erwähnt wurde und an die Enthauptung des hl. Johannes d. T. erinnert.

Anreiz zu einem Spaziergang bieten in der Josefigasse ein Stück der mittelalterlichen Wehrmauer mit Rundbogentor, Bruchsteinmauerwerk und mächtigen Zinnen und gegenüber von Alt-Rehberg die Rehberger Kellergasse am Rand des Goldberges.

INFO Pfarre St. Veit, 3500 Krems, Pfarrplatz 5, Tel. 02732/832 85

DIE NONNEN VON IMBACH

Auf hohen schlanken Säulen streben die beiden Kirchenschiffe gen Himmel. Unwillkürlich stellt sich die Frage, warum so hoch? Warum so viel Licht? Die Antwort gibt das Jahr der Weihe, 1285. Die *Pfarrkirche* von *Imbach* (Gemeinde Senftenberg) gilt als die älteste frühgotische Hallenkirche Österreichs. Damals wurde das mystische Dunkel der Romanik von der Helligkeit der Gotik abgelöst, die die Vorstellung von einem himmlischen Jerusalem aus der Apokalypse des hl. Johannes, wo es heißt: „Sieh, das Zelt Gottes unter den Menschen!“, auf die Architektur übertrug.

Geschaffen wurde dieser fortschrittliche Bau für Dominikanerinnen, dem „Conventus Sororum de Minnebach“, woraus sich wiederum die kühle Schlichtheit der Architektur erklärt. Die Dominikaner sind ein Bettelorden und wollten nicht nur durch ihr äußerst einfaches Leben, sondern auch durch die Schmucklosigkeit ihrer Kirchen Vorbildwirkung erzielen. Aus

Apsis der Pfarrkirche von Imbach

dieser ersten Zeit stammen die Sakramentsnische mit gotischem Schmiedeeisengitter, Wandmalereien (Schmerzensmann, Schutzmantelmadonna) und eine lebensgroße Marienstatue aus Sandstein um 1320.

Reichlich mit Figuren und Symbolen wurde dagegen die *Katharinenkapelle* (auch als Josefskapelle bezeichnet) ausgestattet. Diesen längs dem Langhaus angefügten Trakt zieren eine Rosette mit reichem Maßwerk, Schlusssteine mit mystischen und sakralen Symbolen. Adam und Eva, Ritter und Jungfrau und Fabelwesen bevölkern als Reliefs die Zwickelfelder. Als Konsolträger wurden befremdlich verrenkte Engel und Menschen eingefügt.

Das Kloster wurde von Joseph II. aufgehoben. Außer einigen Mauerresten und der Kirche ist nichts mehr davon vorhanden. Eingeschlafen ist auch die Wallfahrt zur Grab-Christi-Kapelle an den Sonntagen der Fastenzeit. In einem kleinen Museum im Pfarrhof werden einige Erinnerungstücke gezeigt, als mit Sicherheit wertvollstes die Madonna im Ährenkleid.

Hübsch sind die Häuser von Imbach, die sich entlang der Kirche in einer Gasse aufzeilen und mit ihren Breiterkern und Türmchen entweder gut erhalten oder einfühlsam restauriert sind.

Stimmungsvolle Hausfassade in Imbach

Jenseits des Kremsflusses liegt das Burgtal mit den Resten der ehemaligen Burg Imbach, von der nur mehr, neben wenigen Mauerresten der Wehranlage, die 1978 freigelegten Fundamente der Burgkapelle mit Rundapsis zu sehen sind. Daran vorbei führt der sogenannte *Kunstweg der Religionen,* eine Idee von Maria Bußmann im Rahmen von publicart, der Kunst im Öffentlichen Raum, einer Kulturinitiative des Landes Niederösterreich. Zwölf Stationen begleiten den Konfliktweg zur Versöhnungskapelle (ein harmonischer Rundbau des Architekten Friedrich Fischer) mit dem gut gemeinten Anliegen einer Versöhnung der drei monotheistischen Religionen Judentum, Christentum und Islam.

Versöhnungskapelle

INFO Gemeindeamt 3541 Senftenberg, Neuer Markt 1, Tel. 02719/23 19, www.senftenberg.at **KIRCHE** Pfarramt (Museum), 3500 Imbach, Klosterhof 1, Tel. 02719/22 95 **ESSEN UND TRINKEN** Bauernmarkt im Klosterkeller, 3500 Imbach, Tel. 02719/23 19, Sa 9–12 Uhr

DER EHRENFELS VON SENFTENBERG

Die Straße bei der Kirche des Marktes Senftenberg ist nur wenige Meter breit, an beiden Seiten steil abfallend, ein Ausweichen war unmöglich. Trotzdem musste sich bis 1855 der gesamte Verkehr im Kremstal an dieser Stelle durchzwängen. Die ältesten Häuser von Senftenberg stehen hier heroben neben den Festungsanlagen, die Friedhof und Kirche umschließen.

An einer Seite des Schiffs der *Pfarrkirche* zieht sich auf schlanken Pfeilern bis zum Triumphbogen nach vor eine gotische Empore. Der Chor, im Kern ebenfalls gotisch, wurde barock umgestaltet. Der Lichteinfall von vorne ist damit verloren gegangen und lässt den gesamten Raum eher gedrückt und dunkel erscheinen. Der Eisenbeschlag und die auffallend ausladende Schlüsselführung an der Tür zur Sakristei sind spätgotisch. Ein bemerkenswertes Detail versteckt sich im hinteren Teil der Kirche: verzierte Steingewände der Türen mit morschen Sperrbalken in den Führungen.

Von der Kirche spannt sich eine Bogenbrücke, das Glockengangl, über einen schluchtartigen Graben und mündet im Aufgang zur Burg Senftenberg, der jetzigen *Ruine Senftenberg*.

Senftenberg im Kremstal

Der Aufstieg dorthin auf den Spuren der frühen Schlossbewohner, der Herren von Senftenberg, später derer von Zöbing oder Gutrat, ist steil und der Sonne ausgesetzt. Bequemer ist die Zufahrt von der anderen Seite, von der man vom Parkplatz aus zur Ruine hinabsteigt.

Dass man jederzeit die Ruine auf gesicherten Pfaden betreten kann, ist das Verdienst des Wahlsenftenbergers Ludwig Niederreiter. Er hat die Ortsleute aufgerüttelt, mit einer Fotomontage, auf der die rapide verfallende Burg wegretuschiert war. Der Schock zeigte Wirkung. Der Verein zur Erhaltung der Burg wurde gegründet, es wurde angepackt, geschaufelt und gemauert und die Ruine in einen tadellosen Zustand versetzt. An Sommerwochenenden ist heroben immer was los, egal ob es eine Theateraufführung oder eine Geburtstagsfeier mit Feuerwerk ist.

An einem Samstag Ende Mai rüsten jedes Jahr die Winzer im Hof der Ruine Senftenberg zum *Kremstaler Convent,* einer Weinpräsentation im Zeichen der Nonnen von Imbach, von denen die Hauer das Stiftssiegel als Emblem geerbt haben. Zur kühlen Lagerung des Weines eignen sich hervorragend die Räume der Burg mit ihren dicken Mauern. In einem davon wurde ein Schauraum eingerichtet. Die meisten der Ausstellungsstücke wurden in der Zisterne gefunden, einer archäologischen Sensation. Sie barg Schmuckstücke, geschmiedete Nägel, Keramikteile und Pfeilspitzen. Von dieser sogenannten Filterzisterne war die Burg mit Wasser versorgt worden. Ein Brunnen war wegen des Urgesteins nicht möglich, also wurde Regenwasser in einem Sickerkasten biologisch gereinigt und im Schöpfschacht der Zisterne gesammelt.

Mittelpunkt des kleinen Museums ist die Kopie eines Gemäldes von Senftenberg aus dem Jahr 1625, auf dem der Ort aus zwei Perspektiven dargestellt ist. Deutlich zu sehen sind die Schlingen, die an die südböhmische Stadt Český Krumlov erinnern, wo das Original dieses Bildes hängt. In den 400 Jahren, die seither fast vergangen sind, hat sich, zumindest von der

Ort und Ruine Senftenberg bei Nacht

Ruine herab besehen, der Ort Senftenberg kaum verändert, sogar die breiten Kamine der Rauchkuchln ragen noch wie damals über die Dächer.

Auf der anderen Seite des Tales, im Westen, zeigen sich Ziele des Wald- und Naturlehrpfades, wie der Hiesberg mit Aussichtswarte (erkennbar an der rot-weiß-roten Wetterfahne) und die Zwölf Apostel, eine Steinformation. Der Zigeunerkessel, ein Schalenstein und Anziehungspunkt für strahlenfühlige Menschen, ist auf diesem Weg erreichbar, wurde aber bewusst in keiner Karte eingezeichnet, um seine Kräfte nicht zu beeinträchtigen. In Blickrichtung Krems steht am Fuß des Burgberges eines der letzten Weinbergtore, direkt beim Weingut und Restaurant von Martin Nigl, einem der Leitbetriebe des Kremstales.

Der Hang zur Ruine, die Riede Ehrenfels, war bis in die 1980er-Jahre verwildert. „Der Weinskandal war Auslöser für ein Umdenken, nicht mehr Masse, sondern Qualität war entscheidend. Fünfzig Prozent der Steillagen waren verfallen", sagt *Franz Proidl,* Spross eines uralten Senftenberger Weinhauergeschlechts, „seit 1738", fügt der junge Mann hinzu. 1985 hat er erstmals die Riede Ehrenfels bearbeitet. Sie war ebenso wie die Ruine im Besitz derer von Starhemberg gestanden.

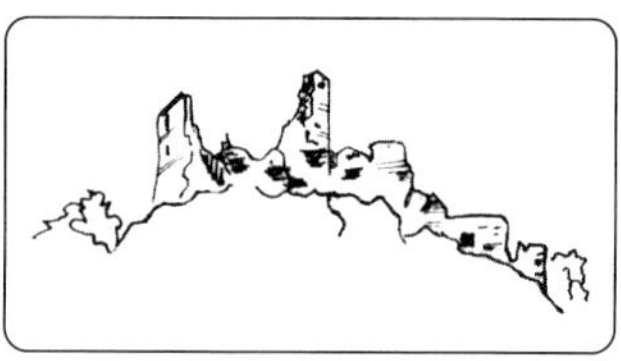

Ruine Senftenberg

Franz Proidl hatte die Vorzüge der Lage erkannt – 45 Grad Neigung, optimale Sonneneinstrahlung – und den Weingarten umgehend erworben. 1991 gab es den Jungfernwein, den ersten Wein einer neuen Pflanzung. Proidl hatte das richtige Händchen und erhielt in den Jahren danach einen Preis nach dem anderen. Der junge Mann führt einen lockeren Schmäh, ist freundlich, man würde hinter seiner umgänglichen Art kaum den Kultwinzer vermuten, als der er unter Weinfreaks gehandelt wird. Voraussetzung für seinen Erfolg sind ein mit Nährstoffen wohl versorgter Boden, „der seit der Reblaus brach gelegen ist", so Proidl.

Die Verkostungen finden dort statt, wo der Wein am besten schmeckt, direkt im Weingarten, mit Grünem Veltliner mit mächtigem Körper von der Riede Senftenberger Freiheit oder der Riede Ehrenfels vom Burgberg, die der Frucht einen deutlichen Honigton geschenkt hat. Es folgt eine Serie von Rieslingen vom Urgestein: Hochäcker, Pfenningberg und wieder Ehrenfels, dieses Mal weich und rund, mit einer Fülle an Steinobstaromen. Zur Tradition zählt der Gelbe Muskateller, der Schmeckerte, ein typischer Wachauer, der bei Proidl trocken und schlank sein G'schmackerl präsentiert – und das alles an einem lauen Sommerabend, mit dem Blick aufs Kremstal, auf die ins Blau dunkelnden Hügeln des Waldviertels oder einfach auf die Terrassen, die wieder mehr und mehr junge Weinstöcke tragen.

Senftenberg: Schlangen an der Kirchentür

INFO Gemeindeamt 3541 Senftenberg, Neuer Markt 1, Tel. 02719/23 19, www,senftenberg.at **ESSEN/TRINKEN/SCHLAFEN** Weingut – Restaurant – Hotel Nigl, 3541 Senftenberg, Kirchenberg 1, Tel. 02719/ 26 09, www.weinhausnigl.at **WEINGUT** Fam. Proidl, 3541 Senftenberg, Oberer Markt 5, Tel. 02719/24 58, E-Mail: weingut.franz .proidl@gmx.at, www.proidl.com **WANDERN** Wanderkarte am Gemeindeamt **NUHR-ZENTRUM** 3541 Senftenberg, Im Grund 40, Tel. 02719/22 21, E-Mail: info@nuhr.at, www. nuhr.at

Nützliche Tipps und Adressen

Strudengau, Nibelungenau, Wachau, Krems und Kremstal

„Wachauer Radwanderung", Karikatur von Peter Gattermann
(vom Künstler den Lesern dieses Reiseführers freundlich gewidmet).

HILFREICHE ADRESSEN

Bei der Quartiersuche, der Reiseplanung und bei weiteren Fragen behilflich:

Österreich Werbung Urlaubsservice
Tel. 0810/10 18 18, E-Mail: urlaub@austria.info, www.austria.info

Niederösterreich-Information
Niederösterreich-Werbung, Postfach 10.000, 1010 Wien, Tel. 01/536 10-6200, Fax 01/536 10-6060, E-Mail: tourismus@noe.co.at, www.noe.co.at/tiscover, www.niederoesterreich.at/tiscover

Donau Niederösterreich Tourismus GmbH
3620 Spitz an der Donau, Schlossgasse 3, Tel. 02713/ 300 60-0, Fax 02713/300 60-30, E-Mail: office@donau.com, www.donau.com, www.wachau.at

Niederösterreich Card
Den Besuch einer Reihe von Ausflugszielen auch in der Wachau (Stift Melk, Karikaturmuseum), ohne zusätzlich Eintritt zu zahlen, ermöglicht die Niederösterreich Card, Preis € 39,–. Erhältlich in Raiffeisenbanken und Trafiken.
Infos: www.niederoesterreich-card.at

ALLGEMEINE REISEINFORMATIONEN – ANREISE

RADFAHREN

Die Wachau mit Strudengau und Nibelungengau ist Teil des Donauradweges von Passau bis Bratislava. Unterlagen zur Planung einer Donauradweg-Tour sind erhältlich unter:
Donau NÖ Tourismus GmbH, Schlossgasse 3, 3620 Spitz an der Donau, Tel. 02713/300 60-0, Fax 02713/300 60-30, E-Mail: office@donau.com, www.donau.com
oder
Werbegemeinschaft Donau OÖ, Lindengasse 9, 4040 Linz, Tel. 0732/72 77-800, Fax 0732/72 77-804, E-Mail: info.donau@oberoesterreich.at, www.donauradweg.at

ANREISE PER AUTO

Von Wien und Linz über die A1 Westautobahn mit den Abfahrten St. Pölten über S33 nach Krems an der Donau, Melk, Pöchlarn, Ybbs, Amstetten Ost und Amstetten West.
Weiters von Wien aus auf der A22 Stockerauer Autobahn mit Abfahrt Richtung Krems bis Ende der Ausbaustrecke, weiter auf der B3 und ab Krems auf den Bundesstraßen B33 (rechtes Donauufer) und B3 (linkes Donauufer).

ANREISE PER BAHN

Von Wien Westbahnhof und Linz Hauptbahnhof mit der Westbahn, Umsteigemöglichkeiten auf Regionalbahnen und Busse in den Hauptbahnhöfen St. Pölten, Melk, Pöchlarn, Ybbs und Amstetten (Fahrpläne, Abfahrtszeiten und weitere Informationen unter Tel. 05 17 17 oder der Hotline 0810/22 23 24).
Als stilvolle Anreise in die Wachau von Wien aus empfiehlt sich die Abfahrt Wien Franz-Josefs-Bahnhof nach Krems an der Donau, umsteigen in den Regionalzug bis Spitz an der Donau (verkehrt zwischen Krems und Spitz halbstündlich) mit Busanbindung oder ein Mal pro Tag Möglichkeit zur Weiterfahrt mit der Donauuferbahn bis Aggsbach Markt (Abfahrtszeiten dem jeweils gültigen Fahrplan zu entnehmen).

LINIENSCHIFFFAHRT

Während der Sommersaison zwischen Krems/Stein und Melk/Altarm bzw. Emmersdorf täglich lt. Fahrplan, erhältlich bei
DDSG Blue Danube Schiffahrt, Friedrichstraße 7, 1010 Wien, Tel. 01/588 80, www.ddsg-blue-danube.at (MS Prinz Eugen, MS Wachau)
oder
Brandner Schiffahrt, Ufer 50, 3313 Wallsee,
Tel. 07433/25 90-21, www.brandner.at (MS Austria, ms austria princess).
Weitere Auskünfte zur Charter- und Ausflugsschifffahrt in der Wachau bei den Kapiteln Ardagger, Marbach, Emmersdorf, Rossatz sowie bei
Nostalgie Tours, Am Rosenhügel 14a, 3500 Krems an der Donau, Tel. 02732/755 88, www.nostalgie-tours.at

FESTE, MÄRKTE, VERANSTALTUNGEN

Kollmitzberger Kirtag, 3321 Ardagger, Tel. 07479/73 12, www.kollmitzberger-kirtag.at, jedes Jahr am Wochenende der Quatemberwoche (drittes oder viertes Septemberwochenende)

Maria Taferl: Käsemarkt im Oktober, Kunsthandwerksmarkt im September, Kirtag im März,
Infos: www.mariataferl.at

Maria Laach: Bauernmarkt Kerblerhaus, Februar bis Dezember, jeden Sa 9–15 Uhr

Spitz an der Donau: Mai: Klingende Rieden-Weinwanderung, Juni: Sonnwendfeier, Juli: Fest zum Wachauer Marillenkirtag, September: Wachaumarathon, Oktober: Erntedankfest, Dezember: Schifferlsetzen am Nikolaustag

Imbach: Bauernmarkt im Klosterkeller, 3500 Imbach, Tel. 02719/23 19, Sa 9–12 Uhr

FESTIVALS

Donaufestwochen mit Opernaufführungen, Arkadenhof Schloss Greinburg, Festwochenbüro 4360 Grein, Stadtplatz 7, Tel. 07268/268 57, www.donau-festwochen.at

Ybbsiade, 3370 Ybbs, Hauptplatz 1, Tel. 07412/526 12, E-Mail: andrea.ritter@ybbs.at, www.ybbsiade.at

Sommerspiele, Donauarena Melk GmbH, 3390 Melk, Sterngasse 23, Tel. 02752/540 60, www.sommerspiele-melk.at

Barocktage Stift Melk, Donauarena Melk GmbH, Tel. 02752/540 60, E-Mail: karten@barocktage.at, www.barocktage.at

Glatt&Verkehrt-Festival, www.glattundverkehrt.at, Musikfestival Ende Juli an mehreren Orten in der Wachau.

Wachauer Sommerfestspiele im Teisenhoferhof, 3610 Weißenkirchen, www.wachaufestspiele.com

Donaufestival, NÖ-Festival Ges.m.b.H., 3500 Krems, Körnermarkt 13, Tel. 02732/90 80 30-0, E-Mail: office@noe-festival.at, www.noe-festival.at, www.donaufestival.at, www.klangraum.at, www.glattundverkehrt.at

FREIZEIT, SPORT

RUND UMS RADFAHREN, FAHRRADVERLEIH

Fahrradverleih Gasthaus Schatzkastl, 3321 Ardagger Markt 120, Tel. 07479/75 00

Fahrradverleih Fa. Hermann Grell, 4360 Grein, Kreuznerstraße 1, Tel. 07268/230

Radverleih Horst Pichler, 3380 Pöchlarn, Rechenstraße 1, Tel. 02757/24 56

Rad-Infostelle und Gemeindeamt Mitterkirchen, 4343 Mitterkirchen 50, Tel. 07269/82 55-0, www.mitterkirchen.at; Vermittlungsdrehscheibe (Radinfostelle), 4343 Mitterkirchen, Hütting 30, Tel. 07269/303 73

Fahrradmuseum, Galerie „Alter Pfarrhof", 3370 Ybbs, Herrengasse 12, Voranmeldung unter Tel. 07412/526 12-203, geöffnet von 1. Mai bis 30. September

Gasthof Böhm-Donauradhotel, 3680 Persenbeug, Hauptstraße 16, Tel. 07412/589 30, Fax 07412/589 30-24, www.gasthof-boehm.at;

Radlerpension Anna und Gerhard Leeb, 3680 Persenbeug, Hagsdorf 19, Tel. 07412/547 18, Fax 07412/547 18-4, www.radler-leeb .at;

Radfahrerjugendherberge, 3500 Krems, Ringstraße 77, Tel. 02732/834 52, www.oejhv.or.at

Fahrradservice Radstudio Krems, 3500 Krems, Hafnerplatz 5, Tel. 02732/818 80, www.radstudio.at

SCHIFFFAHRT

Donauschifffahrt Ardagger, 3321 Ardagger 155, Tel. 07479/64 64, E-Mail: dsa@pgv.at, www.tiscover.com/donau schiffahrt, Ostern bis 26. Oktober, Sa, So, Fei, ab Ardagger: 14.30–15.30, ab Grein: 14.45–16.15 Uhr

Bootsservice Rudolf Bäck, 3680 Persenbeug, Nibelungenstraße 4, Tel. 07412/585 70

MS Marbach, Yacht Assist Yachthandelsges.m.b.H, Rundfahrten, Tagescharter, Familien- und Firmenfeste, Bedarfsfährbetrieb, 2353 Guntramsdorf, J.-Ressel-Gasse 3, Tel. 0664/911 77 60, Fax 02236/266 40, www.marbach.at

Fähre Dürnstein Rossatz, „Eine Erlebnisüberfahrt", 3602 Rossatz, Rossatzbach 40, Tel. 0699/11 44 15 85, E-Mail: herbert.oberleitner@gmx.at

Naufahrt, Erlebnisfahrten entlang der Donau, Wolfgang Speckner, 3644 Emmersdorf 2, Tel. 02752/719 47, 0664/790 09 68, http://members.telering/Naufahrt

CAMPING

Gasthof Familie Krenn, 3323 Neustadtl, Willersbach 40, Tel./Fax 07412/526 78, E-Mail: christine.krenn@aon.at, www.campsite.at, www.niederoesterreich.at/krenn

Campingplatz Grein, 4360 Grein, Donaulände, Tel. 07268/212 30

Campingplatz Mairhofer, 4343 Mitterkirchen, Weisching 9, Tel. 07269/82 58, meineseite.one.at/mairhofer.konrad

Stellplätze im Naturschutzgebiet Sarmingstein, Fam. Mengyan, 4382 Sarmingstein, Hirschenausiedlung 38, Tel. 0664/403 76 07, E-Mail: aniko6@a1.net

Gasthof Stumpfer, Restaurant, Camping, Zimmer, 3392 Schönbühel 7, Tel. 02752/85 10, www.stumpfer.com

Camping Rossatzbach, Tel. 02714/63 17, www.campsite.at/rossatz

Camping Emmersdorf, 3644 Emmersdorf, Tel. 02752/717 07, Mai bis September

BADEN

Freibad, 4360 Grein, Herdmannweg 1, Tel. 07268/255 29

Badesee, 4343 Mitterkirchen, Weisching 16, Tel. 07269/303 11

Freibad, 4381 St. Nikola, Tel. 07268/81 55-18

Erlebnisfreibad, Tennishalle, Squashbox, 4362 Bad Kreuzen 163, Tel. 07266/62 98

Badesee Persenbeug-Gottsdorf, 3680 Gottsdorf, Hagsdorferstraße 20, Tel. 0664/877 88 44, 07412/588 90

Wachaubad Melk, 3390 Melk, Fürnberggasse 12, Tel. 02752/529 79

Erlebnisbad Mühldorf, 3622 Mühldorf, Unterranna 6, Tel. 02713/81 00

FREIZEITZENTREN, TENNIS

Freizeitzentrum mit Leichtathletikanlage; Skaterstrecke zwischen Hößgang und Freyenstein

Tennis, Minigolf, Freibad, 4381 St. Nikola, Tel. 07268/81 55-18

Tennisclub, Viehtrift 23, 3680 Hofamt Priel, Tel. 07414/73 21

Freizeitzentrum Ybbs, 3370 Ybbs, Sportplatzstraße 6, Tel. 07412/525 25, Mo 13–21, Di–So 9–21 Uhr

Tennis: Thomas Böhm, Pöchlarn, Am Tennisplatz 4, Tel. 0664/230 01 82

Freizeitzentrum Weitenegg, 3652 Leiben, Weitenegg, Tel. 02752/700 42

FISCHEN

Fischen, Habsburg-Lothring'sche Gutsverwaltung, 3680 Persenbeug, Schloßstraße 1, Tel. 07412/525 31

Fischen in der Donau, Pöchlarn, Tel. 02757/22 88

Fliegenfischen im Erlauffluss, Pöchlarn, Tel. 02757/23 10-30

Fischen Forellenrevier Weiten, 3652 Leiben, Hauptstraße 34, Tel. 02752/700 43

Fischen Aggsbach, Informationen und Kartenausgabestelle Marktgemeindeamt Aggsbach, Tel. 02712/214-12 (während der Amtszeiten), www.tiscover.at/aggsbach

ESSEN UND TRINKEN (AUSWAHL)

Weitere Lokale finden Sie in den Infoblöcken der beschriebenen Ortschaften und Städte.

STRUDENGAU

Gasthof Altes Schiffsmeisterhaus, Bernhard Toferer, 3321 Ardagger Markt 16, Tel. 07479/63 18, www.schiffsmeisterhaus.at

Gasthaus Forellenhof, Alfred Ortmüller, 3323 Neustadtl, Berghof 12, Tel. 07471/22 71 od. 0664/170 45 66, www.ortmueller.at

Gasthaus Fleischanderl, 3371 St. Martin 17, Tel. 07412/589 14, www.j-fleischanderl.at.tt

Landgasthof Zur Traube, Fam. E. und J. Barth, 4360 Grein, Greinburgstraße 6, Tel. 07268/312, E-Mail: hbarth@gmx

Dorfwirt, 4343 Mitterkirchen, Hörstorf 4, Tel. 07269/83 22-0, www.der-dorfwirt.at

Gasthaus Reutner, Imkerwirtin, 4391 Waldhausen, Schlossberg 11, Tel. 07260/42 24, www.oberoesterreich.at/reutner

Kirchenwirt Gasthof Zur Linde, 3691 Nöchling 12, Tel. 07414/73 11, www.gasthof-zur-linde.at

NIBELUNGENGAU

Gasthaus Zum Kirchenwirt, Franz Artner, 3680 Gottsdorf, Donaustraße 31, Tel. 07412/527 72

Gasthof Donaublick, 3680 Hofamt Priel, Ysperdorf 3, Tel. 07414/72 28, Fax 07414/72 28-88, www.gasthof-donaublick.at

Gasthof Mang, Fam. Gruber-Rosenberger, 3370 Ybbs, Herrengasse 8, Tel. 07412/524 98, www.gasthof-mang.at

Lindenhof, Weingalerie, Fam. Schwarz, 3370 Ybbs, Stauwerkstraße 45, Tel. 07412/530 03, Fax 07412/530 03-2, E-Mail: lindenhof.ybbs@aon.at, www.tiscover.at/lindenhof.ybbs

Gasthaus Zum Schiffmeister, 3375 Krummnußbaum, Hauptstraße 88, Tel. 02757/571 67

Waldgasthof Steinbründl, Adolf Renner, bei der Waldkapelle Steinbründl, 3375 Wallenbach 6, Tel. 02757/32 32

Gasthof Zum goldenen Löwen, Futtertrögl, Alois und Marianne Bruckner, 3380 Pöchlarn,
Kirchenplatz 2, Tel. 02757/23 95, Fax 02757/212 30,
E-Mail: maria bruckner@gmx.net

Landgasthof Zur schönen Wienerin, Fam. Engel, 3671 Marbach an der Donau 48, Tel. 07413/70 77, Fax 07413/70 77-4, www.wienerin.co.at

Gasthof Zum Goldenen Löwen, Fam. Franz Frey, 3672 Maria Taferl 6, Tel. 07413/340, Fax 07413/340-4, www.freyswirtshaus.at

Gasthof Johann Gruber, 3652 Weitenegg 10, Tel. 02752/700 31, Fax 02752/700 31-99, www.tiscover.at/gasthof.gruber.weitenegg

WACHAU, RECHTES UFER

Gasthof Goldener Stern, Fam. Schmidt, 3390 Melk, Sterngasse 17, Tel. 02752/522 14, E-Mail: goldenerstern.melk@aon.at

Café Konditorei Mistlbacher, 3390 Melk, Hauptstraße 1, Tel. 02752/523 50, www.mistlbacher.com

Restaurant Donauterrasse, 3642 Aggsbach Dorf 19, Tel. 02753/82 21, www.donauterrasse.at

Klosterstüberl Maria Langegg, 3642 Maria Langegg 1, Tel. 02753/329, www.marialangegg-klosterstueberl.com

Heuriger Josef Hick, 3621 Mitterarnsdorf 61, Tel. 02714/84 91

Landgasthaus Winzerstüberl, 3602 Rührsdorf 17, Tel. 02714/63 84, www.winzerstueberl.at

Winzerhof Haiderer, 3512 Unterbergern 11, www.derheurige.at

Landhaus Bacher, Fam. Wagner-Bacher, 3512 Mautern, Südtiroler Platz 2, Tel. 02732/829 37, www.landhaus-bacher.at

Weingut und Weinstube Nikolaihof, Fam. Saahs, 3512 Mautern, Nikolaigasse 3, Tel. 02732/829 01, www.nikolaihof.at

Landgasthof Schickh, 3511 Furth, Klein-Wien, Avastraße 2, Tel. 02736/72 18, www.schickh.at

WACHAU, LINKES UFER

Bauer und Wirt Langthaler, 3644 Pömling 14, Tel. 02752/714 27, www.gasthaus-langthaler.at

Gasthof Weidenauer, 3644 Emmersdorf 27, Tel. 02752/712 29

Gasthof-Pension Zum Kranz, 3641 Aggsbach Markt 161, Tel./Fax 02712/210, www.gastro-austria.at/zum-kranz

Gasthof Zur Venus, 3641 Willendorf 36, Tel./Fax 02712/290, www.gasthof-zur-venus.at

Landgasthof Weisse Rose, 3643 Maria Laach 5, Tel. 02712/82 71, www.weisse-rose.cc

Dorfwirtshaus, Fam. Lagler, Knöpferlharmonikamuseum, 3643 Loitzendorf 14, Tel. 02712/82 21, www.loitzendorf-inn.at

Gaststuben Landhof, Fam. Buchberger, 3622 Mühldorf, Spitzer Straße 17, Tel. 02713/87 41

Weinhotel – Restaurant – Weingut, Fam. Stierschneider, 3620 Spitz, Ottenschläger Straße 30, Tel. 02713/22 54, www.weinhotel.at

Altes Schiffsmeisterhaus, Gasthaus Prankl, 3620 Spitz, Hinterhaus 16, Tel. 02713/23 23, www.gasthaus-prankl.at

Weinschenke St. Michael, 3610 St. Michael 1, Tel. 02713/20 55, www.gafko.at

Florianihof, 3610 Wösendorf 74, Tel. 02715/22 12, www.florianihof-wachau.at

Weingut und Restaurant Jamek, 3610 Joching 45, Tel. 02715/22 35, www.jamekweingut.at

Weingut Holzapfel – Gutshofrestaurant Prandtauerhof, 3610 Joching 36, Tel. 02715/23 10, www.holzapfel.at

Restaurant Heinzle – Fischspezialitäten, 3610 Weißenkirchen, Wachaustraße 280, Tel. 02715/22 31, www.heinzle.at

Kirchenwirt, 3610 Weißenkirchen, Kremser Straße 17, Tel. 02715/23 32, www.weissenkirchen.at/kirchenwirt

Restaurant Zum alten Zechhaus, 3610 Weißenkirchen, Bachgasse 83, Tel. 02715/24 43, www.roisl.at

Raffelsberger Hof, 3610 Weißenkirchen 54, Tel. 02715/22 01, www.raffelsbergerhof.at

Wachauerstube, Fam. Lux, 3601 Dürnstein, Unterloiben 24, Tel. 02732/859 50, www.wachauer stube.at.tt

Bäckerei, Konditorei, Weingut Franz Schmidl, 3601 Dürnstein 21, Tel. 02711/224, www.weingut-schmidl.at

Loibnerhof – Restaurant und Weingut, Fam. Knoll, 3601 Dürnstein, Unterloiben 7, Tel. 02732/828 90, www.loibnerhof.at

KREMS

Salzstadl, Wirtshaus und Bühne, 3504 Stein, Donaulände 32, Tel. 02732/703 12, www.salzstadl.at

Gasthaus zum Elefanten, 3504 Stein, Schürerplatz 9, Tel. 02732/850 16, www.zum-elefanten.at

Klosterstüberl, Fam. Sedlacek, 3504 Stein, Steiner Landstraße 24, Tel. 02732/757 80, www.klosterstueberl.at

Gourmethotel Am Förthof, 3504 Krems-Stein, Förthofer Donaulände 8, Tel. 02732/833 45, Fax 02752/833 45-40, www.tiscover.at/gourmethotel

Landgasthof und Weinbau Fam. Lechner, 3500 Egelsee, Sandlstraße 11, Tel. 02732/412 01, E-Mail: landgast.lechner@aon.at

Museumswirtshaus Hofbauer Franz, 3504 Stein, Steiner Landstraße 5, Tel. 02732/822 61, www.museums-wirtshaus.at

m.kunst.genuss, 3500 Krems, Franz-Zeller-Platz 3, Tel. 02732/90 80 10-21, www.moerwald.at

Restaurant Mörwald „Kloster Und“, 3500 Krems, Undstraße 6, Tel. 02732/704 93, www.moerwald.at

Restaurant Gozzoburg, 3500 Krems, Margarethenstraße 14, Tel. 02732/852 47, www.gozzoburg-krems.at

Gasthaus Jell, 3500 Krems, Hoher Markt 8–9, Tel. 02732/823 45, www.amon-jell.at

Café-Konditorei Hagmann, 3500 Krems, Untere Landstraße 8, Tel. 02732/831 67, www.wachauer-schokolade.at

Weingut – Restaurant – Hotel Nigl, 3541 Senftenberg, Kirchenberg 1, Tel. 02719/26 09, www.weinhausnigl.at

KULINARISCHES, AB HOF EINKAUFEN

Die Mostgalerie, 3300 Ardagger Stift 3, Tel. 07479/64 00, www.mostgalerie.at

Burgbrauerei Clam, 4352 Klam, Sperken 4, Tel. 07269/601 95, www.clam.at

Käse, Fleisch vom Schaf vom Biobauern Franz Niebler, 3680 Persenbeug, Auf der Heide 5, Tel. 07412/564 78

Biohofladen, 3380 Pöchlarn, Guntherstraße 23, Tel. 02757/48 45

Likör- und Edelbranderzeugung Fam. Schüller, 3672 Maria Taferl 5, Tel./Fax 07413/303, www.brennerei-schueller.at

Heuunterbetten Fam. Haselböck, 3662 Münichreith bei Maria Taferl, Kollnitz 12, Tel. 07413/63 96, www.heuunterbetten.at

Hofkäserei Fam. Josef Hirsch, 3661 Artstetten, Lohsdorf 5, Tel. 07413/87 24, E-Mail: biohirsch@aon.at

Wachauer Marille Franz Reisinger, 3620 Spitz, Mitterndorf 1, Tel. 02713/28 55, www.wachauermarille.at

Marivino, Weingut und Marillenproduzent Josef Högl, 3620 Vießling 31, Tel. 02713/84 58, www.marivino.at

Schaubäckerei & Ladenverkauf, Weinbau Fam. Salomon, 3610 Wösendorf 71, Tel. 02715/22 71, www.brot wein.at

Der Weinstock im Blumentopf Gärtnerei Hick, 3610 Weißenkirchen 191, Tel. 02715/22 91-0, www.hick.cc

Vinothek Kellerschlössel, Freie Weingärtner Wachau, 3601 Dürnstein 107, Tel. 02711/371, www.fww.at

Die Wachauer Privatdestillerie Hellerschmid, 3500 Krems, Missongasse 33, Tel. 02732/831 84, www.hellerschmid.com

Winzer Krems, 3500 Krems, Sandgrube 13, Tel. 02732/855 11, www.winzerkrems

WEIN (AUSWAHL)

Nachfolgend eine Liste von Weingütern und Winzern. Wenn Sie direkt ab Hof einkaufen wollen, empfiehlt es sich, sich vorher zu erkundigen, wann das (bzw. eine Verkostung) möglich ist.

Weingut Rudolf und Elisabeth Hick, 3621 Oberarnsdorf 58, Tel. 02714/82 14, www.hick.at

Wein und Obst Karl Schütz, 3621 Mitterarnsdorf 22, Tel. 02714/82 60

Weingut Fam. Josef Fischer, 3602 Rossatz, Marktplatz 58, Tel. 02714/62 29, Fax 02714/62 29-3

Heuriger Erich und Brigitte Polz, 3602 Rührsdorf 22, Tel. 02714/63 26, www.polzwachau.at

Heinz und Flora Frischengruber, 3602 Rührsdorf, Am Platzl 19, Tel. 02714/63 54

Weinbau- und Heurigenschank Fam. Graf, 3512 Mautern-bach 14, Tel. 02732/827 43

Severinhof, Fam. Schwaighofer, Weingut, Obstbau, Gästehaus, 3512 Mautern, Frauenhofgasse 12, Tel./Fax 02732/846 43

Heurigenschank, Severinweg 1, Tel. 02732/788 69, www.severinhof.at

Weingut und Weinstube Nikolaihof Wachau Fam. Saahs, 3512 Mautern, Nikolaigasse 3, Tel. 02732/829 01, www.nikolaihof.at

Weingut Dr. Unger Vinum Circa Montem, 3511 Furth, Zellergraben 245, Tel. 02732/858 95, www.DrUnger.at

Weingut Malat, 3511 Palt-Krems, Tel. 02732/829 34, www.malat.at

Wein Weingut Lagler, 3620 Spitz, Rote Torgasse 10, Tel. 02713/25 16, www.tiscover.at/weinberghof

Mauritiushof, Fam. Gritsch, 3620 Spitz, Kirchenplatz 13, Tel. 02713/24 50, www.mauritiushof.at

Weingut-Heurigenhof, Johann Donabaum, 3620 Laaben 15, Tel. 02713/24 88, www.weingut-donabaum.at

Marivino, Weingut und Marillenproduzent Josef Högl, 3620 Vießling 31, Tel. 02713/84 58, www.marivino.at

Weinbau/Gästezimmer Fam. Huber, 3610 St. Michael 10, Tel. 02713/22 82, www.gaestehaushuber.at

Weinhof Johann und Theresia Schwarz, 3610 Wösendorf 67, Tel. 02715/25 06

Weingut Franz und Maria Pichler, 3610 Wösendorf 68, Tel. 02715/23 07

Weingut Rudi Pichler, 3610 Wösendorf, Marienfeldweg 122, Tel. 02715/22 67, www.rudipichler.at

Weingut Schmelz, 3610 Joching, Weinbergstraße 14, Tel. 02715/24 35, www.schmelzweine.at

Weingut Prager, Ilse und Toni Bodenstein, 3610 Weißenkirchen 48, Tel. 02715/22 48, www.weingutprager.at

Freisingerhof, Fam. Leitner, 3610 Weißenkirchen 55, Tel. 02715/23 20, www.freisingerhof.at

Kartäuserhof, Weingut Karl Stierschneider, 3610 Weißenkirchen, Kremser Straße 6, Tel. 02715/23 74, www.stierschneider.at

Loibnerhof – Restaurant und Weingut, Fam. Knoll, 3601 Dürnstein, Unterloiben 7, Tel. 02732/828 90, www.loibnerhof.at

Vinothek Kellerschlössel, Freie Weingärtner Wachau, 3601 Dürnstein 107, Tel. 02711/371, www.fww.at

Emmerich Knoll, 3601 Dürnstein, Unterloiben 10, Tel. 02732/793 55, E-Mail: weingut @knoll.at

Dinstlgut Loiben, 3601 Unterloiben 51, Tel. 02732/855 16, www.dinstlgut.at

Bäuerl, 3601 Oberloiben 28, Tel. 02732/755 55, www.baeuerl.at

F.X. Pichler, 3601 Oberloiben 27, Tel. 02732/853 75, www.fx-pichler.at

Urbanushof, Paul Stierschneider, 3601 Oberloiben 17, Tel. 02732/727 50

Stockingerhof, 3601 Dürnstein 240, Tel. 02711/384, www.stockingerhof.at

Edlinger-Dinstlhof, 3601 Unterloiben 6, Tel. 02732/706 00, www.edlinger-dinstlhof.at;

Alzinger, 3601 Dürnstein, Unterloiben 11, Tel. 02732/779 00, www.alzinger.at;

Tegernseerhof, 3601 Unterloiben 12, Tel. 02732/853 62, www.tegernseerhof.at

Weinbau Josef Pichler, 3504 Stein, Reisperbachstraße 3, Tel. 02732/746 27

Fam. Brenner, 3504 Stein, Hintere Fahrstraße 15, Tel. 02732/738 88

Erich Hamböck, 3504 Stein, Kellergasse 31, Tel. 02732/845 68

Landgasthof und Weinbau Fam. Lechner, 3500 Egelsee, Sandlstr. 11, Tel. 02732/412 01, E-Mail: landgast.lechner@aon.at

Weingut – Restaurant – Hotel Nigl, 3541 Senftenberg, Kirchenberg 1, Tel. 02719/ 26 09, www.weinhausnigl.at

Weingut Fam. Proidl, 3541 Senftenberg, Oberer Markt 5, Tel. 02719/24 58, E-Mail: weingut.franz.proidl@gmx.at, www.proidl.com

VERWENDETE LITERATUR

Aichelburg, Wladimir: Erzherzog Franz Ferdinand und Artstetten. Wien 1991 (Verlag Orac).
Aichinger-Rosenberger, Peter: Rossatz und St. Lorenz. Rossatz 2005 (Pfarramt Rossatz).
Aigner, Thomas (Hg.): Kollegiatstift Ardagger. St. Pölten 1999 (Bischöfliches Ordinariat St. Pölten).
Ameseder, Irmgard: 12. November 1002. In: 1000 Jahre Loiben, Loiben 2002 (Stadtgemeinde Dürnstein).
Ameseder, Irmgard: Der Name. In: 1000 Jahre Loiben, Loiben 2002 (Stadtgemeinde Dürnstein).
Ansorge, Franz: Bad Kreuzen. Bad Kreuzen 1973 (Pfarramt Bad Kreuzen).
Arco-Zinneberg, Ulrich Graf: Kaiser Franz und seine Zeit. Artstetten 1991 (Direktion der k. u. k. Schlösser Artstetten und Luberegg).
Bodenstein, Anton: Lesehöfe – die stolzen Ansitze der Wachau. In: 1000 Jahre Loiben, Loiben 2002 (Stadtgemeinde Dürnstein).
Bodenstein, Anton: Vom Stein zum Wein. In: Wachau, Wein & Kulinarisches, Graz undatiert (Vinothek Verlag).
Cerny, Heimo: Markt Ardagger im Wandel der Zeit. Ardagger Markt 2002 (Dorferneuerungsverein Markt Ardagger).
Clam, Georg: Burg Clam. Clam 1992 (Eigenverlag).
Czamutzian, Serop: 1000 Jahre Stadtpfarre Mautern. Mautern 1980 (Stadtgemeinde und Stadtpfarre Mautern).
Ellegast, Burkhard: Stift Melk. Stift Melk 1998 (Stift Melk).
Flossmann, Gerhard: Der Bezirk Melk Bd. II. Melk 1994 (Kuratorium zur Herausgabe einer Bezirkskunde für den Bezirk Melk).
Flossmann, Gerhard: Melk an der Donau. Melk 2000 (Verlag des Kultur- und Museumsvereins Melk).
Flossmann, Gerhard: Schloss Schallaburg. Schallaburg 2000 (Edition Arco).
Grabner, Robert: Chronik der Marktgemeinde Marbach an der Donau. Marbach an der Donau undatiert (Marktgemeinde Marbach an der Donau).

Hofstätter, Hans (Hg.): Gotik. Undatiert (Benedikt Taschen Verlag).
Jekal, G.: Die protestantische Druckerei auf der Rosenburg im Kamptal. In: Das Waldviertel, Jg. 16, 1967.
Kaiser, Andreas: Stiftskirche Dürnstein. Ried im Innkreis 1988 (Kunstverlag Hofstetter).
Kaiserreiner, Waltraud: Waldhausen im Strudengau. Waldhausen 1994 (Marktgemeinde Waldhausen).
Kalt, Sabine: Historisches Thal Wachau. Korneuburg undatiert (Verlag Gottfried Rennhofer).
Kenn, Martin: Stadtarchäologie im Raum Krems-Stein. In: Perspektiven, Archäologie Österreichs, Sonderausgabe 1995 (Alexandra Krenn-Leeb, Hg.).
Krug, Wolfgang: Wachau, Bilder aus dem Land der Romantik. Wien 2003 (Christian Brandstätter Verlag).
Kühnel, Harry: Tausend Jahre Krems. Wien 1995 (Edition Wien).
Neumann, Heinz: Donaugeister. Brünn 1943 (Rudolf M. Rohrer).
Neweklowsky, Ernst: Die Schiffahrt und Flößerei im Raum der oberen Donau, 1. Bd., Linz 1952 (Oberösterreichischer Landesverlag).
Nunzer, Andreas: Spitz. Spitz 2004 (Gemeindeamt Spitz).
Pummer, Erich: 15 Jahre Steinrestaurierung. Rossatz 1993 (Erich Pummer).
Reitinger, Josef: Oberösterreichisches Schiffahrtsmuseum, Schloß Greinburg. Grein a. d. Donau 1985 (Coburgsche Forstverwaltung Greinburg).
Resch-Rauter, Inge: Ranna. Mühldorf undatiert (Gemeinde Mühldorf).
Riedl, Gerhard: Entlang der Donau. Kronsdorf 2005 (RIGE).
Riegler, Leopold: Grein. Grein 1988 (L. Riegler).
Sandner, Harald: Ein Herzogtum in aller Welt. Coburg 2001 (Tourismus & Congress Service Coburg).
Scheller, Nikolaus: Beethoven. München 1970 (Bechtle Verlag).
Scheuhammer, Hartmann: Heimat Pfarre Berger. Unterbergern 1984 (Pfarre Unterbergern).
Schönfellner, Franz: Krems und Stein. Wien 1995 (Dachs Verlag).
Schweiger-Lerchenfeld, Amand: Die Donau. Wien 1896 (A. Hartleben's Verlag).
Sigmund, Anna Maria: Das Haus Habsburg – Habsburgs Häuser. Wien 1995 (Verlag Ueberreuter).

Soffner, Monika: Stein an der Donau. Passau 2002 (Kunstverlag Peda).
Stern, Josef: Loiben, Pfarrkirche St. Quirin. Loiben 1990 (Pfarre Loiben).
Streibel, Robert (Hg.): Plötzlich waren sie alle weg – Die Juden der „Gauhauptstadt Krems“ und ihre Mitbürger. Wien 1991 (Picus Verlag). Internetfassung, unter www.judeninkrems.at
Trautsamwieder, Herbert: Arnsdorf in der Wachau und Salzburg. Arnsdorf 2003 (Weinbauverein Arnsdorf in der Wachau).
Trautsamwieser, Herbert: Der Nibelungengau. Krems 2004 (Malek Verlag).
Tribl, Gerhard: Das Dinstlgut, Agrar- und Winzergenossenschaft. In: 1000 Jahre Loiben, Loiben 2002 (Stadtgemeinde Dürnstein).
Urban, Otto H.: Wegweiser in die Urgeschichte Österreichs. Wien 1989 (Österreichischer Bundesverlag).
Wagner-Bacher, Lisl: Jedes Mahl ein Genuss. Mautern 2001 (Landhaus Bacher).
Weichselbaum, Josef: Maria Taferl. München 1960 (Verlag Schnell & Steiner).
Weiss, Walter M.: Krems und Stein. St. Pölten 2004 (NP Buchverlag).
Wichner, Josef: Wachausagen. Krems a. d. Donau 2005 (unbek.).
Wimmer, Johann: Stiftskirche Waldhausen. Salzburg 1993 (Verlag St. Peter).
www.heiligenlexikon.de
Zeune, Joachim: Burg Aggstein. München undatiert (Verlag Schnell).
Zottl, Fritz: Die Martinspfarre am Ybbsfeld. St. Martin 2000 (Pfarramt St. Martin).

ORTSREGISTER

Falters FEINE

Othmar Pruckner

Das Waldviertel

Ein Reiseführer zu den schönsten Plätzen des Waldviertels.

400 Seiten, € 28,50

Thomas Hofmann

Das Weinviertel

Ein Reiseführer für die Landschaft vor den Toren Wiens.

480 Seiten, € 28,50

Falters FEINE R

IMMER GUT GELEITET: Mit „Falters Feinen Reise
Entdeckungsfahrten in kleine Kulturlandsc
Sie begleiten durch bekannte oder neu zu entdecke
werden dabei schnell von Reiseführ